AF249703

SOUVENIRS

DE

L'ASSEMBLÉE NATIONALE

1871-1875

PAR

PAUL BOSQ

PARIS

LIBRAIRIE PLON

PLON-NOURRIT ET Cⁱᵉ, IMPRIMEURS-ÉDITEURS

8, RUE GARANCIÈRE — 6ᵉ

1908

Tous droits réservés

SOUVENIRS

DE

L'ASSEMBLÉE NATIONALE

BIBLIOTHEQUE NATIONALE

R. F.

14477

SOUVENIRS

DE

L'ASSEMBLÉE NATIONALE

1871-1875

PAR

PAUL BOSQ

Dépôt légal
N° 2805

PARIS

LIBRAIRIE PLON

PLON-NOURRIT ET Cⁱᵉ, IMPRIMEURS-ÉDITEURS

8, RUE GARANCIÈRE — 6ᵉ

1908

Tous droits réservés

Tous droits de reproduction et de traduction
réservés pour tous pays.

Published 17 June 1905.
Privilege of copyright in the United States
reserved under the Act approved March 3ᵈ 1905
by Plon-Nourrit et Cⁱᵉ.

SOUVENIRS
DE L'ASSEMBLÉE NATIONALE
(1871-1875)

BORDEAUX

I

Élus le 8 février 1871, les membres de l'Assemblée nationale s'empressèrent d'accourir à Bordeaux. Dès le 9, ils s'y trouvaient déjà en assez grand nombre et ces hommes, dont les uns venaient des provinces occupées par l'ennemi, dont les autres sortaient de Paris après un long siège, dont plusieurs arrivaient directement des champs de bataille ou de captivité, sans même avoir pris le temps de quitter l'uniforme, éprouvaient une vive surprise, presque de la stupeur, en débarquant dans une ville pleine d'animation et de gaité. Les rues étaient envahies par une foule bruyante où se coudoyaient, se bousculaient francs-tireurs en pittoresques guenilles, officiers de tous grades et de toutes armes, fournisseurs en quête d'une bonne affaire et louches trafiquants à l'affût d'un bon coup, inventeurs d'engins dont le moins meurtrier eût anéanti une armée, camelots aux voix glapissantes colportant un journal illustré dont le titre, en ces jours de défaites, cinglait comme une ironie trop brutale : la Victoire! Les hôtels étaient pris d'assaut; les théâtres, chaque soir, regorgeaient de spectateurs.

Ces députés de la veille n'étaient encore renseignés sur rien. Ils ignoraient les noms de leurs collègues et plusieurs ne paraissaient avoir ni opinions bien nettes, ni préférences très marquées. Également animés contre l'Empire, le gouvernement de la Défense nationale et la dictature de Gambetta, dont ils pesaient dans la même balance les actes et les responsabilités, ils aspiraient vaguement à un ordre de choses nouveau. Presque tous avaient néanmoins cette conviction très ferme qu'il fallait conclure au plus vite une paix inévitable, en s'efforçant d'obtenir les moins dures conditions.

La représentation nationale, à ses débuts, manquait un peu de prestige. Elle renfermait un très grand nombre d'hommes estimables assurément

et qui, pour la plupart, se firent rapidement
et heureusement connaitre, mais dont le pays
avait jusqu'alors ignoré l'existence. Elle était
comme peuplée de célébrités locales. Tout au
plus une soixantaine de députés, anciens membres
du Corps législatif ou des Chambres antérieures,
jouissaient-ils d'une notoriété ou d'un semblant
de notoriété. Encore, dans ce bataillon d'élite,
plusieurs, rouillés dans la longue inaction où
les réduisit l'Empire, avaient-ils désappris la pratique des affaires, tandis que d'autres n'avaient
joué en tout temps qu'un rôle effacé. Beaucoup de ces revenants étaient inconnus des nouvelles générations et même oubliés par les
anciennes.

De cette foule d'anonymes, M. Thiers se déta-
chait avec un relief incontestable, une supériorité
et un prestige qu'attestaient ses multiples élections.
Sa clairvoyance (1), qui s'était affirmée dans son

(1) On a cru ou on a voulu découvrir, dans cette clairvoyance
qui est au-dessus de toute contestation, quelque chose de prophé-
tique. On a rappelé bien souvent le fameux : « L'Empire est fait »,
en négligeant de se souvenir qu'il avait contribué à le faire ; et son
mot, le lendemain de Sadowa : « Il n'y a plus une seule faute à
commettre »; et aussi : « L'unité italienne sera la mère de l'unité
allemande ». Mais il a dit également : « La République sera conservatrice ou ne sera pas », et jamais oracle ne fut moins certain. La
vérité est que M. Thiers a souvent, très souvent, vu juste; qu'il
s'est aussi souvent, très souvent, trompé. Il convient de reconnaitre
que la plupart de ses erreurs proviennent de l'idée, supérieure et

opposition à la guerre, son voyage diplomatique à travers l'Europe, ses démêlés avec le gouvernement de Tours et de Bordeaux mettaient en vedette ce survivant des grandes époques parlementaires. Il apparaissait comme un guide très sûr, presque comme un sauveur, et l'on n'aurait pu sans injustice le taxer de présomption quand il disait : « Je suis indiqué » (1). Il l'était à ce point que, dès le premier jour, dès la première heure, il eut l'autorité et remplit les fonctions d'un chef d'État sans en avoir le titre. Il était rien et tout.

Tandis que Gambetta voyait le vide se faire autour de lui, le petit entresol que M. Thiers occupait à l'*Hôtel de France* ne désemplissait pas : les légitimistes s'y montraient singulièrement empressés à faire leur cour.

Unis aux orléanistes, ils étaient de beaucoup les plus nombreux ; mais déjà on apercevait, dans ce camp de la monarchie, le germe des dissensions

exacte, qu'il se faisait de l'homme d'État réduit au rôle d'opposant : « Il doit, disait-il, non seulement ne rien ébranler de ce dont il aura besoin lui-même le jour où il reviendra au pouvoir, mais mettre un programme en face du programme qu'il combat. » Or, à en rédiger beaucoup, on multiplie les chances de méprise.

(1) M. de Meaux disait : « Il est inévitable », et M. de Falloux : « Partout où il paraît, il prend sans conteste la première place. » Enfin, on rappelait la prédiction de Chateaubriand : « Ce sera peut-être l'héritier de l'avenir. »

futures. Les partisans du comte de Chambord surveillaient avec méfiance l'état-major orléaniste et un observateur quelque peu perspicace aurait prévu, dans celui-ci, de prochaines défections. Mais, le 9 février 1871, les uns et les autres purent croire à un retour de fortune. Ils étaient si nombreux et les républicains si battus qu'ils semblaient avoir ville gagnée. Ils oublièrent, dans la première ivresse d'un inespéré triomphe, que le pays avait voté, non sur la question de Monarchie ou de République, mais sur la question de paix ou de guerre. Gambetta et ses préfets, avec leur lutte à outrance, avaient ameuté contre leur propre parti les citoyens épuisés par un long effort et convaincus qu'une résistance plus prolongée ne pouvait aboutir qu'à un plus grand désastre. Les électeurs étaient allés aux royalistes qui, après avoir versé leur sang sur les champs de bataille, déclaraient, comme M. Thiers lui-même, qu'il fallait négocier. Cette volonté du pays s'était manifestée avec plus d'évidence encore dans les départements où monarchistes et républicains avaient inscrit leurs noms pêle-mêle sur la même liste de la paix, en l'opposant à la liste de la guerre. On les avait élus en bloc.

Cependant, l'illusion leur était permise puisque ceux-là mêmes qui n'avaient pas entendu se prononcer contre la République y furent également trompés. En voyant sortir des urnes les noms de tant de royalistes et plébisciter M. Thiers, ancien ministre du roi Louis Philippe, il se demandaient si vraiment le pays n'était pas avec eux et pour eux. On espérait ou on redoutait une restauration, mais orléaniste.

Cette illusion, M. Thiers ne la partageait pas ; il ne fut jamais dupe de ces espérances et, son ambition le lui interdisant, il fut encore moins complice des tentatives faites autour de lui pour les réaliser.

Le lendemain des élections, M. Daussel, député de la Dordogne, lui ayant tenu, dans la candeur de son âme, ce petit discours : « Dépêchons-nous de faire une monarchie dont vous serez le Richelieu », s'attira cette réplique : « Pas encore ; la France ne comprendrait pas qu'en ce moment je ne fusse pas le premier. » Ce moment était celui où Mgr Dupanloup écrivait au prince de Joinville : « Hâtez-vous d'arriver ; M. Thiers nous aidera à faire la monarchie. » Moins confiant ou mieux renseigné, le prince lui répondit : « Détrompez-vous, monseigneur ; M. Thiers ne consultera que son intérêt personnel. » C'était, d'ailleurs, ce que disait, en une autre circonstance et dans un autre temps, le prince de Metternich : « Guizot confond les doctrines avec les principes; Thiers subordonne les uns et les autres à ce qu'il regarde comme son intérêt. » Mais son intérêt l'obligeant à ne pas rompre avec la Droite et à ménager la Gauche, il laissait croire à tous qu'ils pouvaient compter sur son concours. Il n'était sincèrement que du parti de M. Thiers, mais il en était bien.

Il ne décourageait pas les légitimistes : « Nous sommes d'accord sur la Monarchie; mais il faut du temps, beaucoup de temps, plus encore que vous ne le supposez. » Et, dans son entrevue avec leurs principaux chefs, MM. le duc de la Roche-foucauld-Bisaccia, le marquis de Dampierre, le marquis et le comte de Juigné qu'il avait fait venir chez lui, il les rassura sur ses bonnes intentions dont ils doutaient un peu : « Il est évident pour moi, leur dit-il, si nous sommes sages, que c'est à la Monarchie unie que doit aboutir la prudence que nous allons montrer. Oui, messieurs, à la Monarchie unie, entendez-vous bien, et pas d'autre. » Il ne décourageait pas davantage les orléanistes : « Au fond, leur déclarait-il, je désire que cela tourne pour les princes d'Orléans; mais pas à présent, pas tout de suite. » Il décourageait encore moins les républicains. C'était don Juan entre Charlotte et Mathurine. Ce double et même ce triple jeu lui causa par instants des ennuis;

mais lorsque la Gauche lui reprochait ses avances à la Droite et en prenait ombrage, lorsque la Droite s'indignait de ses complicités avec la Gauche et le menaçait de représailles, M. Thiers se tirait d'affaire en prétendant qu'on « ne fait utilement des reconnaissances qu'en pays ennemi ».

II

D'heure en heure, Bordeaux se peuplait davantage et presque tous les députés s'y trouvèrent réunis avant le jour désigné pour leur première séance (1).

(1) Ils étaient au nombre de 360 seulement au lieu de 768, chiffre fixé par le décret du 29 janvier 1871. Cet écart provenait en grande partie du nombre relativement considérable des élections multiples. M. Thiers avait été élu, sur des listes très diverses, dans 26 départements et comme il avait obtenu dans quelques autres de fortes minorités, il représentait à lui tout seul deux millions de suffrages. Gambetta et le général Trochu avaient été nommés dans 9 départements; Jules Favre, dans 5; Dufaure et le général Changarnier dans 4; Ernest Picard, Casimir Perier, le général d'Aurelle de Paladines, Léon Say, le prince de Joinville, Marc Dufraisse, Benoist d'Azy et beaucoup d'autres qu'il serait trop long d'énumérer, dans 2.

On sait à quelle opposition, à quels obstacles, se heurta M. Jules Simon à Bordeaux pour mettre fin au conflit entre le Gouvernement de Paris et sa Délégation. Le premier exigeait que tous les citoyens

Elle devait avoir lieu le lundi 13 février. Il y eut une réunion préparatoire le dimanche 12, à 3 heures de l'après-midi, dans le foyer du théâtre. Il s'agissait d'une sorte de répétition générale; elle n'était pas inutile avec un personnel parlementaire à ce point novice, un aussi grand nombre de débutants qui, plus ou moins ferrés sur la théorie, ignoraient à peu près tout de la pratique.

La séance fut présidée par le doyen d'âge, M. Benoist d'Azy (1). Ce dernier, constatant que la Chambre était presque au complet et désireux d'abréger, dans des circonstances aussi graves, les opérations préliminaires, proposa de ne point

fussent éligibles; la seconde entendait exclure de la représentation nationale les ministres, sénateurs, conseillers d'État, préfets et anciens candidats officiels de l'Empire. Le Gouvernement de Paris avait chargé M. Jules Simon de briser la résistance de Gambetta, résistance qui menaça un instant de tourner à la révolte. Ce fut entre eux un véritable duel ou, comme on disait alors, la lutte entre le dogue et le chat. Le dogue dut se soumettre. Le suffrage universel demeura libre de ses choix et, dans la séance du 10 mars 1871, M. Thiers put dire, sans être contredit par personne : « Jamais, non, jamais, un pays n'a été interrogé plus sincèrement et jamais il n'a répondu plus sincèrement que dans cette dernière occasion. »

(1) Ce doyen du parlementarisme (75 ans), était un légitimiste irréductible. Il siégea, de 1842 à 1846, dans les chambres de la monarchie de Juillet, fut un des vice-présidents de l'Assemblée législative et, au 2 décembre, le président de ces députés qui se réunirent à la mairie du Xᵉ arrondissement pour voter la déchéance du prince-président. Il s'enferma, sous l'Empire, dans ses fonctions d'administrateur du Crédit foncier.

remettre au lendemain ce qu'on pouvait faire le jour même et de se constituer immédiatement. Cette motion fut approuvée par tous et, aussitôt constituée, la Chambre désigna son bureau provisoire : MM. Benoist d'Azy, président ; le comte Duchatel, le marquis de Castellane, L'Ebraly, Paul de Rémusat, secrétaires. On se sépara ensuite, en ajournant au lendemain la vérification des pouvoirs (1).

On avait installé la représentation nationale et ses divers services (2) dans le Grand-Théâtre de Bordeaux. La salle était belle et de nombreux dégagements la rendaient relativement commode ; mais elle ne recevait aucune clarté du dehors et les becs de gaz demeuraient constamment allumés. Comme le temps avait fait défaut pour en modifier

(1) Cette opération préliminaire fut rapidement terminée. Les élections de Vaucluse furent seules enquêtées. Cinq élections, celles de MM. Cyprien Chaix, Marc Dufraisse, Mestreau, Lamorte, Girot-Pouzol, élus dans les départements qu'ils administraient comme préfets, furent annulées. M. Marc-Dufraisse, invalidé comme représentant des Alpes-Maritimes, vit valider ses pouvoirs comme député de la Seine et les quatre autres furent réélus. Cela démontre sans doute la sincérité des scrutins ; mais cela prouve aussi que ces hommes récemment éclos à la vie parlementaire s'interdisaient, par probité politique, d'exclure leurs adversaires par ces coups de majorité aujourd'hui en faveur et qui ressemblent de si fâcheuse façon à des coups de force.

(2) On avait utilisé dans la plus large mesure, pour assurer ces services, l'ancien personnel du Corps législatif, secrétaires rédacteurs, sténographes, employés de la questure, etc.

les arrangements intérieurs, les députés occupèrent les fauteuils d'orchestre, le parterre, les baignoires, les avant-scènes. Les loges des galeries supérieures étaient ouvertes au public. Le bureau du président et la tribune se dressaient tout contre la rampe. On avait transformé le foyer du public en salle des conférences, les loges des acteurs et les magasins d'accessoires en bureaux, relégué parmi les échafaudages et les poutres la questure, le compte rendu analytique, la sténographie.

Une foule, en grande majorité hostile, se massait aux abords du théâtre, applaudissant les députés républicains, apostrophant les autres. Garibaldi, en chemise rouge, Victor Hugo, coiffé de son képi de garde national, provoquaient plus particulièrement l'enthousiasme et, sur leur passage, les cris de : Vive la République! grondaient comme une menace à l'adresse de la majorité. On se montrait aussi M. Langlois, le colonel Langlois, avec son bras en écharpe. Il acquit rapidement une sorte de popularité par ses sorties que, d'ailleurs, rien ne motivait. Il découvrait des intentions blessantes sous les mots les plus inoffensifs et alors se dressait brusquement, allait d'un bond sur le devant de la scène pour braver et provoquer les insolents. Il était très extérieur.

Un certain nombre de gardes nationaux s'associant aux manifestations de la foule, les souvenirs de 1848 et ceux plus récents du 4 septembre portèrent les moins timorés à craindre que l'asile inviolable du Parlement ne fût encore une fois violé. Sur une protestation du marquis de Franclieu, le président provisoire requit la troupe et l'on put voir, pendant toute la durée des séances, un demi-escadron de cuirassiers tourner sans cesse autour du théâtre, comme autour de la piste d'un manège, pour en éloigner les manifestants. Ces mesures ne rassurèrent pas complètement M. Thiers. Soit qu'il redoutât une invasion par des voies souterraines, soit que la conspiration des poudres demeurât trop présente à sa mémoire, il prescrivit de fréquentes rondes dans les dessous du théâtre et finit, deux précautions valant mieux qu'une, par y installer des factionnaires à poste fixe.

Cette foule menaçante, ces cris inquiétants, cet appareil d'émeute provoquèrent, chez les conservateurs, une irritation qui se manifesta avec plus de violence qu'il n'eût été sans doute désirable lorsque les représentants socialistes de Paris vinrent occuper leurs sièges le lundi 13 février et, quelques instants plus tard, lorsque Garibaldi demanda la parole. Dès qu'il aperçut MM. Rochefort, Delescluze, Tridon, Millière, Malon et Félix Pyat,

M. Fresneau, facilement irritable, bondit à la tribune pour flétrir des « collègues notoirement couverts du sang des guerres civiles (1) ». Ce fut un beau tapage.

Garibaldi en provoqua un autre lorsque, la séance déjà levée, il émit la prétention d'ajouter à sa lettre de démission quelques désobligeants commentaires. Les députés sortaient lentement de la salle pour se rendre dans leurs bureaux et y procéder à la vérification des pouvoirs, le public se retirait plus lentement encore, lorsqu'il demanda la parole. De toutes parts, une clameur s'éleva. Il n'en parut pas autrement affecté et déjà il ouvrait la bouche, lorsque les uns lui crièrent : « Trop tard, la séance est levée! » Et les autres : « On n'a plus le droit de prendre la parole quand on a donné sa démission. » Soutenu par la Gauche, il faisait tête et le président dut remonter au fauteuil. Debout et couvert, il engagea ses collègues à se rendre sans plus tarder dans les bureaux et donna l'ordre de faire évacuer les tribunes. Il s'ensuivit,

(1) On leur en voulait assurément; on en voulait peut-être plus encore à ces Parisiens qui, « tous les quinze ans, envoyaient par le télégraphe des révolutions toutes faites ». A ce bref réquisitoire, Gaston Crémieux, qui devait être, quelques mois plus tard, fusillé à Marseille comme un des chefs de la Commune, répondait du haut des galeries : « Vous n'êtes que des ruraux et vous n'êtes pas les représentants de la France! »

dans la salle, une longue, une violente agitation et, au dehors, un tumulte. Garibaldi descendit de la tribune sans prononcer son petit discours et partit le soir même pour Caprera (1).

Ce fut dans cette première séance que M. Jules Favre déposa les pouvoirs du gouvernement de la Défense nationale.

Pendant les journées qui suivirent, on vit se constituer des embryons de groupes qui permirent de se mieux compter.

Peu de bonapartistes, une trentaine tout au plus, qui, pour la plupart, laissaient le drapeau dans son étui. Deux cents républicains qui ne parvenaient pas toujours à s'entendre. Ils comptaient beaucoup sur l'éloquence pour rétablir leurs affaires. Ils avaient quelques orateurs puissants, Gambetta, Jules Simon, Challemel-Lacour, Jules Favre; quelques debaters rompus à l'escrime de la tribune et dont Ernest Picard était le plus connu; un lot de revenants dont les voix affaiblies par l'âge, la rhétorique démodée ne leur furent que d'un médiocre secours et qui devinrent parfois un grand embarras. Le parti légitimiste avait réussi à faire élire tous ses chefs et se montrait

(1) La Droite éprouvait, pour Garibaldi, un sentiment qui était le contraire de l'admiration. Comme M. de Lorgeril, elle ne voyait en lui qu'un « comparse de mélodrame ».

impatient de relever le trône. Le Centre droit, où siégeaient MM. Thiers, Dufaure, Casimir Perier, avait pour lui cette force qui réside dans les gros bataillons et ce prestige qu'une supériorité d'éducation parlementaire assure. Uni, il aurait été assez nombreux pour faire pencher à son gré la balance de la politique; mais l'unité de direction et de vues lui faisant complètement défaut, il était comme voué d'avance à une irrémédiable dislocation. Parmi ses membres, les uns, étroitement soudés à M. Thiers, inclinaient vers une République conservatrice qu'ils acceptaient sans enthousiasme ou subissaient avec résignation comme une fatalité inéluctable; les autres ne voyaient de salut possible que dans la Monarchie ou dans la fusion, espoir suprême et suprême pensée. Quand il fallut reconnaître qu'elle était impossible, ceux qui ne voulaient à aucun prix de la République allèrent au bonapartisme. De cette fusion, on parlait à demi voix, et sans trop encore s'avancer, dans les réunions que tenaient les Droites, sous la présidence de M. Audren de Kerdrel, chez M. Johnston ou chez M. Journu. Il y avait enfin une sorte de Centre gauche qui s'appelait « la Réunion Feray », du nom de son fondateur, M. Feray (d'Essonnes), lequel, de ce fait, devint un personnage. La plupart des députés appartenant au commerce et à l'industrie en faisaient partie. Son programme, cependant simple, donna lieu à de longues délibérations; il tenait dans une phrase : « La reconstitution du pays par des institutions libérales et sous la forme républicaine actuelle, la constitution définitive à donner à la France étant réservée. » Le groupe était avec M. Thiers, mais penchait à droite. M. Feray (d'Essonnes), bien que son ami politique, se séparait cependant de lui sur certaines questions économiques et se montrait alors intransigeant. Il l'était à un tel point que, lors de la discussion de l'impôt sur les matières premières, dont il ne voulait pas, il renversa le président de la République de compte à demi avec M. Lucien Brun. Après le 24 mai, ce groupe fusionna avec le Centre gauche qui élut M. Feray (d'Essonnes) président; mais tous les membres ne suivirent pas le fondateur. M. Aclocque, secrétaire de la réunion, alla au Centre droit en compagnie de MM. Caillaux, Adrien Léon, le comte de Boudy, Boreau-Lajanadie, Broët, etc... D'autres, comme M. Babin-Chevaye, s'inscrivirent simultanément au Centre gauche et au Centre droit.

III

Aussitôt qu'elle en eut fini avec la vérification des pouvoirs, l'Assemblée élut son bureau définitif, le 16 février 1871. Par 519 voix sur 536 votants, M. Jules Grévy fut nommé président pour trois mois (1).

Il était recommandé, appuyé, presque imposé par M. Thiers; mais le souvenir de son fameux amendement ne fut pas étranger à la faveur qu'on lui témoigna. On lui savait gré aussi de son opposition à l'Empire et au gouvernement du 4 septembre, de sa campagne contre la guerre à outrance, des protestations qu'il fit entendre, avec plus de persévérance que de succès, contre la dictature de Tours et de Bordeaux.

Sous des dehors graves et volontairement solennels, M. Jules Grévy cachait un certain esprit pratique; c'était, avant tout, un homme avisé. Il avait passé sa vie à réaliser cette sage maxime : « Bien

(1) Les présidents et les bureaux de l'Assemblée nationale étaient soumis à la réélection tous les trois mois, ce qui mettait quatre fois par an le feu aux poudres.

employer le peu qu'on a. » Son existence apparaît comme une série de bons placements. Un capital, quel qu'il fût, ne donna jamais de plus gros intérêt que son amendement. Il vécut sur cette unique ressource pendant toute la durée de l'Empire et lorsque les électeurs du Jura l'envoyèrent, en 1868, siéger au Corps législatif sur les bancs de la Gauche, c'était encore l'homme de l'amendement. On allait faire enfin, au profit de M. Thiers, l'expérience de cette fameuse recette et en constater le néant. Elle n'en avait pas moins casé son inventeur et plus tard, lorsque M. Grévy devint à son tour chef du Pouvoir exécutif, il fut piquant de voir à la présidence de la République un philosophe qui ne voulait pas de président, qui mettait une certaine coquetterie à prouver qu'il n'en fallait pas (1).

A la présidence de l'Assemblée nationale, il était à la place qui lui convenait le mieux, car il avait toujours éprouvé une certaine antipathie pour la politique militante; elle chiffonne trop son homme et M. Jules Grévy tenait avant tout à rester ou à paraitre correct. Ceux qui l'ont approché de très près ont cru reconnaitre en lui

(1) A Versailles, un jour où la retraite de M. Thiers paraissait inévitable, M. Jules Grévy déclara, en réponse à des ouvertures qui lui étaient faites : « Je ne serai jamais président de la République. »

un paresseux aimable et un pince-sans-rire désabusé (1).

Plus artificiel et plus calculé que ne le supposaient les badauds, il agissait généralement avec une longue préméditation; mais il était certain que son indolence naturelle répugnait au bruit et à la lutte. Agir n'était point son fait; il avait peur du mal qu'il faut se donner pour devenir et rester un véritable homme de parti. Il était pour les positions indépendantes (2).

Toutes les présidences, autrement dit toutes les sinécures, lui étaient d'avance dévolues. Au fauteuil de l'Assemblée nationale, il demeura fidèle à ses opinions politiques et plus fidèle encore à son caractère personnel. Négligent par nature, il le fut de parti pris; il posa pour la négligence. Un très vif amour-propre, qui perçait sous des apparences de détachement, le poussait à prendre de haut et à remplir un peu dédaigneusement les fonctions

(1) Quand il fut élu président, des curieux poussèrent l'indiscrétion jusqu'à s'informer de son âge; mais son âge demeura un mystère. Comme on savait qu'il s'était battu en 1830, on calcula qu'il devait avoir au bas mot soixante ou soixante et un ans. La révélation de son prénom fut une surprise : il s'appelait Judith et non Jules.

(2) M. Thiers, qui prévoyait sa grandeur future et saluait d'avance en lui le triomphe de la bourgeoisie républicaine, disait, quelques mois avant de mourir : « Ce sera Béranger, président de la République. »

qu'une Assemblée royaliste lui avait confiées. Son chapeau rond, sa redingote et quelquefois son veston semblaient dire à cette majorité d'adversaires : « Je ne suis que le serviteur du peuple. » C'était Roland chez Louis XVI, en gros souliers. M. Jules Grévy ne manquait pas d'autorité ; il en avait même beaucoup, quand il ne sommeillait point comme le bon Homère. Son dédain pour les réalités subalternes qui s'agitaient loin de son Olympe ne lui permettait pas toujours de voir venir l'orage et, brusquement surpris par la tempête, il opposait à ses fureurs le calme d'un philosophe que d'aussi misérables incidents ne sauraient émouvoir. A des énergumènes, à des épileptiques, il prêchait, avec une curieuse abondance d'arguments, la modération et la sagesse, d'une voix solennelle, mais nullement déclamatoire. Le calme rétabli, il reprenait son rêve interrompu. Dans un de ces moments de distraction volontaire, il laissa passer le fameux « bagage » de M. Le Royer qui lui coûta la présidence et précipita M. Thiers par ricochet.

On se demanda souvent si son impartialité n'était pas de l'indifférence et sa sérénité de la paresse ; mais on louait beaucoup sa simplicité et sa vertu. Ce sceptique de Laurier y fut pris lui-même. Il aimait à répéter que M. Jules Grévy était « une sorte de Phocion légèrement teinté de

Franklin ». Un autre, moins révérencieux, disait de lui : « C'est Aristide Paturot. » Gambetta, sans tendresse excessive pour un adversaire qui l'avait peu ménagé, le traitait de « Prudhomme-Machiavel ». Quoi qu'il en fût, la bonhomie apparente ou réelle de M. Jules Grévy exerçait sur beaucoup de gens une séduction qui mit un long temps à se dissiper. Son cabinet de président était ouvert à tous ; le moindre solliciteur en franchissait librement la porte et en sortait avec des promesses. Les politiciens de toute provenance et de toute valeur avaient continuellement accès auprès de sa personne et tous vantaient sa bienveillance, sa bonne grâce, le charme de sa conversation, sa familiarité, sa finesse et aussi son penchant à l'épigramme. Il n'avait pas son pareil pour vous déshabiller un homme en trois mots qui avaient l'air d'un compliment ; il triomphait dans les « seulement » de Barrière (1).

(1) Le premier bureau de l'Assemblée nationale fut ainsi constitué : MM. Jules Grévy, président ; Martel, Benoist d'Azy, Vitet, Léon de Maleville, vice-présidents ; Paul de Rémusat, de Barante, Johnston, de Castellane, de Meaux et Bethmont, secrétaires ; Baze, le général Martin des Pallières, Princeteau, questeurs.

Les scrutins auxquels cette élection donna lieu fournirent l'occasion aux partis de se compter. Sur quatorze membres du bureau, deux seulement, MM. Jules Grévy et Bethmont, appartenaient à la Gauche. Elle fit balle sur les noms de M. Rolland, qui obtint 145 voix, et de M. Magnin, qui en eut 147. Quant aux légitimistes, leur candidat à la questure, M. Princeteau, fut péniblement élu

Un des premiers soins de l'Assemblée définitivement constituée fut, en réservant l'avenir, de donner à la France un gouvernement que les royalistes espéraient très provisoire. Ne pouvant asseoir sur le même trône les deux prétendants, il leur fallait bien attendre, patienter, jusqu'au jour, qu'ils croyaient prochain, où l'un des princes s'effacerait devant l'autre et ils remettaient à cette date incertaine l'exercice définitif de leurs pouvoirs constituants. En croyant gagner du temps, ils perdirent du terrain. En outre, ils jugeaient habile de laisser à la République la responsabilité d'une diminution du territoire, des nouveaux impôts, de charges militaires plus lourdes; ils « ne voulaient pas mettre sur le front du roi cette couronne d'épines ». Ils voyaient dans M. Thiers un liquidateur et un Monk.

A droite et à gauche, mais pour des motifs différents et avec des espérances contraires, on résolut de maintenir la République, les conservateurs comme simple étiquette, les républicains comme forme définitive du gouvernement. Ceux-ci et ceux-là reconnurent que le Pouvoir exécutif devait

avec 222 voix, alors que les deux questeurs du Centre droit en obtenaient 158 et 130. Ce groupe mit trois de ses membres à la vice-présidence; M. Léon de Maleville, l'un d'eux, qui arrivait le dernier, eut 288 voix, alors que M. le marquis de Vogüé, légitimiste, ne venait immédiatement après lui qu'avec 211.

être confié à M. Thiers. En conséquence, MM. Dufaure, Jules Grévy, Vitet, de Maleville, Rivet, de
la Redorte et Barthélemy Saint-Hilaire saisirent
l'Assemblée nationale de cet embryon de constitution : « M. Thiers est nommé chef du Pouvoir exécutif de la République française. — Il exercera
ces fonctions sous le contrôle de l'Assemblée nationale, avec le concours des ministres qu'il aura
choisis et qu'il présidera. » C'était l'esprit et
presque la lettre de l'amendement Grévy : « L'Assemblée nationale délègue le Pouvoir exécutif à un
citoyen qui reçoit le titre de président du conseil
des ministres. »

Les signataires de cette proposition s'étaient naturellement concertés au préalable avec M. Thiers.
Celui-ci montra un peu de mauvaise humeur quand
il fut question de l'instituer chef du Pouvoir exécutif : « C'est ridicule, s'écria-t-il, je ne veux pas
qu'on m'appelle monsieur le chef. J'aurais l'air
d'un cuisinier. » Mais M. Jules Grévy arrangea
tout d'un mot : « Puisque vous présiderez le conseil des ministres, on vous appellera monsieur le
Président. — Oui, riposta M. Thiers, mais président de la République. »

Alors, une nouvelle difficulté surgit. Les représentants de la Droite, surtout MM. Dahirel et de
Ventavon, protestèrent avec emportement contre

ces deux mots : République française qui son-
naient mal à leurs oreilles. Ils ne voulaient pas que,
le jour où une restauration deviendrait possible,
on pût lui fermer la porte sous prétexte que
l'Assemblée nationale avait épuisé son pouvoir
constituant (1). Ce conflit se termina par une transaction. Pour en finir, on décida de faire précéder
la proposition de ce bref considérant qui, dans la
pensée des royalistes, réservait tout : « L'Assemblée nationale, dépositaire de l'autorité souveraine, considérant qu'il importe, en attendant
qu'il soit statué sur la constitution de la France,
de pourvoir immédiatement aux nécessités du
gouvernement et à la conduite des négociations,
décrète... »

Ce fut alors au tour de l'extrême Gauche de
protester. Elle envoya M. Louis Blanc à la tribune
pour y proclamer une République de droit divin.
Il fut peu écouté, encore moins suivi, et, au vote,
seuls quelques membres de l'extrême gauche se
prononcèrent contre la proposition (2), en compa-

(1) Chaque fois qu'on prononçait, à Bordeaux et à Versailles, le
mot République, une clameur s'élevait des banquettes de la Droite :
Provisoire ! Provisoire !

(2) Énumérant les titres de M. Thiers, le rapporteur de la proposition, M. Victor Lefranc, mettait en première ligne : « L'inspiration
qui lui avait fait fortifier ce Paris que la famine a seule réduit. »
Quelques semaines plus tard, lorsque la Commune se retrancha derrière ces fortifications, ce titre eût paru un peu faible. Pendant le

gaie de M. de Belcastel : « Je ne veux pas, disait-il après la séance, même pour un jour, l'étiquette républicaine. »

M. Thiers était né à Marseille, le 15 avril 1797, dans une maison de la rue des Petits-Pères, aujourd'hui rue Thiers. La maison est d'apparence modeste; la rue a un cachet de bourgeoisie.

C'est dans une chambre du second étage, alors habité par sa grand'mère, Mme Amic, et par sa mère, qu'il vint au monde. Soit modestie, soit plus vraisemblablement rancune contre certaines vivacités de ses compatriotes qui faillirent, en 1841, le plonger dans le port à la suite de dissentiments politiques, M. Thiers a prétendu longtemps qu'il était originaire de Bouc-Albertas. Il n'en voulait pas démordre et refusait de se rendre jusqu'au moment où on produisait contre lui son propre acte de naissance. Encore ne capitulait-il pas toujours.

Cette grand'mère, une demoiselle Lhomaka, tante des deux Chénier, était d'origine levantine.

second siège, on prétendait que le chef du Pouvoir exécutif, en voyant que ces remparts, — ses remparts, — résistaient si bien à l'artillerie, maudissait tantôt les murailles qui retardaient la défaite de l'insurrection et tantôt s'enorgueillissait, par amour-propre d'auteur, de les voir si solides. Du reste, il les connaissait admirablement et, tout de suite, indiqua le défaut de cette cuirasse de pierres.

Fille d'un drogman de l'ambassade de France, elle épousa vers 1763 un représentant de commerce, M. Claude Amic, et vint quelques années plus tard s'établir avec lui à Marseille. Également supérieure par le cœur et par l'esprit, elle veilla avec une affection un peu jalouse sur l'enfance et la jeunesse de son petit-fils.

Ceux qui avaient connu le père de M. Thiers gardaient le souvenir d'un petit homme pétulant, très bavard, très spirituel, quelque peu hâbleur, avec cet excès d'imagination qui fait les Tartarins. Il connaissait tout, savait tout, avait tout vu. Très Marseillais, il inventait les plus stupéfiantes histoires et s'il surprenait chez ses auditeurs un soupçon d'incrédulité, il ajoutait, d'un ton qui n'admettait pas de réplique : « J'y étais. » Peut-être finissait-il par le croire et l'on assure qu'il s'était convaincu, à force de l'affirmer, qu'il avait réellement accompli un voyage autour du monde avec le capitaine Marchand, bien qu'il n'eût pas quitté le plancher des vaches. La principale prétention de Pierre-Louis-Marie Thiers consistait à apprendre aux marins les choses de la navigation, la stratégie aux militaires et l'art de bâtir aux architectes. Un certain M. de Fonvielle a fait en trois mots son portrait : « Je n'ai jamais entendu de perroquet aussi bavard. » Employé au greffe du tribunal révolutionnaire, il en fut réduit, comme tant d'autres, à se cacher le lendemain de Thermidor et trouva un asile chez les Amic. La reconnaissance et sans doute aussi un sentiment plus tendre lui firent rechercher la fille de la maison. Sa demande fut agréée; malheureusement, la politique gâta tout : Mlle Amic était royaliste; elle ne réussit point à s'entendre avec ce jacobin et leur lune de miel eut à peine un quartier. Lorsque Adolphe Thiers vint au monde, son père voyageait en Italie, à la recherche d'une position sociale, comme Jérôme Paturot. D'abord employé au service des vivres, puis à la ferme des jeux, il disparut un beau matin et si complètement que sa trace se trouva perdue.

Une des tantes d'Adolphe Thiers eut l'honneur de figurer dans une cérémonie publique aux côtés de Mirabeau. Lorsque, après son élection aux États généraux, celui-ci vint à Marseille, la Chambre de commerce donna en son honneur un splendide banquet, suivi d'une représentation de gala. Il prit place dans une loge richement décorée, ayant à sa droite Mlle Noble, qui figurait la noblesse, et, à sa gauche, Mlle Thiers, personnification du tiers état. On jouait le *Bourgeois gentilhomme*, et comme Mirabeau demandait à sa voisine de gauche si le spectacle l'intéressait,

Mlle Thiers répondit : « Ce qui m'intéresse le plus, c'est de me trouver en compagnie du gentilhomme bourgeois. »

Demi-boursier au lycée de Marseille, M. Thiers fut d'abord un élève assez médiocre; il prit sa revanche à partir de la seconde et, dès lors, il rafla tous les prix. Il manifestait déjà un goût très vif pour la politique et un certain penchant pour la stratégie. Pendant les récréations, il commentait à ses jeunes camarades les articles du *Journal de l'Empire* et les bulletins de la Grande Armée, expliquant les batailles, discutant les plans des généraux et c'était presque un autre Napoléon plus jeune. Dans les grandes circonstances, il régalait son auditoire d'un discours et ces adolescents ondulaient comme une moisson en herbe sous l'ouragan de son éloquente parole, car ce Thiers avant la lettre cultivait de préférence le genre tribunitien.

Sorti du lycée en 1814, il revint à la rue des Petits-Pères où il perchait dans une mansarde. Il lisait beaucoup de livres, mais seulement ceux qu'on lui prêtait, sa bourse étant mal garnie, peignait des miniatures et s'exerçait à l'éloquence. Ayant lâché les Gracques pour Cicéron, il épouvantait de ses catilinaires quatre chaises et une table de bois blanc qui figuraient silencieusement l'assemblée. Parlant, criant, gesticulant, il dévidait ses périodes et enfilait ses phrases jusqu'au moment où, n'en pouvant plus, inondé de sueur, aphone, il en était réduit à utiliser pour sa péroraison les restes d'une ardeur qui tombe et d'une voix qui s'éteint.

Étudiant en droit à Aix, où sa mère et sa grand'-mère l'avaient suivi, avocat en 1820, il plaida quelques procès et obtint de l'Académie, avec son éloge de Vauvenargues, un prix de 500 francs. Il songea un instant à se lancer dans la procédure commerciale; il y renonça très vite, comprenant que ce n'était pas là sa véritable destination. Envisageant un autre avenir, il alla rejoindre à Paris, plus riche d'espérances que d'argent, son ami M. Mignet.

Le Thiers qui débuta, en 1831, à la tribune, n'était pas sans quelque ressemblance avec le jeune orateur de la rue des Petits-Pères. Il demeurait fidèle à la phraséologie pompeuse et versait dans la déclamation. Cette enflure, qu'il confondait avec la grande éloquence, formait avec sa petite personne un si curieux contraste qu'il obtint un genre de succès auquel il ne prétendait pas. Beaucoup trop intelligent pour s'attarder dans un style oratoire autrefois en faveur, mais sensiblement démodé, il modifia sa manière et atteignit à l'éloquence aussitôt qu'il n'y prétendit plus.

Le premier, il ramena le discours au ton d'un entretien familier, spirituel et vif. Soit qu'il traitât les plus hautes questions de la politique étrangère ou celles qui se rattachent à la défense nationale, soit qu'il s'attachât à résoudre les plus difficiles problèmes économiques, il semblait presque toujours s'en expliquer dans un salon, le dos à la cheminée.

La nature, en lui refusant la voix et la taille (1), lui avait donné, pour remédier à ces imperfections capitales chez un orateur, d'infinies ressources : l'adresse, la verve, le bon sens, une clarté soutenue, une lucidité incomparable, le coup d'œil prompt qui devine et perce les projets de l'adversaire, le flair du stratégiste qui pousse droit au point faible de l'ennemi et y porte son effort. On l'avait vu cent fois changer brusquement de tactique en pleine action et violenter ainsi la victoire indécise. Impétueux dans le succès, il déployait, dans la retraite, une admirable prudence. Il n'y a pas de nœud gordien qu'il n'ait dénoué avec patience, de question obscure qu'il n'ait réussi à élucider. Il avait horreur du vide comme la nature elle-même et fut un impitoyable creveur

____

(1) « Mirabeau-mouche », disait le maréchal Soult.

d'outres. Il savait tout, parlait de tout, improvisait sur tout (1).

On lui a reproché de trop s'attarder aux développements excessifs, de se plaire aux lenteurs d'une démonstration trop méditée; mais quand il s'évadait de ce labyrinthe, il courait la poste et, sautillant, se trémoussant, l'œil pétillant derrière les lunettes, se hâtait vers le but (2).

Entre ses lèvres sèches, pointait une voix criarde, grêle, un peu nasillarde, mais qui, s'échauffant, acquérait de la force et devenait vibrante. De loin en loin, un repos, une halte, une courte phrase ou un simple mot qui, résumant l'argumentation, rendait plus présente à la mémoire la première partie du discours et plus solide l'enchaînement des idées. Sa négligence, voulue, préméditée, dissimulait, parfois sous des truismes, beaucoup d'art et une méthode très sûre.

Ce causeur plein de malice et de verve atteignait sans effort à la véritable éloquence lorsque la passion le secouait, lorsque de grands intérêts étaient en péril. Il se dégageait alors de son discours une flamme qui éclairait, qui réchauffait et le courant

(1) « Il sait tout à la tribune, disait M. Nettement, surtout ce qu'il ignore. »

(2) On disait de lui, au Corps législatif : « Dans ses moments de bonne humeur, il sautille en babillant comme une grive autour d'un gui ».

électrique s'établissait instantanément entre la salle et la tribune.

M. Thiers se cabrait sous la provocation, s'emportait sous l'attaque (1), et cependant ne disait rien qu'il ne voulût dire. C'était quelque épigramme qui égratignait, quelque flèche empoisonnée au défaut de l'armure. Certaines de ses ripostes furent cruelles autant qu'injustes. On se souvient peut-être encore de sa réplique au général Chanzy. Le 18 mai 1871, la Chambre discutait le traité de paix définitif avec l'Allemagne et le général fit entendre de sévères critiques. Furieux, mais n'en voulant rien laisser paraître, M. Thiers annonça, au début de sa réplique, qu'il allait raconter une anecdote. Cela aurait pu surprendre en un pareil moment si l'on n'avait su qu'une de ses malices consistait précisément à glisser quelque perfidie ou quelque méchanceté dans un mot qu'il prétendait historique, dans quelque souvenir qu'il improvisait : « Le traité de Tilsit venait d'être signé; M. de Talleyrand ne put s'empêcher de dire, en le remettant à l'Empereur : « Avouez, sire, que voilà un bon traité! » A quoi Napoléon répondit simplement : « Avouez, prince, que j'y ai un peu contribué. » Alors, élevant la

(1) « Piquons-le ferme, s'écriait M. Rabie dans un des conciliabules qui précédèrent le 24 mai, la contradiction le bouleverse. »

voix et regardant d'un air de provocation le général : « Napoléon avait raison. Les traités, ce sont les diplomates qui les signent; mais ce sont les militaires qui les font. » Peut-être n'a-t-on pas oublié non plus ce soufflet sur la joue de la Droite qui, voyant les dernières convulsions de la Commune, paraissait impatiente de renverser son vainqueur : « Il y a parmi vous des gens qui sont trop pressés. Il leur faut huit jours encore; au bout de ces huit jours, nous serons à Paris; il n'y aura plus de danger, et la tâche sera proportionnée à leur courage et à leur capacité. »

Il ne supportait pas qu'on eût trop raison contre lui. A bout d'arguments, il criait à l'injustice, à la mauvaise foi, à la persécution, se plaignait qu'on oubliât son grand âge, — ce qu'un homme d'esprit traduisait par : « Je suis vieux, donc vous avez tort, » — qu'on méconnût ses services, gesticulait avec la colère trépignante d'un enfant gâté auquel on résiste.

On a souvent prétendu que M. Thiers était surtout l'homme des circonstances; il était, au mois de février 1871, l'homme d'une situation.

Ce que serait entre ses mains la République, il le laissait entendre : « Elle est impossible avec des républicains » ; (1) mais elle était très possible avec lui. Cette opinion se faisait déjà jour dans les lettres qu'il écrivait, au mois de mars 1848, à M. Panizzi et au procureur général Borelli : « J'accepte la République, le temps des rois étant passé… Je croirais avoir beaucoup fait si je pouvais donner au pays une République bien constituée », c'est-à-dire la sienne. En 1850, il songeait toujours, d'après le témoignage de M. Charles Merruau, « à fonder une République conservatrice et à l'épouser comme président »; mais il n'eut pas invité les républicains à la noce. Il écrivait, en 1855 : « L'avenir est à la République » (2). Il pré-

(1) « Gens vulgaires, ignares, inexpérimentés, violents », avait-il coutume de dire avant sa demi-conversion. Il substitua un instant, à sa fameuse formule : « La République sans les républicains », celle-ci : « La République conservatrice avec les conservateurs », mais en sous-entendant : « au besoin sans eux et même contre eux ».

(2) Cependant, il montrait déjà du goût pour cette politique de bascule qui le fit osciller sans cesse, à Bordeaux et surtout à Versailles, de droite à gauche, qui le portait à sacrifier parfois ses partisans les plus fermes et les plus sûrs à des adversaires qu'il se flattait de conquérir. On trouve le récit d'une de ces oscillations dans une lettre de Mérimée à Panizzi portant la date du 12 mars 1865 : « M. Thiers tend visiblement à se séparer de ses amis pour se rapprocher des cléricaux et du faubourg Saint-Germain. Il est, comme bien des gens venus de bas, très sensible aux flatteries de l'aristocratie, et le faubourg Saint-Germain ne les lui marchande pas. On lui fait une cour assidue, et des gens qui le pendraient probablement s'ils revenaient jamais au pouvoir, l'encensent de la manière la plus honteuse. Il en est tout bouffi. Chez les bourgeois, on commence à lever les épaules de ses théories politiques et à l'appeler radoteur. » On n'allait pas jusque-là; mais tout de même certains de ses amis

cisait un peu plus dans son entretien du 13 septembre 1870 avec lord Granville : « La République est, en ce moment, le gouvernement de tout le monde : ne désespérant aucun parti, parce qu'elle ne réalise définitivement le vœu d'aucun, elle convient maintenant à tous. » Il y avait un très sensible écart entre cette demi-profession de foi républicaine et l'opinion qu'il exprimait à la tribune le 17 mars 1834 : « On avait vu à l'épreuve, non seulement la République sanglante, mais la République clémente qui voulait être modérée; elle n'était arrivée qu'au mépris. Une République tourne nécessairement au sang ou à l'imbécillité. » Mais, en 1834, M. Thiers était ministre du roi Louis-Philippe et disait fièrement : « La couronne et moi! (1) »

En 1871, M. Thiers voulait maintenir la Répu-

d'alors se montraient méfiants et sous-l'œil. Puis, après tant de marches et de contre-marches, il revint à cette bourgeoisie vers laquelle son éducation, ses idées premières, la tournure de son esprit l'inclinaient. Enfin, nouvelle mais non dernière métamorphose, il disait sous l'Empire libéral, en montrant les banquettes où siégeaient M. Émile Ollivier et ses ministres : « Mes opinions sont assises sur ces bancs ».

(1) On opposait aussi, à M. Thiers républicain, l'historien du *Consulat et de l'Empire* : « Quand un pays a toujours vécu en monarchie, que la folie des factions l'a un instant arraché à son état naturel pour en faire une république éphémère, il suffit de quelques années pour inspirer l'horreur de l'anarchie et de moins d'années encore pour trouver le soldat capable d'y mettre un terme. »

blique pour devenir le premier dans Rome : « C'est, répétait-il sans cesse, le gouvernement qui nous divise le moins. »

Rassuré du côté de la Droite qu'il tiendrait en main en exploitant les rancunes des légitimistes contre les princes d'Orléans et le peu de goût que manifestaient la plupart des amis de ces princes pour le continuateur de Charles X, escomptant le concours de ces députés également hostiles aux anciens partis et aux révolutionnaires, il s'efforça de rallier à sa République cette bourgeoisie qui se souvenait trop de 1793 et de 1848, que certains actes très récents rendaient ennemie d'une forme de gouvernement demeurée pour le moins suspecte, et n'y travailla pas en vain. Lorsqu'on vit qu'il ne redoutait plus la République, beaucoup cessèrent de la craindre et son affirmation, qui réservait tout : « L'avenir est au plus sage » fit réfléchir les uns, patienter les autres. Ayant ajouté ce gros appoint à sa valeur personnelle, il fut en mesure d'imposer quelque retenue à la Gauche, de modérer certaines ardeurs compromettantes, et il affermit son pouvoir.

Mieux assuré du concours de la Droite qu'il avait, à d'autres époques et dans d'autres assemblées, si souvent menée au combat et à la victoire, son républicanisme ne l'eût vraisemblablement pas conduit plus loin que la conjonction des centres. Il eût planté sa tente au milieu des orléanistes désabusés, des libéraux de la Gauche, à égale distance des chevau-légers et des intransigeants, de M. de la Rochette et de Gambetta.

La méfiance hostile des royalistes, leurs exigences aussi, sa ferme résolution surtout de ne pas abdiquer au profit d'un roi le rapprochèrent chaque jour davantage des républicains. Plus tard, quand les délégués de la Droite protestaient contre ses complaisances pour la Gauche, il finit par leur répondre, abattant son jeu : « Je ne sais pas, en vérité, ce que vous avez toujours à crier contre ceux que vous appelez des radicaux. Mais ces gens-là sont charmants! Ils ont véritablement le sens politique; ils sont admirablement disciplinés. Quand, pour établir les institutions qui, seules, conviennent à la France, nous serions obligés d'accepter leur concours, où serait le mal? » De même qu'autrefois il se laissa prendre aux flatteries du faubourg Saint-Germain, les flatteries de la Gauche, l'admiration qu'elle affichait pour sa politique, les marques de dévouement qu'elle lui prodiguait, son empressement à solliciter ses conseils, son assiduité à ses réceptions alors que les royalistes boudaient et frondaient, ne le laissaient pas insensible. Toutefois, bien qu'il affectât un démocratique dédain pour ceux qui doivent beaucoup à la naissance, son orgueil de « petit bourgeois qui avait l'âme fière », — le mot est de lui, — était plus délicatement flatté lorsque, au début de sa présidence, les grands seigneurs de la Droite formaient autour de lui comme une cour. On voulut y voir cette faiblesse « commune à tous les gens venus de bas » dont parlait Mérimée. On oubliait le mot de Talleyrand : « M. Thiers n'est pas parvenu, il est arrivé. » Il disait de ces grands seigneurs : « Il faut les utiliser dans les ambassades. » Il y utilisait plus systématiquement encore ceux qu'il redoutait. Ce fut ainsi qu'il se débarrassa pour un temps de M. le duc de Broglie dont il trouvait l'opposition gênante et qui, au 24 mai, fit beaucoup plus que le gêner. (1)

Une autre de ses faiblesses ou de ses prétentions,

(1) En même temps qu'il nommait M. le duc de Broglie ambassadeur à Londres, M. Thiers envoyait M. le marquis de Banneville à Vienne, M. le duc de Noailles à Saint-Pétersbourg, M. le marquis de Vogüé à Constantinople, M. le marquis de Bouillé à Madrid, M. le comte de Bourgoing à La Haye, M. le comte d'Harcourt au Vatican, M. le marquis de Gabriac à Berlin. Plus tard, quand il inclina plus ouvertement vers la Gauche, il démocratisa un peu sa diplomatie, et ce fut le temps de Jules Ferry.

Mais s'il trouvait la noblesse surtout bonne pour l'exportation, il réservait au tiers état les préfectures : M. Léon Say devint préfet de la Seine et il chargea MM. Charles Ferry, Valentin, Poubelle, Tirman, Albert Decrais, Foucher de Careil, Paul Cambon, Lemyre de Vilers, etc..., d'administrer nos divers départements.

comme on voudra, était de se croire ferré sur tout.
Il poussait ce travers si loin qu'à ce compliment :
« Il vous serait impossible de dire ce que vous ne
sauriez faire », il répondit bravement : « C'est
vrai. » (1)

M. Thiers se donnait pour un républicain de
raison ; c'était surtout un républicain d'ambition.
Même, dans les premiers temps de sa présidence,
lorsque tout l'éloignait encore de la Gauche, son
intérêt l'y ramenait. Sur ce point, il ne fut pas
l'homme de la phrase qu'on lui prête et que, vraisemblablement, il ne prononça jamais : « Je con-
serve obstinément toutes mes idées de 1830 et les
tiens pour excellentes, car elles sont le fruit d'une
longue expérience. » Pour le surplus, il demeura
fidèle à la plupart de ses préventions et préféra
toujours les diligences de sa jeunesse aux chemins

(1) Il avait encore une autre faiblesse, mais commune à la plupart
des orateurs, et qui consistait à ne pouvoir se passer, à la tribune,
de son breuvage favori. Sous la monarchie de Juillet, il ne parla
jamais sans avoir à portée de la main un verre de bordeaux dans
lequel, de temps en temps, il trempait ses lèvres. Quand il prit,
pour la première fois, la parole au Corps législatif, le duc de Morny
consulta les précédents et lui fit apporter un excellent bordeaux de
sa propre cave. A Versailles, le président buvait alternativement du
café et de l'eau pure ; le café était préparé par Mlle Dosne et
apporté à l'Assemblée par M. Aude, secrétaire de M. Thiers.
Devenu ministre, M. Émile Ollivier, après avoir pris à M. Rouher
sa calotte, prit à M. Thiers son bordeaux ; on y vit une flatterie
délicate à l'adresse de son protecteur.

de fer de son âge mûr ; mais son attachement à ses
vieilles préférences diminuait à peine cette « fraî-
cheur de curiosité » dont le loue Sainte-Beuve, et
son esprit flexible, fertile en ressources, son incomparable dextérité, son scepticisme, sa merveilleuse
faculté d'assimilation, son intelligence surtout, en
faisaient le pilote par excellence pour naviguer
entre les écueils. Avec cela, un long maniement des
affaires, un grand mépris des hommes que l'exercice du pouvoir avait naturellement accru (1).

IV

Lorsque M. Thiers devint Président, la France
était vaincue, envahie, épuisée. Paris venait de
capituler après Strasbourg et Metz. L'armée de
Bourbaki, qu'on croyait agonisant, entrait en
Suisse et le général Chanzy était en pleine retraite.
Les départements du Midi et la ville de Lyon,
livrés aux révolutionnaires, n'obéissaient à per-

____

(1) Président de la République, M. Thiers demeura néanmoins
député. Aussi, en perdant le pouvoir au 24 mai, conserva-t-il le
droit de siéger comme représentant du peuple. Cela ne s'était jamais
vu avant lui ; cela ne se vit jamais après lui.

sonne et déjà les chefs de la Commune préparaient dans l'ombre l'insurrection. Tout semblait perdu et tout aurait pu l'être si le chef du Pouvoir exécutif et l'Assemblée nationale n'avaient patriotiquement conspiré ensemble pour le relèvement du pays, pour recoudre la France si cruellement déchirée.

Admirateurs et adversaires doivent rendre à M. Thiers cette justice qu'il déploya une inlassable ardeur et une puissance de travail dont les vieillards sont bien rarement capables pour faire, avec le peu qui subsistait encore, de grandes choses. Devant les résultats, s'effacent certains travers, certaines petitesses et cette « ambition sénile » que lui reprochait un jour le général Changarnier, qui, lui-même, en tenait. Il eut le tort de diminuer systématiquement le rôle de l'Assemblée, de vouloir être seul à l'honneur quand ils avaient été ensemble à la peine et, selon l'expression populaire, de trop tirer la couverture à soi; mais aussi l'Assemblée ne rendit pas toujours à M. Thiers une exacte justice, et les rancunes, les passions politiques, les intérêts des partis aidant, elle lui chicana, parfois sans dignité, le témoignage d'une gratitude à laquelle il avait d'incontestables droits. Ce fut ainsi que, le jour où la libération du territoire fut enfin accomplie, dans le salon de la Pré-

sidence envahi par les ministres, les amis personnels, des inconnus, des passants, M. Thiers
attendit en vain les délégués de la Droite. Seuls,
MM. Ricard, Christophle, de Marcère vinrent lui
communiquer le texte de la motion du Centre
gauche : « Le président de la République a bien
mérité de la patrie. » Les républicains, après
l'avoir beaucoup caressé et flatté aussi longtemps
qu'il remplit l'office de cheval de renfort, l'oublièrent aussitôt que la côte fut gravie. Presque au
lendemain de sa mort, lorsqu'un novice avait
l'imprudence de citer son nom et l'imprudence
plus grande encore d'en appeler à lui contre les
entreprises radicales, cent députés exprimaient,
sous des formes variées, cette idée simple :
« Donnez-nous la paix! » Quant aux dévorants de
l'extrême Gauche, qui se souvenaient de la semaine
sanglante, ils le traitèrent en tout temps d'assassin
et de « sinistre vieillard ».

Le 19 février, le président de la République constitua son cabinet et ce fut, pour la Droite, une première déception.

Elle croyait, sur ce mot jeté par le futur chef du
Pouvoir exécutif au travers d'une conversation :
« avec un ministère où j'aurai à ma droite mes
vieux et chers amis Falloux et Larcy, nous vien-
drons à bout de toutes les difficultés », que

M. Thiers, prévoyant son élévation prochaine, avait formé d'avance son gouvernement dont MM. de Falloux, le duc de Noailles, de Larcy, Buffet, Casimir Perier, Lambrecht faisaient partie. Elle y voyait un acheminement vers la Monarchie et ceux de ses membres qui lisaient dans l'avenir chuchotaient aux oreilles de leurs amis moins confiants que M. Thiers avait besoin de vingt-quatre mois, pas un de plus, mais pas un de moins, pour relever le trône. Ils déchantèrent, car, à l'exception de M. Buffet, qui refusa, de MM. de Larcy et Lambrecht, qui acceptèrent, aucun de ces noms ne figurait sur la liste ministérielle. Encore les opinions politiques de M. Lambrecht n'y furent-elles pour rien et ses opinions en matière de douanes y furent-elles pour presque tout. Le président de la République lui savait gré, en outre, d'avoir, sans défaillances, voté avec lui au Corps législatif et de partager aveuglément, en toutes choses, sa manière de voir. C'était même pour cela qu'il l'appelait : « le sage des sages ». M. Lambrecht était, d'ailleurs, un esprit distingué. On disait de lui : « C'est un avenir. » Ingénieur et ancien élève de l'École polytechnique, il avait une parole précise où l'on aurait voulu un peu plus de chaleur. Ses discours, même les meilleurs, avaient la sécheresse d'un théorème de géométrie. Il parlait le moins possible, d'une voix nonchalante et faible où perçait une pointe de dédain pour les médiocrités d'alentour. Il ne fit que passer et mourut peu de mois après sans avoir eu le temps de donner toute sa mesure.

Le ministère était ainsi composé :

Justice et présidence du Conseil d'État, M. Dufaure (1). — Affaires étrangères, M. Jules Favre. — Intérieur, M. Ernest Picard. — Guerre, général Le Flô. — Marine et Colonies, amiral Pothuau. — Instruction publique et Cultes, M. Jules Simon. — Agriculture et Commerce, M. Lambrecht. — Travaux publics, M. de Larcy. Il ne manquait à cette liste, pour être complète, que le nom du titulaire des Finances. Le président de la République avait offert ce portefeuille à M. Buffet; celui-ci se déroba et, quand on lui demandait les motifs de son refus, il évitait de répondre. Peut-être n'avait-il d'autre raison que cette excessive prudence, cette infinie circonspection qui le poussèrent, en plusieurs rencontres, à se soustraire aux responsabilités du pouvoir, à sortir du gouvernement où il était entré la veille. Quant à M. Thiers,

(1) Lorsque, le 31 août 1871, l'Assemblée nationale décréta que le chef du Pouvoir exécutif prendrait le titre de président de la République française, M. Dufaure devint vice-président du conseil des ministres.

il déclarait que « le choix de ce ministre était déjà arrêté dans son esprit, mais qu'il devait taire son nom ». Il le fit connaître le 25 février : c'était M. Pouyer-Quertier dont les théories protectionnistes cadraient avec les siennes.

En annonçant à l'Assemblée la constitution du ministère, M. Thiers prononça un discours-programme qui fut chaleureusement applaudi : c'était le fameux pacte de Bordeaux (1).

Le Cabinet du 19 février 1871 demeura aux affaires jusqu'au 18 mai 1873, avec de nombreuses modifications. Elles lui donnèrent une certaine ressemblance avec le légendaire couteau dont un jour on changeait le manche et le lendemain la lame, mais qui, néanmoins, était toujours le même.

(1) Le 10 mars 1871, à la veille du départ pour Versailles, M. Thiers broda, sur ce même thème, une nouvelle variation et n'obtint pas un moindre succès. On acclama surtout cette phrase : « Je le jure devant le pays, et si j'osais me croire assez important pour parler de l'histoire, je dirais que je jure devant l'histoire, de ne tromper aucun de vous, de ne préparer, sous le rapport des questions constitutionnelles, aucune solution à votre insu, et qui serait de notre part, de ma part, une sorte de trahison. » — *A votre insu;* M. Thiers glissait parfois dans ses discours une petite phrase ou un mot qui, au premier abord, n'avait l'air de rien et passait inaperçu, mais très propre à lui rendre quelque jour de grands services. Lorsque la Droite lui reprocha de ne pas tenir ses engagements, de déchirer au profit des républicains le pacte de Bordeaux, il exhuma ces trois mots : « A votre insu », et prétendit qu'il ne trompait personne puisqu'il ne dissimulait pas ses intentions. Pour lui, « à votre insu » comptait seul; le reste n'était rien. L'accessoire supprimait le principal.

M. Ernest Picard se retira à la fin du mois de mai 1871 et fut remplacé à l'Intérieur, le 5 juin suivant (1), par M. Lambrecht. M Thiers, qui ne savait où caser son ami M. Victor Lefranc, en profita pour l'installer à l'Agriculture et au Commerce. Le nouveau titulaire n'y mit point de vanité ; interpellé un jour sur une décision prise dans ses bureaux, il répondit avec sa franchise habituelle : « Tout le monde sait que je n'entends rien ni à l'agriculture, ni au commerce. » C'est un aveu que nul de ses successeurs n'a encore fait. A la même date, le général Le Flô céda son portefeuille au général de Cissey.

M. Jules Favre démissionna le 22 juillet 1871 et fut remplacé par M. de Rémusat.

Après la mort de M. Lambrecht, M. Casimir Perier devint ministre de l'Intérieur, le 11 octobre 1871, et cessa de l'être le 6 février 1872 pour avoir malencontreusement voulu ramener à Paris

(1) Ce même jour, l'*Officiel* publia un décret nommant M. Ernest Picard gouverneur de la Banque de France. Il refusa, par une lettre rendue publique, en alléguant qu'il voulait « se consacrer uniquement à ses devoirs de député », ce qui ne l'empêcha nullement d'accepter, le 10 novembre suivant, l'ambassade de France à Bruxelles. Dès lors, il passa sa vie en chemin de fer. A peine arrivé à son ambassade, quelque vote important le rappelait à l'Assemblée ; à peine assis sur sa banquette de représentant, une affaire diplomatique le rappelait à son ambassade. Si bien qu'on ne l'appelait plus que « monsieur l'ambassadeur entre Paris et Bruxelles ».

l'Assemblée. M. Victor Lefranc prit sa place et céda la sienne à M. de Goulard. Vint ensuite le tour de M. Pouyer-Quertier. Cité comme témoin dans un procès intenté à M. Janvier de la Motte, il développa en plein tribunal, sur le système des virements, quelques théories originales qui ne furent du goût ni de ses collègues, ni du Parlement. Il eut pour successeur, le 23 avril 1872, M. de Goulard qui fut remplacé par M. Teisserenc de Bort. Celui-ci était une invention de M. Thiers qui n'a pas survécu à son inventeur. Il offrait, avec Offenbach, une frappante ressemblance qui ne se restreignait pas au physique, car il jouait aussi de la contre-basse, à ses moments perdus.

Le 7 décembre 1872, M. de Goulard devint ministre de l'Intérieur. M. Victor Lefranc, dont il prenait la place, fut l'innocente victime d'un accès de mauvaise humeur parlementaire. La Chambre se montra furieuse en apprenant que des conseils municipaux envoyaient au président de la République des adresses de félicitations collectives. N'osant s'attaquer à M. Thiers, elle s'en prit à M. Victor Lefranc pour soulager, pour détendre un peu ses nerfs et aussi pour donner au chef du Pouvoir exécutif un sérieux avertissement. C'était ce que Sancho Pança appelait battre le chien devant le lion. Par une bizarre singularité, ce ministre que tout le monde croyait irrémédiablement brouillé avec l'éloquence fut, ce jour-là, éloquent et, d'ailleurs, ne recommença plus. Cinq minutes après sa culbute, M. Rouher disait dans les couloirs : « Nous mangeons l'artichaut feuille par feuille. » M. de Goulard, allant à l'Intérieur, céda les finances à M. Léon Say, tandis que M. de Fourtou prenait le portefeuille de M. de Larcy que les légitimistes avaient mis en demeure de se démettre : « Nous ne voulons pas, disaient-ils, qu'un des nôtres joue plus longtemps le rôle d'otage. » Un vent de fronde commençait à se faire sentir qui bientôt soufflerait en tempête.

Enfin, M. Jules Simon partit à son tour le 16 mai 1873 et M. Thiers le suivit de très près.

Lorsque, dans la séance du 19 février 1871, le président de la République fit connaître à l'Assemblée nationale la composition de son ministère, il ne lui apprit rien qu'elle ne sût déjà. Il n'ignorait pas, de son côté, que la répartition des portefeuilles avait vivement mécontenté la Droite. Trois républicains, disait-elle, c'est beaucoup trop; un seul légitimiste, ce n'est pas assez. M. de Larcy (1), entendant ces récriminations, ne savait trop quel parti prendre et, tout pesé, jugea que le plus sage

(1) M. Thiers l'appelait « mon loyal et royal ami ».

était encore de consulter ses amis. Les royalistes se réunirent et leur premier mouvement fut de repousser l'offre de M. Thiers. MM. de Kerdrel et Benoist d'Azy leur démontrèrent que, cette fois, le premier mouvement n'était pas le bon et on finit par les croire. Cependant, le portefeuille des Travaux publics parut un peu mince (1), surtout lorsque les républicains obtenaient l'Intérieur, les Affaires étrangères, l'Instruction publique et les Cultes. Les politiques du parti firent valoir qu'il serait habile de laisser à un membre du gouvernement de la Défense nationale l'entière responsabilité du traité de paix. M. Ernest Picard avait pour lui les souvenirs du Corps législatif et de son opposition à l'Empire. M. Jules Simon, au contraire, avait contre lui ses anciens programmes terriblement corsés : Instruction laïque et obligatoire, séparation de l'Église et de l'État. Ici encore, les politiques intervinrent : M. Jules Simon, dirent-ils, avait trop de modération et de libéralisme pour ne pas vivre en bons termes avec le clergé. Sans aller jusqu'à croire que, selon le mot de l'évêque d'Orléans, il serait cardinal avant Mgr Dupanloup, ils se montraient convaincus que

(1) Avocat et ancien magistrat, M. de Larcy aurait pu rééditer, avec une légère variante, l'aveu de M. Victor Lefranc : « Tout le monde sait que je n'entends rien aux travaux publics. »

l'Église n'avait rien à redouter de lui. Quant à l'instruction laïque et obligatoire, il y songeait peut-être encore, mais, très certainement, il n'en parlerait plus. Enfin, ils firent valoir sa lutte courageuse contre Gambetta, ses efforts heureux pour assurer des élections libres et sincères. En fin de compte, la Droite se résigna.

Dans la soirée du 19 février, le chef du Pouvoir exécutif partait pour Paris; le surlendemain, à une heure, il avait, avec M. de Bismarck, une première entrevue.

Pendant l'absence du président de la République, l'Assemblée nationale se réunit seulement dans ses bureaux. Elle avait prescrit, sur la proposition de M. Barthélemy Saint-Hilaire certainement inspirée par M. Thiers, une enquête sur l'état de nos forces militaires et les ressources dont la France disposerait pour continuer la lutte si les exigences de l'Allemagne nous contraignaient à reprendre les armes. La commission militaire était composée de huit généraux, trois colonels en activité, plusieurs anciens officiers.

Le rapporteur, l'amiral Jauréguiberry, ne publia ses conclusions que le 11 mars; mais l'on sut très vite que nous pouvions opposer, aux 500 mille hommes des armées ennemies, seulement 205 mille fantassins et 14 mille marins. Ces derniers formaient un véritable bataillon sacré qui, dans les dernières affaires, s'était couvert de gloire. La guerre à outrance apparaissait comme une héroïque folie.

Ces conclusions empruntaient leur autorité et leur force au nom même du rapporteur. L'amiral Jauréguiberry fut, dans toute cette affreuse campagne de 1870, un prodige de résolution, de ténacité, de sang-froid. Vaincu, comme la France et avec la France, son courage resta supérieur aux événements et son âme parut plus grande encore que la défaite. Du premier coup, on voyait ce qu'il était : un homme (1).

Il avait montré ce qu'il était et ce qu'il valait. Au premier bruit de nos désastres, il descendit de ses vaisseaux inutiles où il avait conquis l'estime sans la gloire et vint commander une division du 16ᵉ corps. Lorsque le général Chanzy eut le commandement de l'armée, l'amiral Jauréguiberry eut celui du corps et fit des miracles. Son intrépidité devint bientôt légendaire. Il défendait les ponts à lui tout seul, comme Bayard. A la bataille du Mans, il était à cheval avec son aide de camp auprès de lui. Les obus pleuvaient sans qu'il y prît garde, sa lorgnette braquée sur une espèce de débandade qu'il avait aperçue au centre. Arrive un

(1) Avec sa figure rasée, sa redingote à la propriétaire, ce marin ressemblait à un ministre anglais.

capitaine de l'état-major de Chanzy, porteur d'un ordre. Cet officier n'a pas même eu le temps de prononcer un mot qu'un obus emporte la tête de l'aide de camp. Un peu d'émoi se produit naturellement dans le groupe. L'amiral se penche vers le capitaine et, avec une politesse calme, comme si rien ne s'était passé : « Vous disiez, monsieur? »

Quand il fallut se retirer sur la Mayenne, le général Chanzy ne voulut s'en rapporter qu'à l'amiral. On connaît la lettre qu'il lui écrivit : « Quand un homme comme vous juge la retraite nécessaire, il faut partir. »

Ce Pyrénéen était véritablement un vieux loup de mer avec ce je ne sais quoi d'obstiné, de têtu, que la montagne y ajoute. Et ce n'était pas seulement la montagne, le sol horriblement calciné qui avaient durci à ce point cet homme de fer. C'était quelque chose d'autrement fort et profond, c'était un idéal sévère, c'était la religion elle-même qui était entrée comme un coin dans son cerveau et dans son cœur; c'était elle qui l'avait achevé, poussé à ce point de solidité et de rigidité métallique. L'amiral Jauréguiberry était protestant, comme Duquesne. Et protestant sincère, de dévotion assidue et vraie, protestant pratiquant, protestant austère, un puritain. On croyait le voir, parmi ces fiers émigrés qui s'en allèrent un jour en Amérique peupler le Massachusetts, ou mieux encore, avec les saints de Cromwell, dans un de ces régiments des côtes-de-fer qui fauchaient tout sur leur passage, comme une tempête où soufflait l'esprit de Dieu.

Ce tempérament si original, cette rudesse native, il les porta dans la marine, qui ne dut point les adoucir. La grande mer, le ciel et l'eau, le temple immense, infini, où il y a sans cesse, entre l'homme et Dieu, comme un sous-entendu de prières, c'était plus qu'il n'en fallait pour façonner, pour compléter une âme comme la sienne et la tourner tout entière, sans effort, à la simplicité, à la fermeté, à la discipline absolue, à l'obéissance imposée et acceptée, aux grandes sérénités du sacrifice et du devoir (1).

(1) Quelques années plus tard, l'amiral Jauréguiberry devint ministre de la Marine. La Chambre vit tout de suite qu'elle ne ferait pas de lui ce qu'elle voudrait et, avec ses instincts despotiques, elle détesta ce réfractaire. Journellement, elle lui dépêchait quelque moricaud des colonies pour le houspiller, le mordiller aux jambes. Un beau jour, exaspéré, il les apostropha : « Laissez-moi tranquille avec vos renseignements pris sur des tables de café! » Comme les autres grondaient, montraient les dents, il ajouta : « Vous n'osez pas dire que je me défie de vous; dites-le, car c'est vrai. » Et il se retira noblement, simplement.

V

M. Thiers revint de Versailles le 28 février et, sans même prendre le temps de passer chez lui, courut à l'Assemblée. Ce fut dans un des bureaux de la Chambre que les députés apprirent de sa bouche le détail des négociations, les sacrifices dont ils avaient mal mesuré l'étendue. L'abattement de ce vieillard tout meurtri de sa lutte contre le chancelier de fer, ses yeux remplis de larmes, sa voix qui tremblait ajoutèrent encore au trouble, au désespoir de ces hommes que la politique divisait sans doute, mais que le patriotisme unissait étroitement. Ceux qui n'ont pas vécu ces heures tragiques ne comprendront qu'imparfaitement ce qu'éprouvaient alors les citoyens d'un pays plus irrité encore qu'abattu par la défaite, réduits à subir la paix, se résignant à la rançon, mais s'obstinant à croire qu'on n'oserait point arracher à la France un lambeau de sa chair. Lorsqu'il fallut perdre tout espoir, ce fut d'abord de la stupeur, puis de l'indignation, de la colère, et on ne se soumit à l'inévitable que soutenu par la vision d'une revanche glorieuse et prochaine.

Ce qu'éprouvait le pays, ses représentants le ressentirent avec plus d'amertume et de violence en écoutant M. Thiers. On frémissait autour de lui et les plus stoïques pleuraient. Cette grande douleur ne se manifesta ni par des protestations, ni par des cris en séance publique lorsque M. Barthélemy Saint-Hilaire donna lecture de la convention; mais on la sentait sous ce morne silence qui pesait sur l'Assemblée comme un lourd manteau de deuil. M. Thiers demanda l'urgence; MM. Tolain, Millière, Langlois, Turquet la combattirent. Elle fut votée et Gambetta, M. Schœlcher tentèrent en vain un dernier effort pour retarder un peu le dénouement.

Le lendemain 1er mars, la Chambre discuta le rapport de M. Victor Lefranc qui concluait à l'adoption des préliminaires de paix.

Edgar Quinet, Victor Hugo, Louis Blanc soutinrent qu'on ne pouvait pas déposer les armes et celui-ci évoqua naturellement le souvenir de ces volontaires de 1792 qui ont fourni tant de ressources aux adversaires des armées permanentes, aux esprits chimériques convaincus qu'on oppose avec succès des conscrits aux vieilles bandes. M. Thiers réfuta d'un mot la légende des volontaires : il leur fallut un long apprentissage de quatre ans, et ils ne devinrent invincibles qu'à partir de 1796.

On écouta Louis Blanc, on écouta Edgar Quinet; mais Victor Hugo, avec sa rhétorique, sa prosopée, exaspéra la Chambre. Prédisant la revanche future et se transportant par la pensée au lendemain de la victoire : « On entendra, dit-il, la France s'écrier : C'est mon tour! Allemagne, me voilà! suis-je ton ennemie? Non, je suis ta sœur! J'ai tout repris et je te rends tout, à une condition, c'est que nous ne ferons plus qu'un seul peuple, qu'une seule famille, qu'une seule République. Je vais démolir mes forteresses, tu vas démolir les tiennes; ma vengeance, c'est la fraternité. » Il est facile de comprendre l'impression que produisirent sur la Chambre cette phraséologie, cette invocation à la fraternité des peuples au moment même où nous subissions la dure loi du vainqueur. Elle protesta d'abord par ses murmures et finit par s'emporter (1).

M. Thiers prit deux fois la parole. La première, pour laisser nettement entendre qu'il désirait n'intervenir que le moins possible; la seconde, pour indiquer brièvement qu'on ne pouvait pas refaire en quelques jours notre organisation brisée. La

(1) Victor Hugo s'en souvint le 8 mars suivant. Interrompu, apostrophé alors qu'il prononçait l'éloge de Garibaldi, il donna sa démission et sortit de la salle des séances en secouant la poussière de ses bottines sur cette Assemblée où il ne devait plus revenir.

discussion se fût, comme il en exprimait le désir, rapidement terminée, si les bonapartistes n'avaient provoqué un incident qui déchaîna un effroyable tumulte.

M. Bamberger, député de la Moselle, protestait contre « le traité de honte (1) qu'un seul homme devait signer : Napoléon III dont le nom restera éternellement cloué à l'infamant pilori de l'histoire », et on applaudissait sur toutes les banquettes, quand M. Galloni d'Istria crut devoir protester : « Jamais Napoléon n'eût signé un traité honteux! » Cette petite phrase excita un de ces orages parlementaires dont peuvent seuls se faire une idée ceux qui ont assisté à certaines séances de ces dernières années. Sur les banquettes, dans les loges du public, tout le monde était debout, criait, gesticulait et ces interjections confuses, se croisant, se heurtant, se perdaient dans une assourdissante clameur. Le tapage s'accrut encore lorsque

(1) Dans la séance du 17 février, M. Keller avait porté cette protestation à la tribune : « L'Alsace et la Lorraine ne veulent pas être aliénées... Elles signifient à l'Allemagne et au monde leur immuable volonté de rester françaises. » La Chambre voulut ajourner au lendemain son vote. M. Thiers s'y opposa : « Il faut agir en hommes sérieux. Il ne faut pas que les paroles nous entraînent; il faut que nous sachions ce que nous voulons mettre derrière nos paroles. Ayez le courage de votre opinion : ou la guerre ou la paix. » L'Assemblée répondit que, « accueillant avec la plus vive sympathie la déclaration de M. Keller, elle s'en remettait à la sagesse et au patriotisme des négociateurs. »

M. Conti, très pâle, visiblement miné par le mal qui devait l'emporter bientôt, se dirigea vers la tribune.

— Cédez-lui la parole!... Qu'il ose défendre l'Empereur! qu'il s'explique!... Qu'il défende l'homme qui a trahi et perdu la France!

On ne le laissa pas parler. Entre deux huées, on entendait quelques lambeaux de phrase : « Vous êtes des usurpateurs... Le peuple a fait l'Empire et seul il peut le défaire... C'est le port unique où la France trouvera son salut... Les années glorieuses de l'Empire... »

— Glorieuses, dites honteuses! s'écria M. Vitet qui, debout au pied de la tribune, à côté de M. de Kerdrel, se faisait remarquer, par la violence de ses protestations, parmi les plus animés.

Seuls, MM. Gavini, Galloni d'Istria, Haentjens soutenaient, encourageaient l'orateur.

Dans cette confusion, M. Bamberger reparut à la tribune que M. Conti occupait toujours, Victor Hugo y monta en même temps et tous les trois s'efforcèrent en vain de parler. Le président était à bout de forces, à bout de voix et l'on voyait, sans l'entendre, s'agiter la sonnette. Un cri mille fois répété s'éleva de toutes parts : « La déchéance! La déchéance! » Et l'on suspendit la délibération.

La salle des conférences, envahie par une cohue

tumultueuse, retentissait de bruyants éclats de voix ; là aussi, c'était le même déchaînement d'indignation et de colère. Enfin, cette fureur tomba et lorsque les députés vinrent de nouveau occuper leurs places, M. Target put donner lecture de la motion (1) qu'avaient signée avec lui vingt-deux de ses collègues. Les uns et les autres appartenaient aux partis les plus divers et même les plus opposés ; il n'y avait d'autre lien entre eux que leur commune haine de l'Empire.

A trois reprises, les bravos éclatèrent et M. Thiers fit entendre une dernière protestation : « Vos princes disent que ce ne sont pas eux qui sont coupables ; ils disent que c'est la France. Eh bien ! je leur donne un démenti en face de l'Europe. » Et la motion de déchéance fut adoptée à l'unanimité moins 5 voix, celles de MM. Conti, Gavini, Haentjens, Galloni d'Istria, le comte Joachim Murat.

Pendant toute la durée du scrutin sur les préliminaires de paix, Gambetta, debout au pied de la tribune, pâle, les bras croisés, regardait les bulle-

---

(1) « L'Assemblée nationale clôt l'incident, et dans les circonstances douloureuses que traverse la patrie, en face de protestations et de réserves inattendues, confirme la déchéance de Napoléon III et de sa dynastie, déjà prononcée par le suffrage universel, et le déclare responsable de la ruine, de l'invasion et du démembrement de la France. »

tins tomber dans l'urne. La majorité pour l'adoption fut de 546 voix contre 107 et 23 abstentions (1).

(1) Les généraux Billot, Chanzy, Loysel, Mazure votèrent contre, silencieusement. Les généraux Deligny, de Charrette et le duc d'Aumale, — ce dernier n'était pas encore admis à siéger, — s'abstinrent. Dix-neuf généraux et amiraux : d'Aurelle de Paladines, de Chabaud-Latour, Chabron, Changarnier, Chareton, Dompierre d'Hornoy, Ducrot, Fourichon, Frébault, Jauréguiberry, La Roncière le Noury, Le Flô, Martin des Pallières, de Montaignac, Pellissier, Pothuau, Saisset, du Temple, Trochu, votèrent pour.

Après la proclamation du scrutin, M. Crosjean déposa sur la tribune les démissions des vingt-huit représentants des provinces annexées, dont faisait partie Gambetta. MM. Varroy, Brice et Claude, de la Meurthe, démissionnèrent immédiatement après. M. Girot-Pouzol avait pris les devants : « Je ne saurais, dit-il au début de la séance, me résoudre à voter le projet ; mais comme je sais qu'en agissant ainsi je ne donnerais pas satisfaction à mes électeurs, je donne ma démission. » Ledru-Rollin était parti dès le 28 février, en protestant d'avance « contre ce qui va se passer de funeste ». Ledru-Rollin, dont le rôle à l'Assemblée nationale fut toujours effacé, avait pris une seule fois la parole pour raconter les préliminaires du coup d'État du 2 décembre organisé depuis Londres : « Je ne pouvais sortir, dit-il, sans rencontrer un groupe qui criait : « Poléon, Poléon, nous l'aurons! » C'était un gros homme, chauve, avec de fortes moustaches, et, à en croire ses amis, un peu fatigué. Il était, au dire des autres, quelque chose de plus.

Le lendemain, ce fut le tour de MM. Rochefort, Tridon et Benoît Malon qui refusèrent de siéger plus longtemps dans une Assemblée qui avait « livré deux provinces, démembré la France, ruiné la patrie. » MM. Ranc et Félix Pyat s'en allèrent derrière eux.

Quelques-uns de ces députés furent réélus, quelques autres revinrent sur leur décision à la suite d'un incident que provoqua la double démission de M. George et du colonel Denfert-Rochereau. Le président, après avoir donné lecture de leurs lettres, fit observer à ces deux députés, « ainsi qu'à ceux de leurs collègues qui, se trouvant placés dans une situation analogue, ont cru devoir donner leurs démissions, que, malgré les changements qu'ont pu subir dans leur état les populations qui les ont élus, ils sont et doivent rester les

VI

Depuis quelques jours, l'Assemblée se préoccupait de son installation définitive. Le théâtre de Bordeaux n'était qu'un abri provisoire et incommode. D'autre part, les représentants de la France ne pouvaient pas délibérer et surtout le Gouvernement ne pouvait pas résider à une telle distance de Paris. Enfin, les Bordelais se montraient trop violemment hostiles. Mais où aller? à Paris, répondait la Gauche, où le Palais-Bourbon avait, depuis plus d'un siècle, le privilège de loger le Parlement; mais la majorité ne voulait pas entendre parler de Paris, le jugeant peu sûr.

Les légitimistes proposèrent Bourges. Cette préférence surprit et pourtant un des leurs, M. Rubichon, méditait déjà, en 1829, de transformer le roi de France en roi de Bourges. Convaincu que ses contemporains allaient aux abîmes, il voulut les

représentants du peuple français ». MM. George, Varroy, Brice, Claude, Bamberger, André, Deschange retirèrent leurs démissions. Le colonel Denfert-Rochereau maintint la sienne et fut élu, le 27 juillet suivant, dans la Charente-Inférieure, le Doubs et l'Isère.

ramener en arrière et remettre en honneur les institutions, les mœurs, les idées qui florissaient au temps de saint Louis. Pour conduire à bien cette entreprise, il conseillait au monarque d'abandonner Paris, « cette sentine de l'Europe », et de transférer le siège du gouvernement à Bourges, « l'endroit le plus triste, le plus monotone, le plus ennuyeux du royaume. On s'y croirait dans les déserts de l'Amérique. Là, le roi peut fonder un nouvel État sans être distrait de ses inspirations, de ses méditations. » Puis, parlant de ces députés venus de leurs départements avec le duvet de la pêche et que l'atmosphère parisienne a vite fait de rendre blets, il disait encore : « Si la province nous envoyait des Catons, Paris en ferait des Catilinas. » L'extrême Droite était fort de cet avis. La surprise des autres s'explique : ils ne connaissaient pas Rubichon (1).

(1) En quoi ils étaient excusables, car Rubichon figure en bonne place parmi ces auteurs dont l'existence est généralement ignorée. A vrai dire, il ne fut jamais célèbre, ni même très connu, malgré le mal que Lamennais, — le Lamennais de la première manière, — se donna pour lui recruter des lecteurs. Il écrivait à tous ses amis : « Avez-vous lu Rubichon? Il faut absolument le lire. — Vous a-t-on envoyé le dernier ouvrage de Rubichon? C'est une des choses les plus remarquables qu'on ait publiées depuis longtemps. — Vous ne m'avez pas dit si vous avez lu l'admirable livre de Rubichon! » Hélas! on ne le lisait guère, malgré tant et de si pressantes recommandations. Aujourd'hui, on ne lit plus du tout ce défenseur de

Le 3 mars, M. Pagès-Duport indiqua Versailles. C'était pourtant un légitimiste, mais qui retardait moins. Avant d'être député, il écrivit dans les journaux. Il collabora avec François Laurent qui se donnait pour l'inventeur du reportage parisien. Celui-ci trônait, sous la seconde République, dans ce coin de la salle des Pas-Perdus qu'on appelait « la mare aux canards », parce que les nouvellistes y barbotaient. Il disposait d'une table qu'il devait à la munificence des questeurs et les députés venaient lui rendre visite, apportant des nouvelles, en emportant aussi, car il en était bien pourvu. Ce fut, en prenant des notes à cette table, que M. Pagès-Duport apprit un des premiers le résultat de la bataille de Novare et comme, à cette époque, il était jeune, avait de bonnes jambes, il courut à la Bourse, acheta de la rente, réalisa un joli bénéfice et, alléché, entra dans une maison de banque. Il devint coulissier un peu plus tard et, un peu plus tard encore, se rendit à Wiesbaden pour présenter, au comte de Chambord, ses hommages. Il en rapporta une superbe fleur de lis qu'il piquait à sa cravate et quand il la promenait dans les parages de la corbeille, il faisait des jaloux. Sous l'Empire, des poursuites exercées contre lui comme conspi-

l'ancien régime auprès duquel M. de Bonald passerait pour un révolutionnaire farouche.

rateur, son arrestation, un embastillement à Mazas
mirent le comble à sa gloire. Il se révéla, à Bordeaux, légitimiste intransigeant. Il finit par s'huma-
niser et au point de voter les lois constitutionnelles.

M. Thiers ne manifestait aucune préférence ; il
n'en avait pas moins son idée de derrière la tête :
il voulait installer à Fontainebleau le gouvernement
et l'Assemblée. Le vendredi 3 mars, il s'en ouvrit
à l'architecte de la Chambre, M. de Joly, et cet
homme laconique lui répondit : « Impossible. »
C'était un mot dont M. Thiers, comme Napoléon,
ne s'accommodait guère. Il demanda des plans, un
projet. Rien de plus facile, disait-il, que de transformer en salle des séances la galerie de Henri II
ou celle de Diane. Et il conclut : « Réfléchissez,
examinez et revenez demain matin à cinq heures. »

Le lendemain, M. de Joly déclara que la galerie
de Diane n'était pas assez longue et celle de
Henri II pas assez large.

— Eh ! bien, riposta M. Thiers, vous bâtirez une
salle provisoire.

L'architecte y trouva mille difficultés et indiqua
Versailles. « Nous en reparlerons », répondit
M. Thiers. Peu d'heures après, il proposa simplement à la Chambre « la translation de l'Assemblée
dans une ville plus rapprochée de Paris ». Faisant
ensuite appeler M. de Joly : « Puisque vous tenez

absolument, lui dit-il, à aller à Versailles, allez-y et partez dans une heure. »

Entre ces deux dernières entrevues avec M. Thiers, l'architecte de la Chambre avait mis dans son jeu le président Grévy et le ministre de l'Intérieur Ernest Picard. Le premier ne tenait guère à Fontainebleau; le second n'en voulait à aucun prix : « Une fois là, disait-il, nous ne rentrerons jamais à Paris. »

Le ministre et l'architecte partirent ensemble. Le train se mettait en marche quand ils virent accourir le secrétaire de M. Thiers, M. Aude, qui leur cria de loin : « Allez aussi à Fontainebleau. »

Ayant obtenu de M. de Bismarck toutes les facilités désirables, M. de Joly se mit immédiatement à l'œuvre. Il hésitait entre la chapelle et le théâtre du palais pour y installer la salle des séances. M. Ernest Picard penchait pour la chapelle, l'Opéra n'ayant point de fenêtres. L'architecte fit valoir que, si on touchait à la chapelle, la Droite crierait au sacrilège et, homme de ressources, il proposa d'éclairer la salle de l'Opéra en substituant un vitrage au plafond de Durameau.

Le 6 mars, M. Thiers déposa un projet de résolution tendant à transporter le siège de l'Assemblée nationale à Versailles. On le discuta le 10. M. Louis Blanc, comme on devait s'y attendre, demanda, au nom des Gauches, le retour immédiat à Paris et obtint tout juste 154 voix. La discussion fut courte, mais vive. M. Fresneau déclara : « Du seul fait de notre installation à Paris, au milieu de toutes nos industries complètement désorganisées, une seule resterait florissante, celle des gens qui font métier de renverser les gouvernements comme on arrête une diligence au coin d'un bois. » M. de Belcastel dit à son tour : « La France sait que Paris est le chef-lieu de la révolte organisée », et M. Giraud : « Nous avons reçu le mandat impérieux de faire en sorte que l'Assemblée ne délibère pas sur le pavé de l'émeute. » Évidemment, la majorité se méfiait. La Commune se chargea de démontrer que sa méfiance était, en somme, très légitime.

L'Assemblée nationale se sépara le 11 mars en s'ajournant au 20; M. Thiers indiqua le 16, mais sans paraître y attacher une bien grande importance (1).

(1) L'Assemblée nationale avait tenu dix-sept séances dans le théâtre de Bordeaux.

VERSAILLES

I

L'ARRIVÉE A VERSAILLES

En quittant Bordeaux, M. Thiers et les ministres se rendirent directement à Paris où ils se proposaient d'établir leurs résidences, avec un simple pied-à-terre à Versailles. Le président de la République s'intalla au ministère des Affaires étrangères et les divers membres du cabinet prirent possession de leurs hôtels respectifs.

Le samedi 18 mars, ils étaient tous réunis au quai d'Orsay où ils délibéraient sous les canons et les fusils de l'émeute, gardés par un demi-bataillon de chasseurs à pied. Les nouvelles qu'il recevait de l'hôtel de ville où M. Jules Ferry organisait la résistance, les impressions que rapportait le général Le Flô de sa longue promenade à travers Paris, les craintes que ne dissimulaient point les diverses personnes venues pour renseigner le Gouvernement ou se renseigner ne laissaient guère d'illusion sur la gravité du péril. M. Thiers ne tenait pas en place et finit par sortir; il alla jusqu'au pont de la Concorde où défilaient les troupes du général Faron. Il était à peine revenu qu'un bruit de tambours et de clairons fit se précipiter tout le monde aux fenêtres, chef du Pouvoir exécutif, ministres et aussi les généraux qui se concertaient dans une pièce voisine. C'étaient quelques bataillons de fédérés qui, fort heureusement, ne soupçonnèrent pas qu'ils avaient, à portée de leurs baïonnettes, le Gouvernement tout entier.

Lorsqu'ils se furent éloignés, on reprit la délibération un instant interrompue. Il s'agissait de décider si l'on partirait immédiatement pour Versailles, en abandonnant à l'insurrection la ville, les forts, les remparts, ou si, après avoir occupé divers points stratégiques, le chef du Pouvoir exécutif et ses collaborateurs demeureraient sous la protection des régiments restés fidèles. M. Thiers était convaincu depuis longtemps que le meilleur moyen de vaincre une ville révoltée consiste à l'évacuer d'abord pour la reprendre ensuite par un retour offensif. Il avait conseillé cette tactique le 24 février 1848 et à la veille des journées de Juin. Il disait alors, il répétait maintenant, qu'elle avait réussi au maréchal Windischgraetz contre les insurgés de Vienne. Il avait encore d'autres raisons. D'abord, les bataillons conservateurs de la garde nationale se dérobaient; ensuite, la garnison de Paris était moins que sûre. Les soldats du général Lecomte, après avoir mis la crosse en l'air devant l'émeute, avaient fusillé leur chef; dans une revue passée peu de semaines auparavant, le général Vinoy n'avait qu'à grand'peine évité une mutinerie; enfin, il estimait que, pour relever le moral des troupes, les plier à la discipline, il était indispensable de les isoler, au moins pendant quelques jours, dans un camp où les officiers les tiendraient mieux en main.

MM. Jules Favre et Ernest Picard soutenaient, seuls de cette opinion, qu'il fallait demeurer, la retraite ressemblant à une fuite et la fuite à une désertion. Ils avaient pour eux M. Jules Ferry lequel se faisait fort, avec un secours de cinq cents hommes, de tenir les fédérés en échec. On doit rendre cette justice au maire de Paris qu'il était le moins capitulard des hommes. Retranché derrière les murs de l'hôtel de ville, dont il sortit le dernier, il eût bel et bien mitraillé les gardes nationaux de la Commune si M. Thiers l'eût permis. Mais M. Thiers trouvait plus facile et surtout plus sûr de reprendre Paris que de le défendre : aussi lui donnat-il l'ordre formel de battre en retraite. Il interrompit d'un air de mauvaise humeur MM. Jules Favre et Ernest Picard et déclara : « Notre devoir est de nous retirer. » Les autres persistant à vouloir demeurer quand même, il riposta, blessé d'être si mal compris : « Il s'agit de la France, messieurs, et non pas de nous. »

Il fallut s'incliner. On convint que les ministres se rendraient vers 11 heures du soir à l'École militaire et partiraient de là pour Versailles, sous la protection des troupes que le général Vinoy était chargé d'y conduire.

M. Thiers quitta Paris à 5 heures, avec M. Barthélemy Saint-Hilaire, dans un landau que précédaient et suivaient deux pelotons de gendarmes. Immédiatement prévenues, Mme Thiers et Mlle Dosne le rejoignirent dans la soirée.

Le préfet de Seine-et-Oise, M. Augustin Cochin, s'empressa de mettre à la disposition du chef du Pouvoir exécutif l'aile gauche de la préfecture, en ne se réservant qu'un cabinet dans l'aile droite dont il céda le reste au ministre des Affaires étrangères que M. Thiers tenait essentiellement à garder auprès de lui. M. Barthélemy Saint-Hilaire, qui était l'obligeance même, présida à ces divers arrangements; il s'aperçut, au moment de se mettre au lit, qu'il ne disposait plus que d'une chambre sous les toits. Philosophe, il s'en accommoda, une mauvaise nuit étant vite passée.

Les autres membres du Gouvernement, demeurés à Paris, se réunirent, à 9 heures du soir chez le sous-secrétaire d'État à l'Intérieur, M. Calmon, rue Abbatucci, où ils reçurent la visite de M. Langlois. Celui-ci leur communiqua les moins rassurantes nouvelles. Pour éviter d'être reconnus et arrêtés, les ministres se rendirent isolément à l'École militaire, en hâtant le pas, car la terre était couverte de neige et le froid très vif. Pour arriver au général Vinoy, ils durent traverser le bivouac des troupes et ce qu'ils virent les inquiéta bien autrement que le rapport du colonel Langlois. Il y avait, sur toutes les figures des soldats, un air de rébellion et, dans leur attitude, une provocation. Les officiers convenaient, du reste, qu'ils ne pouvaient pas répondre de leurs hommes. Le général Vinoy introduisit les ministres dans une salle obscure, sans feu, et leur fit donner des couvertures.

A minuit, les troupes se mirent en marche, encadrant les voitures du Gouvernement, et ce long cortége, qui cheminait avec lenteur, avait quelque chose de funèbre. On avançait au milieu des murmures, des imprécations, que les officiers devaient feindre de ne pas entendre. Les haltes étaient fréquentes pour ramener dans le rang ceux qui s'asseyaient sur le bord de la route en déclarant qu'ils n'iraient pas plus loin, pour permettre aux gendarmes de l'arrière-garde de rattraper les fuyards.

A 4 heures du matin, on arriva enfin à Versailles et M. Jules Simon courut à la préfecture où il trouva M. Thiers en train de se raser. M. Thiers ne se rasait pas comme tout le monde. Il s'affublait d'un de ces tabliers que portent d'ordinaire les garçons épiciers et, dans cet équipage, donnait ses premières audiences. Campé devant le miroir, il se savonnait d'une main vigoureuse, s'armait ensuite d'un rasoir et, dans le feu d'une conversation qui tournait vite au monologue, oubliait bientôt de s'en servir. Dès qu'il aperçut M. Jules Simon, il lui cria : « Et les autres? — Mes collègues arrivent en même temps que moi. — Tous? — Tous. »

Versailles ne tarde pas à être envahi par une cohue de députés (1) qui viennent de leurs départements, de Parisiens fuyant l'émeute. Tous vont de quartier en quartier, de rue en rue, de maison en maison, traînant des malles, des sacs de voyage, en quête d'un gîte. Les premiers venus se logent tant bien que mal; les autres errent lamen-

(1) M. Ernest Picard avait télégraphié à tous les chefs de gare de prévenir les députés qu'ils devaient se rendre directement à Versailles, sans traverser Paris.

tablement sans trouver un asile. Les représentants du peuple eux-mêmes en seraient réduits à camper en plein air, si M. Rameau, alors maire de Versailles, n'avait pris en pitié ces vagabonds. Il use en leur faveur de son droit de réquisition et, cela ne suffisant point, les questeurs improvisent, dans les galeries du château, des dortoirs parlementaires. Quant aux ministres, ils les installent provisoirement dans les salles du musée et c'est là qu'ils passent leur première nuit sur des matelas étendus à terre.

On vient à peine d'en finir avec la représentation nationale, lorsque les fonctionnaires débarquent à leur tour, en grand péril de coucher à la belle étoile. On se serre de nouveau pour leur faire une petite place et toute cette émigration réussit enfin à se caser. On voit s'allonger aux portes des restaurants d'interminables files d'affamés. *Les Réservoirs*, *l'hôtel de France*, *l'hôtel de la Chasse*, *le Petit Vatel*, *le Cheval Blanc*, *le Chien qui fume*, pris d'assaut, encaissent des recettes jusqu'à ce jour inconnues.

Dans l'intervalle des repas, les distractions étant rares, les désœuvrés envahissent la rue des Réservoirs où des placards allemands sont encore collés aux murs, la cour d'honneur du palais, hérissée de tentes, encombrée de fusils en faisceaux, de canons, de chevaux, de grands tas de neige. Les soldats y pataugent dans la boue, sombres, farouches, regardant d'un air de bravade leurs officiers qu'ils ne saluent plus.

Les badauds forment, comme toujours, le gros de la troupe. L'oreille tendue aux nouvelles, ils cherchent du regard quelque homme célèbre. Les mieux renseignés désignent à leurs voisins Edmond About, Gustave Doré, Émile Augier, le général Chanzy, Détroyat, Émile de Girardin, Renan, Paul de Saint-Victor, Ludovic Halévy, Victorien Sardou, Théophile Gautier, Alexandre Dumas, Arsène Houssaye, et son fils, le prince Lubomirski, Cham qui serre tendrement un petit chien sur son cœur. On reconnait moins aisément les députés. Tout au plus peut-on mettre des noms sur une vingtaine de figures. Près d'un siècle auparavant, Mme de Staël, regardant, d'une fenêtre, passer la procession des États Généraux et constatant que presque tous les membres des trois ordres lui étaient inconnus, disait à Mme de Montmorin : « Ce sont d'illustres obscurs. » Les représentants de 1871 ne le cédaient en rien, à cette date, aux députés de 1789.

Confondus dans la foule, ils se montraient particulièrement curieux de voir de près ces journalistes dont ils ne pensaient aucun bien, qu'ils n'aimaient guère et redoutaient beaucoup. Ceux qu'un long séjour à Paris et la fréquentation des milieux où l'on frondait l'Empire avaient mis en rapport avec quelques-uns de ces hommes redoutables se chargèrent obligeamment des présentations. Ces premières rencontres manquèrent de cordialité. Les journalistes découvrirent, à ceux qu'on traitait couramment de ruraux, un insupportable parfum de province et le laissèrent trop voir. Les ruraux, puisque ruraux il y avait, trouvèrent quelque chose de séditieux à l'ironie parisienne et ne le dissimulèrent pas assez. Il fallut de longs mois pour triompher de cette double impression qui, d'ailleurs, ne s'effaça jamais complétement.

Pendant les journées qui suivirent, on améliora les installations improvisées en quelques heures. Le palais de Versailles, déjà utilisé comme dortoir, abrita les services de divers ministères et les ministres eux-mêmes. On divisa en petits compartiments, par des cloisons à hauteur d'appui, les vastes salons, les larges galeries; les chefs de division s'y retranchaient derrière des paravents et les expéditionnaires se groupaient autour des tables dans un amoncellement de paperasses répandues sur le parquet. M. Dufaure, Garde des Sceaux, trôna dans un boudoir; M. Jules Simon, grand maître de l'Université, s'arrangea d'un appartement dont les portes ouvraient de plain pied sur les parterres, en face de l'Orangerie. M. de Larcy, ministre des Travaux publics, et le président de l'Assemblée nationale voisinaient dans la partie du château qui confine à la chapelle. Tous ces boudoirs, ces salons étaient magnifiques; leur mobilier rappelait la simplicité spartiate : quelques tables, des chaises, des sommiers et des matelas posés sur le parquet. Le ministre de la Guerre eut pour lui tout un hôtel du boulevard de la Reine et installa ses bureaux rue Duplessis. On utilisa les deux lourdes bâtisses dédiées « à toutes les gloires de la France » pour les bureaux des Affaires étrangères et de la préfecture de police. M. Ernest Picard eut, pour antichambre, l'OEil-de-bœuf où se pressait, s'entassait la foule des quémandeurs. Un matin, en sortant de chez ce ministre, M. J.-J. Weiss disait dans un groupe de journalistes : « On vient à peine d'apprendre le meurtre du préfet de Saint-Étienne, et ils sont déjà trois ou quatre qui se disputent la faveur d'être assassinés. »

Les ambassadeurs avaient suivi M. Thiers à Versailles. Ils s'y logèrent un peu partout : lord Lyons, à l'hôtel des Réservoirs; M. Okouneff, rue Colbert; M. Nigra et le chargé d'affaires d'Espagne, dans une maison de l'avenue de Saint-Cloud; le

prince de Metternich, rue Duplessis; le comte de
Moltke, rue du Peintre-Lebrun; le nonce, rue de
Montreuil; le ministre du Portugal, rue Saint-
Louis; le ministre de Suisse, avenue de Saint-
Cloud; les représentants de Suède et Norvège, du
Chili, de la Chine, boulevard de la Reine, rue de la
Paroisse, rue de l'Orangerie; le ministre de Bel-
gique, rue Hoche. Les uns et les autres se tenaient
en relation avec leurs chancelleries demeurées à
Paris par l'intermédiaire de M. Troncin-Dumersan,
qui s'était improvisé courrier de cabinet. Il faisait
chaque jour la navette entre Paris et Versailles
dans un tilbury auquel il accrochait un écriteau :
« Service des ambassades ».

M. Thiers, à diverses reprises, l'utilisa pour des
négociations secrètes, qui n'aboutirent jamais,
avec certains chefs de la Commune. M. Ernest
Picard lui dut de recevoir, pendant les premières
heures de son installation à Versailles, la correspondance de ses préfets sur laquelle son successeur aurait bien voulu mettre la main. Ce délégué
de la Commune avait chargé un homme sur lequel
il savait pouvoir compter de surveiller la grande
porte de la place Beauvau. Tandis que cette
vigilante sentinelle montait une inutile faction,
M. Troncin-Dumersan se glissait, par la porte de
la rue Cambacérès, dans la loge du concierge dont

le nouveau ministre ne soupçonnait même pas l'existence et raflait tout ce qu'apportaient les facteurs. Cet autre maître Jacques se transformait aussi en garçon de recettes et serrait une véritable fortune dans la poche de son veston. Ce fut, une fois, cent mille francs que M. Marsaud envoyait à la Banque de France et, une autre fois, cent mille francs encore qu'il rapportait de Paris à M. le baron de Rothschild.

Les émigrés de Versailles, comme autrefois ceux de Coblentz, avaient pensé d'abord que leur exil ne durerait guère; le siège menaçant de se prolonger, ils s'établirent le plus commodément qu'ils purent. On organisa des réunions et M. Charles Laffite ouvrit, dans une annexe de l'hôtel des Réservoirs, une succursale du Jockey-Club où l'on trouvait, avec tout le confort désirable, une table bien servie et des partenaires pour le whist.

Quelques heures à peine après leur arrivée à Versailles, les membres des groupes royalistes délibérèrent à l'hôtel des Réservoirs et les députés du Centre droit au Petit-Vatel.

II

LA SALLE DES SÉANCES

Le lundi 20 mars 1871, l'Assemblée nationale se réunit pour la première fois dans la salle de l'Opéra.

Entièrement construite en menuiserie, cette salle, commencée en 1753 par l'architecte Gabriel, terminée en 1770 par l'inspecteur Leroy, inaugurée le 17 mai de la même année pour le mariage du dauphin avec Marie-Antoinette, était, à l'origine, peinte en marbre vert antique (1). Sous la Révolution, la « Société populaire de Versailles » en fit son quartier général et y laissa des traces de son séjour qui nécessitèrent d'importantes réparations. Louis-Philippe la remit en état, en substituant, à la décoration primitive, une autre rouge et or ; mais il conserva les trophées de violons, de tambours de basque et de flageolets, les galantes figures mythologiques, les amours potelés et les glaces de la galerie.

(1) Ce fut dans cette salle que, le 1ᵉʳ octobre 1789, les officiers des gardes du corps donnèrent aux officiers des régiments de Flandre et des Trois-Évêchés un banquet dont les conséquences ne sont ignorées de personne : Paris se rua sur Versailles et ramena prisonniers aux Tuileries « le boulanger, la boulangère et le petit mitron ».

Lorsque M. de Joly transforma l'ancien théâtre de la cour en salle des séances, il n'eut qu'à imiter ses prédécesseurs du dix-huitième siècle qui, pour les fêtes, banquets ou bals, jetaient, sur ce que nous appellerions aujourd'hui les fauteuils d'orchestre, un plancher mobile. La scène devenait alors une prolongation de la salle. Sur ce parquet, il disposa des banquettes et des pupitres; là où était la rampe, entre les énormes colonnes où voltigeaient des amours, au-dessous de l'écusson fleurdelisé soutenu par deux anges, il dressa, dans un décor qui représentait un salon, la tribune et le bureau.

Le plafond de Durameau, où l'on voyait Apollon préparant des couronnes aux hommes illustres, fut remplacé par un vitrage ovale par où la salle s'éclairait. Il ne resta des peintures de Durameau que les amours portant les attributs des douze dieux. Celui qui planait sur les journalistes ressemblait singulièrement, avec sa bonne figure réjouie, à M. Léon Say.

Des girandoles, un lustre monumental, allumaient, au crépuscule, leurs innombrables bougies. On posait sur la tribune, à gauche et à droite de l'orateur, deux lampes et, un soir, M. Pouyer-Quertier, dans la chaleur de l'improvisation, les envoya sur les sténographes d'un geste large et impétueux.

L'exhaussement du plancher avait mis les premières galeries au niveau du parterre dont une balustrade les séparait. Là, campaient en face les uns des autres, sur une double rangée de banquettes, les chevau-légers et les radicaux.

A l'extrême Gauche, tout contre le manteau d'arlequin, M. Littré venait s'asseoir chaque jour avec une invariable exactitude. Arrivant le premier, il partait le dernier. Coiffé d'une calotte de velours bleu d'où s'échappaient les mèches plates de ses longs cheveux, les yeux, petits et brillants, abrités derrière les lunettes, courbé sur son pupitre, on l'aurait pris pour un singe appliqué et silencieux que la correction des épreuves d'imprimerie seule intéressait. Il ne regardait rien, n'écoutait personne et se taisait. En face de lui, à l'extrême Droite, Mgr Dupanloup affectait de ne pas apercevoir ce savant dont il n'avait pas voulu subir le voisinage à l'Académie; mais l'autre, très certainement, le nez sur ses grimoires, ne le voyait pas. Allant de celui-ci à celui-là sans échanger un seul mot avec eux, un géant arpentait à grands pas la salle dans toute sa largeur et cet Ahasvérus parlementaire ne s'arrêtait un instant, le dos contre quelque colonne, que pour repartir aussitôt, comme s'il éprouvait une incurable impuissance à se fixer quelque part. C'était M. Hervé de Saisy que ses collègues tenaient pour un original. Son originalité consistait principalement à voter tour à tour avec tous les partis et il représentait à lui seul ce groupe des Sauvages qui s'illustra plus tard dans une autre Assemblée (1).

Au-dessus de ces galeries ou de ces baignoires, des loges étaient réservées à un public d'élite : ambassadeurs, officiers des armées de terre et de mer, invités du président de la République, du président de la Chambre et des ministres. Elles avaient leurs habituées. La princesse Troubetskoï ne manquait pas un seul discours de M. Thiers. Mme Edmond Adam était non moins assidue et attentive lorsque Gambetta prenait la parole. MMmes de Renneville, d'Harcourt, Lacave-Laplagne assistaient courageusement à toutes les séances. MMmes Jules Ferry et Floquet s'y montraient fréquemment. Mme la maréchale de Mac-Mahon et Mme de Goulard n'en bougeaient pas pendant les semaines qui précédèrent le 24 mai. On y entrevit une ou deux fois Jacques Offenbach.

Un jour, on remarqua, dans la loge de M. Jules Grévy, une jeune femme élégante et jolie vers qui

_____

(1) On appelle sauvages, dans le jargon parlementaire, ces députés que leur indépendance détermine à ne pas s'enrégimenter et qui votent selon leurs convictions propres, à moins qu'ils ne se déterminent surtout en s'inspirant de leurs intérêts personnels.

se tournèrent immédiatement tous les regards et dont la présence provoqua des chuchotements qui interrompirent un instant les délibérations. Le bruit se répandit que Gambetta lui-même l'avait conduite à cette place d'honneur. Peu à peu, un certain vide sembla se faire autour de l'inconnue, le mot de scandale fut prononcé, des explications furent demandées à M. Grévy et la dame finit par se retirer d'elle-même en se rendant compte de l'émotion qu'elle causait. On était singulièrement prude alors ; on s'est montré moins difficile depuis.

Tout en haut, la loge des journalistes surplombait la tribune diplomatique. M. Germain Casse, qui devait descendre plus tard au rez-de-chaussée, M. Pelletan, qui, à son tour, devint député, puis ministre, s'y faisaient particulièrement remarquer par l'abandon de leurs attitudes, le naturalisme de leurs propos, le débraillé de leurs costumes. C'était parfois Coupeau discutant avec Mes Bottes. Le premier venait aux séances coiffé d'un feutre de mousquetaire, drapé dans une cape espagnole. Le second, détaché ou revenu de toute coquetterie, s'habillait à peine et ne se peignait presque pas. Nul n'avait moins de préjugés que lui sur la toilette. M. Germain Casse en voulait à M. Jules Grévy et le traitait familièrement de tête de veau. Il ne semblait pas tenir

M. Brisson en grande estime et racontait l'histoire de cet homme triste et de son gilet de flanelle. Cela se passait sous l'Empire.

Le lendemain d'une amnistie, on attendait le retour d'un illustre proscrit. Un petit groupe de bousingots du *Café de Madrid* et du *Rat mort*, des apprentis hommes d'État qu'éclairaient les feux naissants de leur gloire future, quelques étudiants républicains, avaient résolu d'aller l'attendre à la gare pour lui souhaiter la bienvenue et lui faire escorte. Parmi eux, M. Brisson figurait en bonne place, désigné par sa gravité précoce et cette austérité qu'il afficha dès le berceau. Il y joignait beaucoup de prudence et lorsque ses compagnons parlaient de bousculer un peu les sbires de Bonaparte, il leur prodiguait des conseils pleins de sagesse : « Les grandes joies, disait-il, doivent, comme les grandes douleurs, être muettes ; faisons à notre ami une ovation silencieuse. » On ne l'écoutait pas et même les plus emballés le regardaient de travers.

On arriva enfin à la gare ; on franchit une petite porte que le sésame d'une pièce de quarante sous fit ouvrir et la bande put faire librement les cent pas sur le quai. Le train était en retard et, l'attente se prolongeant, les cerveaux achevèrent de s'échauffer. On se mit d'accord pour faire une manifestation propre à galvaniser le parti républicain, à secouer ces Parisiens qui achevaient de s'abrutir sous la botte du tyran, quelque chose comme une journée. Bref, on se précipitait avec héroïsme au devant des juges et de la Bastille. M. Brisson, qui n'avait rien de Latude, s'efforçait consciencieusement de sauver malgré eux ces affamés de martyre trop impatients de confesser leur foi. Son visage, habituellement sombre, devenait plus renfrogné de minute en minute et sa voix, ordinairement gémissante, avait des intonations de plus en plus lamentables. Enfin, sur une motion qui acheva de l'épouvanter, il se détacha du groupe et gagna la porte. Un impérieux « où allez-vous, Brisson? » le cloua sur le seuil. Surpris en flagrant délit de désertion, il esquissa un sourire qui avait le tort de ressembler à une grimace : « Je vous quitte un instant, mon cher ami, rien qu'une minute; il faut absolument que j'aille changer de gilet de flanelle. » Et, mettant à profit la stupéfaction du cher ami, il s'éloigna. M. Brisson oublia de revenir.

C'était le temps où, selon ce même M. Germain Casse, il s'exerçait à l'éloquence dans les réunions publiques et y flagornait les ouvriers : « Quand je songe, disait-il un jour, aux vertus que la blouse recouvre, ma redingote me pèse. — Ôte-la », lui cria quelqu'un.

Lorsque des nègres l'envoyèrent siéger à l'Assemblée nationale, M. Germain Casse alla tout naturellement s'asseoir sur les banquettes de l'extrême Gauche.

M. Pelletan aimait peu la Droite, n'avait que dédain pour les modérantistes du Centre et mépris pour la soutane. Quand on discuta la pétition des évêques, Mgr Chigi, nonce du pape, que ce débat intéressait tout particulièrement, arriva de bonne heure et prit place sur le devant de la tribune diplomatique. Des éclats de voix qui retentissaient au-dessus de lui attirèrent son attention et des propos particulièrement pittoresques excitèrent sa curiosité. Il se retourna, leva la tête, aperçut M. Pelletan, M. Pelletan le vit et s'écria : « Tiens, un otage! »

Fort remuant, un jour qu'il se démenait comme un diable dans un bénitier, il détacha d'un coup de pied vigoureux un balustre qui, obéissant aux lois de la pesanteur, s'en fut tomber dans la tribune diplomatique, effleura deux ambassadeurs et, par miracle, n'en assomma aucun. Avec cet aimable laisser-aller qui le caractérise, il suivait les discussions parlementaires couché sur le rebord de la loge, embusqué derrière les broussailles de sa chevelure et de sa barbe, en prenant des notes pour une revue au jour le jour de l'Assemblée nationale qu'il publiait dans le *Rappel*.

Non loin de lui, M. Albert Millaud distribuait ses épigrammes lorsque, par aventure, il ne s'attardait pas dans un café voisin à d'interminables parties de bouillotte. M. Bernard Derosne ciselait un article, tandis que M. Chauvelot, rédacteur à *l'Univers* et ancien disciple de Proudhon, faisait venir l'eau à la bouche de quelque confrère avec ses réminiscences de plantureux repas bourguignons. M. de Césena racontait ses souvenirs, M. Edmond Texier prenait des croquis pour ses portraits du *National*, M. Ulbach sommeillait dans un coin et M. Zola s'attelait en rechignant à sa besogne qu'il déclarait assommante.

Pendant les premières semaines, les journalistes chargés du compte rendu parlementaire (1) éprou-

(1) Il y avait, en outre, le compte rendu *in extenso* des sténographes et le compte rendu analytique des secrétaires rédacteurs, le premier officiel et le second officieux ; l'un et l'autre placés sous la direction et la garantie du président et du bureau.

À l'Assemblée nationale, comme d'ailleurs dans toutes les Chambres qui la précédèrent et la suivirent, les orateurs relisaient leurs discours et faisaient un bout de toilette à leurs improvisations. M. Thiers revoyait les siens sur le manuscrit et chaque fois qu'il rencontrait à la fin d'une phrase : « mouvements divers », il biffait et mettait : « rumeurs ». Gambetta confiait généralement l'ennui de cette revision à MM. Challemel-Lacour et Spuller. Mgr Dupanloup ne laissait ce soin à personne. Pendant une partie de la nuit, ses vicaires faisaient la navette entre sa villa de Bon-Repos, à Viroflay, et Versailles pour apporter les épreuves et les remporter après correction. Comme Balzac, il les zébrait de lignes qui, partant du centre, aboutissaient aux marges chargées et surchargées de phrases qu'il improvisait plus à loisir, toutes fenêtres ouvertes, même au fort

vaient une certaine difficulté à mettre un nom en face d'un discours. Il y avait, heureusement pour eux, dans la loge voisine, un gros garçon très renseigné et qui n'en bougeait pas. C'était Foubert, fils d'un député de la Manche, qui se laissait feuilleter, avec une inlassable complaisance, par-dessus la cloison. Il connaissait tout le personnel parlementaire, jusqu'aux huissiers, jusqu'aux garçons. Ce Normand, qui avait l'accent du terroir, adorait le cidre et ne reculait même pas devant ce terrible « café à la mort » que ses compatriotes confectionnent avec de l'eau-de-vie bouillante. Lorsque les républicains arrivèrent au pouvoir, il devint le secrétaire de tous les ministres qui se succédaient

de l'hiver. M. Pouyer-Quertier rectifiait après coup ses statistiques et ses chiffres. Il arrivait de bonne heure à l'imprimerie, où il faisait le désespoir des typographes, et n'en partait que tard. Dans la saison des cerises, il en apportait un sac énorme et bombardait, avec les noyaux, les murs de la salle. MM. Jules Favre et Jules Simon s'en remettaient aux sténographes et au prote. M. Bertauld supprimait impitoyablement les rires et M. Tolain revit parfois les harangues des autres pour y ajouter quelques interruptions. A Bordeaux, on montrait l'épreuve d'un discours de Victor Hugo où il avait écrit de sa main : « Explosion d'enthousiasme. — Tonnerre de bravos. » On reprochait à M. Laboulaye d'être « un peu arrangeur ».

M. d'Aboville demanda, sans l'obtenir, qu'on rendît obligatoire pour les journaux, comme sous l'Empire, le compte rendu officiel. Peu conséquent avec lui-même, il protesta le surlendemain contre les inexactitudes et même la mauvaise foi de ce compte rendu. Il ne lui pardonnait pas d'avoir mis, à la suite d'une de ses interruptions : « Exclamations et rires », alors qu'il n'avait entendu qu'une flatteuse rumeur.

à la place Beauvau. Le 16 mai seul se priva de ses services ; aussi le 16 mai n'a-t-il pas réussi.

M. Foubert fils dut sa fortune politique à son père, qui dut la sienne à un verre de champagne. Le soir du 24 mai, dans cette séance historique qui fut la troisième de la journée et ne se termina qu'à minuit, M. Foubert le père, encore ému du dîner, criait à tue-tête dans l'hémicycle, bien qu'il eût promis, à jeun, de voter contre M. Thiers : « Renverser le libérateur du territoire, jamais! » Il ne le renversa pas et fit bien, car il devint lui-même inamovible lorsque l'Assemblée nationale élut les sénateurs à vie, et son fils aussi, dans un autre genre, jusqu'au jour où il commit l'imprudence d'en user avec la caisse des fonds secrets, dont il avait la libre disposition, comme Bilboquet avec cette malle qu'il supposait devoir être à lui.

On avait relégué au plafond celui qu'on flatte le plus et qu'on aime le moins dans les assemblées : le populaire. Parqué dans des trous à rats, derrière les grilles de larges œils-de-bœuf, il pouvait entendre les éclats de l'éloquence, mais il ne voyait pas les orateurs. Seule, une de ces tribunes publiques était assez recherchée parce qu'un étroit boyau la mettait en communication avec le bureau où siégeait la commission des marchés. Les députés passaient par là pour rendre visite à ses hôtes. Elle formait comme un petit salon. Au 24 mai, elle fut envahie par un essaim de jolies femmes qui suivaient les péripéties de la bataille et recevaient à chaque instant des bulletins qui les tenaient au courant de tout ce qui se tramait dans la coulisse.

III

LA GALERIE DES TOMBEAUX

C'est dans cette galerie que les députés, avant et même pendant la séance, se promènent pêle-mêle, pacifiquement confondus, comme les avocats au palais. Là, s'agite, discute, pérore la représentation nationale, entre une double rangée de statues et de tombeaux. Des groupes se forment et se renouvellent sans cesse. Les chefs de la Droite se donnent habituellement rendez-vous autour du tombeau de Marie de Médicis, ensevelie dans sa robe de reine, dont un crayon, irrespectueux bien que royaliste, a orné la gorge d'une large fleur de lis.

Pendant les suspensions de séance, lorsque, la bataille demeurant indécise, les partis se concertent et s'organisent pour le prochain combat, la galerie se remplit d'une cohue agitée, bruyante, aux violents remous. Quand l'Assemblée nationale siège le soir, elle a, aux heures où la foule des législateurs déserte le palais pour les restaurants, un air de nécropole. A la pâle clarté qui tombe des lanternes, on prendrait pour de blancs fantômes les statues couchées dans leurs suaires ou agenouillées dans leurs armures; c'est à peine si, à de longs intervalles, le bruit discret d'un pas lointain trouble le repos de ce cimetière.

L'après-midi, cette salle, la plus vivante de toutes, voit défiler les membres du Parlement; ils s'y montrent plus volontiers dans le déshabillé de leur nature.

Tantôt, c'est M. Jean Brunet à cheval sur deux dadas. Une de ses marottes consiste à donner pour capitale à la France une ville d'Auvergne ou l'Alésia de Vercingétorix; l'autre à établir un plan de fortifications qui partiraient de Paris pour aboutir, entre les Pyrénées et les Alpes, à « un point qu'il nomme pour l'instant Pyralpa ». Tantôt, c'est M. Guichard, grand, un peu voûté, la barbe blanche, le dernier gallican. Il a une recette admirable pour régler les rapports entre l'Église et l'État et terminer leurs différends : la déclaration de 1682, rédigée par Bossuet. Voici M. Greppo qui soutint seul Proudhon lorsque, en 1848, il

défendit son fameux axiome : « la propriété, c'est
le vol », et voilà M. Saint-Marc Girardin dont un
gigantesque faux col guillotine les oreilles. M. le
marquis de Talhouet, qui porte sur son visage la
tristesse de son rapport sur la guerre. M. Turquet
qu'une dépêche de M. Barthélemy Saint-Hilaire,
affichée sur tous les murs de France le lendemain
du jour où les fédérés l'arrêtèrent avec son com-
pagnon de voyage le général Chanzy, a rendu un
instant célèbre : « Turquet arrive en casquette de
soie ». Il rougit de plaisir lorsque Gambetta, d'un
geste familier à la Napoléon, lui pince amicale-
ment l'oreille. M. Arnaud (de l'Ariège), catholique fervent et républicain très sincère. C'est une
espèce aujourd'hui presque perdue. Le général
Trochu dont un patriote clairvoyant disait sous
l'Empire : « Il parle trop bien; méfions-nous ».
M. Vitet, l'air quant-à-soi et légèrement dédaigneux d'un grand bourgeois. M. le comte Jaubert,
plus économe encore qu'économiste, que M. Thiers
appelle « le rogneur de budgets ».

M. Eugène Farcy, l'inventeur de la canonnière
qui porta son nom et fut tirée à un unique exemplaire, croise perpétuellement dans ces parages.
Une mélancolie intense répandue sur toute sa personne semble faire corps avec lui et cette humeur
noire, qui l'enveloppe, ne le quitte jamais. Géné-

ralement taciturne, il ne sort de son silence que pour raconter son entrevue avec Napoléon III au sujet de son fameux bateau : « Je fus introduit dans le cabinet de l'Empereur et Badinguet me fit de grands éloges. Là-dessus, survient l'Impératrice, Sa Majesté me présente et Badinguette se montre très aimable... » Il s'espaçait interminablement sur les divers épisodes de cet événement historique, avec un mélange de respect et de familiarité, sire, majesté, empereur, impératrice alternant avec Badinguet et Badinguette, sans qu'il fût possible de savoir au juste ce qui l'emportait de sa gratitude pour des souverains gracieux ou de cette horreur que la dictature inspire à un radical en apparence convaincu. On croyait toutefois démêler que, dans sa bouche, ce Badinguet et cette Badinguette n'avaient rien dont la majesté impériale pût s'offenser. Le lugubre Farcy consacrait surtout ses méditations à ce qu'il appelait les vieilles matières, c'est-à-dire aux débris hors d'usage que les progrès de la construction nautique accumulent dans les magasins. Il leur dut la plus grande partie de sa renommée et jusqu'à son nom, car on disait de lui, quand il fatiguait la Chambre avec toutes ses ferrailles : « Vieille matière est à la tribune. »

M. Schœlcher passe comme une ombre, son maigre corps serré dans une redingote hermétiquement boutonnée comme une soutane, dont les plis tombent sur un pantalon de hussard. Cet ami de l'oncle Tom pose pour le quaker; mais il exagère l'austère simplicité de cette secte aimable. M. Laboulaye y réussit mieux avec moins d'étude et d'apprêt. M. Brame, nature joviale, forme avec eux le plus parfait contraste. Il a un air de noce comme les deux autres ont un air d'enterrement. M. de Lasteyrie, dont les yeux fatigués s'abritent sous un abat-jour vert, chemine auprès de M. Léonce de Lavergne qu'on traine dans une petite voiture et salue au passage M. le comte de Tocqueville que les personnes non prévenues prennent d'ordinaire pour un revenant. M. le comte Rampon cause avec son collègue M. Rampont-Lechin que M. Arago appelle invariablement « Rompons les chiens ». La figure, la démarche, les yeux encore ardents sous d'épais sourcils de M. le comte Rampon trahissent l'ancien officier d'artillerie; la voix, douce, caressante, est d'un prêtre. Son éloquence brève se plait aux discours qui tiennent en une seule phrase : « Aimons-nous les uns les autres » ou bien : « Pardonnons-nous réciproquement nos offenses ». S'il allonge un peu sa harangue, cet excellent homme s'embrouille, s'égare et ne s'y retrouve plus. M. Jouin, gai comme un pinson et rond comme une citrouille, se dirige vers le bureau d'une commission au bras de M. Lenoël que son ingénuité politique a fait surnommer l'Agnès du Centre gauche, en laissant loin derrière lui M. Batbie qui s'avance avec de grands coups de collier, comme si ses jambes, cependant robustes, ne pouvaient déplacer d'un seul coup sa massive personne. Esprit alerte et corps lourd, c'est, dit M. Lambert de Sainte-Croix, le plus spirituel des mastodontes, et M. Denormandie, renvoyant la balle : « un éléphant qui a avalé un écureuil ». M. Bertauld rumine à l'écart des discours sur divers sujets gais et fleuris : le Conseil d'État, le jury, l'organisation municipale, et les emmagasine dans sa mémoire. Avec son crâne nu, ses lunettes, son visage en museau de furet, ce jurisconsulte normand, toujours abondamment pourvu de subtilités chicanières, abuse du droit que certains orateurs s'attribuent d'assommer leurs collègues. Chez lui, c'est presque un art.

M. le duc de Broglie, coiffé d'un haut de forme gris, guêtré de blanc, promène de groupe en groupe son ironie et son sourire. M. le duc d'Audiffret-Pasquier, impétueux comme une charge de cavalerie, s'avance en coup de vent. Gambetta pérore, le teint allumé, agitant sa crinière, l'œil étincelant, et sa voix de basse-taille, qui domine le bruit des conversations, fait retentir les échos sonores. Maigre, pâle, alerte, les lèvres pincées, l'œil profond, M. Bocher a l'apparence et l'allure d'un homme d'État anglais. Mgr Dupanloup, qu'un de ses vicaires escorte, congestionné, le chapeau à la main, portant haut la tête, évoque le souvenir de ces évêques grands seigneurs qui venaient autrefois à Versailles faire leur cour à Louis XIV. M. Pouyer-Quertier et M. Léon Say, que l'économie politique sépare, mais que le hasard d'une rencontre réunit, se lapident avec des chiffres. Jongleurs de statistiques également habiles, ce sont aussi les plus amusants remueurs de millions du monde connu. L'un exagère son jeu, l'autre le cache; mais ils ont appris leur métier à la même école de sorcellerie.

M. Malartre, qui se traite parfois avec une bienveillante familiarité de « ce pauvre Malartre », ne rencontre partout que des sympathies : c'est le messager des vacances, comme l'hirondelle est la messagère du printemps. Il n'ouvre la bouche que pour convier ses collègues à prendre un repos bien mérité. Venant alors à la rescousse, le général Changarnier exprime en style plus noble les exhortations que M. Malartre formule en un langage sans prétention : « J'ai besoin de recueillement, j'ai besoin de repos aussi, et je crois que nous avons quelque droit à aller chez nous chercher ces délassements nécessaires, *Jucunda oblivia vitæ* ». Ce que M. Laurier traduit par : « Ce n'est pas tout de bien manger, de bien boire et de bien dormir, il faut aussi se reposer. »

Hautain et défiant, M. Challemel-Lacour va droit devant lui, l'œil aux aguets, la lèvre dédaigneuse ; puis, brusquement, se retourne pour s'assurer qu'il n'est pas, comme aux jours de la proscription, suivi par quelque policier. Le Pelletan de 1871 ne rappelle que de fort loin le Pelletan barbu et chevelu de 1848 et même le Pelletan des dernières années de l'Empire. Fort apaisé et son esprit longtemps inquiet aspirant au repos, il chemine la tête basse, n'utilisant plus que dans les conversations intimes cette voix caverneuse dont M. Thiers l'engageait autrefois à éclaircir les sombres intonations : « Quand on se trouve, lui disait-il, en présence d'une fontaine, il ne faut pas seulement regarder l'eau ; il faut aussi s'occuper du robinet. Soignez votre robinet. » Pour mieux le ménager sans doute, il l'a fermé aux trois quarts. M. Bardoux prodigue à tout venant ces poignées de main qui font dire à M. Dufaure : « Il est le meilleur ami de tout le monde. » Le plus onctueux des bénisseurs, il se sert de la parole comme d'un goupillon et on l'a surnommé le Cambacérès du

Centre gauche. L'habitude, qui est chez lui une seconde nature, de dire des choses aimables joue parfois à M. Bardoux de mauvais tours. C'est ainsi que, M. de Kerdrel ayant fait devant lui l'éloge de leur collègue M. de Mérode, il s'écria un peu étourdiment : « Oui, c'est le dernier gentilhomme! » On rencontre souvent ensemble M. Paris, « cet homme que la nature a eu l'audace de faire laid », le mot est de M. Challemel-Lacour, et M. de la Bouillerie... pour les chats, le mot est de M. de Tillancourt; M. Delsol, l'avocat du bon sens, calme et fort, honnête et droit, moins un orateur qu'un conseiller; M. de Fourtou qui, ayant changé le fameux proverbe *dulciter in modo, fortiter in re*, au lieu d'avoir un gant de velours et une main de fer, gante de fer une main de cire.

M. Clapier, député de Marseille, chemine attaché à un gros portefeuille comme le gendre de Cicéron à son grand sabre. Ce vétéran a repris du service parlementaire après un congé de vingt-cinq ans qu'il n'avait pas sollicité. Armand Marrast le baptisa autrefois : « la plus grande des Bouches-du-Rhône » et Armand Carrel : « L'ours libéral. » M. Pouyer-Quertier, qui le transforme en tête de turc, le traite affectueusement de « ce bon M. Clapier. » Toujours naïf, malgré son expérience et son âge, il croit encore à l'influence de la parole, tout au moins de la sienne. Quand on sollicite son appui auprès d'un ministre, il répond invariablement : « Attendez mon prochain discours; mon autorité s'en trouvera accrue. » Un jour qu'il était à la tribune, cravaté de blanc et en habit noir, — il sortait d'un mariage et n'avait pas eu le temps de passer chez lui, — il parla si longtemps et s'échauffa si bien que la sueur ruisselait le long de ses joues. Il s'aperçut à ce moment qu'il avait oublié son mouchoir, déroula son immense cravate, la froissa entre ses doigts, s'en servit pour s'éponger à tour de bras. Cette mimique nuisit un peu à l'effet de sa dialectique. Dans l'avant-dernière séance de l'Assemblée nationale, il monta à la tribune, armé d'un menaçant dossier; sans même lui laisser le loisir de desserrer les lèvres, on lui cria de toutes parts : « Concluez! » M. Raudot est un émule de M. Clapier. Il a, sur chaque question, un avis à donner et une harangue prête. On n'aurait pas trouvé, dans toute la Chambre, un homme aussi bien approvisionné d'amendements. Très économe des deniers de l'État, il coupe les sous en huit et les centimes en quatre. Mentor acerbe et méticuleux, il lui suffit de paraître à la tribune pour voir disparaître ses auditeurs. Il ne manque pas d'une certaine valeur; mais il manque de mesure. Qui ne sut se borner... cela est vrai aussi pour l'éloquence.

Jurisconsulte médiocre, M. Cazot passe pour un joueur de domino émérite. Il pratique avec une supériorité incontestable la fameuse maxime d'Armand Marrast : couper, rendre et répéter, c'est-à-dire couper le dé de l'adversaire, rendre celui du partenaire et répéter son propre dé. C'est le roi du double-six. Avocat, avant d'être député, il se rendait à l'audience en sortant du *café du Commerce* et quand il s'agissait de plaider, il disait d'un air engageant à son confrère : « A vous la pose. » A' Versailles, il se tient à l'écart, dans l'attitude du philosophe que Couture a placé dans un coin de son tableau : *Les Romains de la décadence*. M. Georges Périn, qui a longtemps parcouru le vaste monde, se trouve un peu à l'étroit dans la galerie des tombeaux. Il a fait, au cours de ses pérégrinations, cette découverte dont il entend que la Chambre profite : « Je suis prêt à établir que les déportés sont peu satisfaits de leur sort. » Il est moins célèbre comme orateur que comme duelliste ; aussi, presque toujours battu à la tribune, est-il toujours ménagé. On le repousse avec perte, mais avec déférence. On en use plus cavalièrement avec M. Alfred Naquet qui jouit de ce singulier privilège de ne pouvoir prononcer trois mots sans opérer immédiatement contre lui la concentration de la Droite, qui ne manifeste

aucun enthousiasme pour ses doctrines révolutionnaires, et de la Gauche, qui le trouve compromettant. Lorsqu'il déposa une proposition d'amnistie,
MM. Lepère, Langlois et de Pressensé le traitèrent de farceur. Par une manie à la Saint-Just,
M. Albert Grévy porte sa tête comme un saint-
sacrement. Tout, dans sa personne, voix, démarche, geste, proclame l'importance qu'il s'ac-
corde (1).

Au mois de juillet 1875, on voit apparaître dans
la galerie des tombeaux un grand garçon barbu,
très myope, dont les Marseillais viennent de faire
un député. Il s'avance par longues enjambées, la
tête en avant et ceux qu'il bouscule sans les voir
lui découvrent un air de mauvais coucheur. C'est
M. Rouvier. On s'aperçoit bientôt qu'il cache, sous
une écorce raboteuse, de la rondeur, une intelligence vive, un soupçon de naïveté qui ne survécut
pas longtemps à la fréquentation des parlementaires. On va aux renseignements, et l'on ne tarde
guère à apprendre que, secrétaire général de la

(1) Il eut plus tard de hautes destinées. Son frère étant quelque
chose comme roi de France, il se voulut vice-roi d'Algérie. Ce fut
un vice-roi fainéant qui s'isolait dans sa gloire, pensant se grandir
aux yeux des indigènes en leur voilant sa majesté. Les chefs les plus
puissants, les plus fiers, les plus braves, durent faire antichambre,
perdus dans la foule des solliciteurs, sans jamais obtenir d'audience.
Un beau jour, ils ne revinrent plus; ils s'étaient insurgés.

préfecture des Bouches-du-Rhône, il ne s'y laissa jamais faire prisonnier comme Esquiros et qu'il aurait pu dire, comme Challemel-Lacour à Lyon : « J'ai été relativement conservateur. » Il le fut assez pour se mettre en travers de l'émeute et arracher des mains des insurgés le drapeau noir.

La Commune fit perdre à la galerie des tombeaux quelques-uns de ses habitués. Elle éclate, et chaque jour c'est quelque vide nouveau; c'est Millière, c'est Razoua, c'est Lockroy. Les électeurs de M. Floquet espèrent qu'il va se décider à les suivre; il ne trompe pas leurs espérances ou du moins il ne les trompe qu'à demi : sommé de choisir entre Paris et Versailles, il opte pour Biarritz. M. Clemenceau, à son tour, quitte l'Assemblée d'une façon preste et cavalière. Il était à la tribune, armé déjà de cette ironie parisienne qui constitue sa principale force, et il se moquait de son auditoire qui lui répondait par des interruptions désobligeantes, lorsque tout à coup, sur un mot plus vif parti de la salle, il pirouette sur ses deux talons, salue ses collègues d'un dernier ricanement et ne reparaît plus.

Si certains députés disparaissent, il en est un qu'on ne vit jamais, M. le docteur Maure, l'ami de M. Thiers. Au début de chaque session, il écrivait au président : « Des circonstances plus

puissantes que ma volonté ne me permettent pas
de donner en ce moment ma démission et, mes
nombreuses infirmités me rendant incapable de
prendre part aux travaux de l'Assemblée, je me
vois forcé de demander un nouveau congé. »
L'existence parlementaire de cette ombre législative s'écroula paisiblement dans une douce retraite.

Ce fut dans cette galerie des tombeaux que,
après le 24 mai, on fabriqua et colporta la plupart
des mots attribués au maréchal de Mac-Mahon.
M. Thiers, qui avait la rancune tenace (1), lui en
attribua généreusement un grand nombre qu'il
forgea de toutes pièces : mais certains conservateurs auraient pu revendiquer la paternité des
autres. Comme le président Dupin, quand un
bon mot leur démangeait, ils se grattaient toujours.

La galerie des tombeaux n'était pas envahie,
comme de nos jours le salon de la Paix, par une
foule où se pressent et se heurtent préfets, agents
électoraux, journalistes, sans compter les quémandeurs qui forment le gros de la réunion. Les

(1) M. Thiers demanda un jour à M. Hector Pessard : « Pourquoi
appelez-vous le maréchal loyale épée? Épée tout court, c'est bien
assez bon pour lui. »

membres de l'Assemblée nationale tenaient à être chez eux et entre eux. Le questeur M. Baze y tenait énergiquement la main.

Celui-ci n'était pas seulement un des questeurs de la Chambre; il était le questeur, comme Ménalque était le distrait. Il remplissait les mêmes fonctions à la Constituante de 1848 et à la Législative où il signa, avec ses collègues le général Le Flô et M. de Panat, la fameuse proposition affirmant le droit de l'Assemblée de requérir, pour sa sûreté intérieure et extérieure, la force armée. Elle fut repoussée; on le regretta au Deux-Décembre, et M. Baze plus que tout autre, car il fut enfermé à Mazas, puis exilé. Lorsqu'on vint l'arrêter, il sortit de son appartement vêtu d'un caleçon et d'une robe de chambre, protesta sur le palier, menaça dans l'escalier, où ils l'entraînèrent, les gens de la police de les mettre hors la loi et, se trouvant enfin en face de la troupe, il harangua les soldats; mais ceux-ci parurent moins sensibles à son éloquence qu'égayés par sa robe de chambre, son caleçon, son foulard et aussi son terrible accent méridional. Mirabeau lui-même, en un pareil accoutrement, eût infailliblement perdu la partie contre M. de Dreux-Brézé. M. Baze finit par s'en rendre compte et se laissa emmener.

Dans les assemblées de la seconde République,

on le regardait déjà comme le modèle des questeurs, comme le plus ferme gardien des prérogatives parlementaires. Ces souvenirs et le peu de sympathie qu'il éprouvait tout naturellement pour l'Empire le désignèrent, à Bordeaux, au choix des députés; ils lui maintinrent sans interruption leur confiance et leur faveur. Bien qu'avocat, et un des plus éloquents du barreau d'Agen, il ne monta jamais à la tribune de l'Assemblée nationale, non qu'il la redoutât, mais il avait tant de choses à faire! Il ne bougeait pas de Versailles, même pendant les vacances. On le rencontrait alors le long du grand canal, qui taquinait le gardon en compagnie du chef des huissiers, Bescherelle.

M. Baze en usait avec les journalistes comme avec les gardons; il les taquinait. Sous prétexte de défendre contre leurs indiscrétions les représentants du peuple, il les parquait dans un cul-de-sac prenant jour sur la galerie du Nord par des fenêtres dont les vitres dépolies distribuaient parcimonieusement une clarté crépusculaire. Vers la fin de l'Assemblée nationale, il remplaça les vitres par des barreaux, ce qui donnait à ce lieu de délices un air de ménagerie dont les reporters étaient les fauves.

Ceux-ci se tenaient de préférence dans une petite rotonde que les représentants du peuple devaient traverser pour se rendre à la salle d'attente. Ils les happaient au passage et les autres leur distribuaient des nouvelles comme la becquée aux poulets. Une porte mettait cette rotonde en communication avec la galerie des tombeaux et un ange en gilet rouge montait la garde au seuil de cet Éden dont il interdisait les approches. A peine les reporters pouvaient-ils appeler de loin un informateur obligeant Pour se glisser dans ce saint des saints, ils employaient des ruses d'apaches. Les uns y pénétraient au bras d'un député complaisant et, une fois dans la place, s'efforçaient de se soustraire à l'œil vigilant de M. Baze. Les autres traversaient la galerie sous prétexte d'acheter des cigares et, au retour, s'y attardaient le plus longtemps possible. Toutefois, ils ne rapportaient d'ordinaire qu'un maigre butin de leurs expéditions, et l'on raconte que M. le duc de Broglie, questionné par l'un d'eux sur une décision importante de son groupe, finit, après s'être bien défendu, par lui demander : « Êtes-vous capable, monsieur, de garder un secret? — Assurément, répondit l'autre qui escomptait une intéressante confidence. — Eh bien, moi aussi. »

Tout se paye, et un jour les reporters tirèrent de leur ennemi une innocente vengeance. Ils firent tenir à M. Baze une lettre dont la signature illisible était suivie de ces deux mots : électeur influent. Le questeur se précipite vers la salle d'attente, précédé d'un huissier criant jusqu'à s'égosiller : « La personne qui demande M. Baze! » Nul, naturellement, ne répond. Un quart d'heure se passe, second message : L'électeur influent avait dû s'absenter pendant quelques minutes et priait son député de vouloir bien revenir. M. Baze accourt en toute hâte. Ce petit manège se renouvela deux ou trois fois encore. A la fin, flairant, mais un peu tard, quelque mauvaise plaisanterie, le mystifié ne bougea plus.

<h2 style="text-align:center">IV</h2>

<h3 style="text-align:center">LA VIE POLITIQUE A VERSAILLES</h3>

Lorsque, le 18 mars 1871, M. Thiers s'installa un peu précipitamment à la préfecture de Seine-et-Oise, il espérait bien n'y pas prolonger son séjour ; mais la violence de l'insurrection, les crimes de la Commune rendirent improbable un prompt retour de l'Assemblée nationale et du Gouvernement à Paris. Versailles resterait donc, pendant de longs mois encore, peut-être même pendant plusieurs années, le Washington de la France. S'il se résignait à cet exil, M. Thiers s'accommodait mal d'un logis convenable seulement pour un fonctionnaire. Président de la République, il serait mieux à sa place dans le palais de Louis XIV. Quelques mots qui lui échappèrent firent dresser les oreilles aux royalistes et aux républicains. Les premiers s'indignèrent de ce qu'ils regardaient presque comme un crime de lèse-majesté; passe pour le théâtre, mais la chambre du Grand Roi! Les seconds n'entendaient point donner un caractère définitif à un exil qu'ils voulaient provisoire. M. Thiers n'insista point : « Cependant, disait-il à ses intimes, Louis XIV et moi nous ressemblons par la taille; pour le surplus, je crois bien que s'il ne lui avait pas suffi de se donner uniquement la peine de naître, il n'aurait jamais atteint jusqu'où le petit bourgeois que je suis s'est élevé. Je resterai donc dans ce palais de la Présidence, que ces messieurs transforment en palais de la Pénitence. »

Ce palais, le garde-meuble dut alors l'orner avec un certain luxe. Un peu plus tard, lorsqu'il inaugura ses dîners officiels, M. Thiers réclama un service d'argenterie et en reçut un fort beau, marqué à son chiffre. Après le 24 mai, quand il fallut céder la place au maréchal de Mac-Mahon, un inspecteur vint dresser l'état des lieux et cette argenterie provoqua une contestation assez vive :

« Elle est à nous, disait Mme Thiers, puisqu'elle porte les initiales du Président. — Elle appartient à l'État, ripostait l'inspecteur, puisque l'État l'a payée. » Cette discussion aurait pu s'éterniser si M. Thiers n'y avait coupé court : « Je garde l'argenterie et rembourserai l'État. »

Le président de la République logeait sous son toit et sous sa main le ministre des Affaires étrangères dont il ne voulut jamais se séparer, qu'il s'appelât Jules Favre ou de Rémusat, son personnel administratif et sa maison militaire.

Levé, chaque matin, à 4 heures, il allait d'abord aux écuries, escorté à distance réglementaire par un aide de camp gigantesque, le plus grand qu'il avait pu découvrir dans l'armée française. L'hiver, il jetait sur ses épaules un mac-farlane et il lui arrivait parfois, pour cette visite matinale à ses chevaux, de remplacer le haut de forme par un chapeau rond. Dans ce costume, il donnait, au retour, une courte audience à quelque fonctionnaire mandé en toute hâte pour une affaire urgente ou recevait, portes bien closes, les louches personnages qu'il employait à de mystérieuses besognes. Ses amis lui reprochaient parfois de se commettre avec de tels agents; il avait alors une réponse toute prête : « C'est avec ces coquins qu'on tire les honnêtes gens d'affaire. » Comme c'était l'instant de la journée où M. Thiers se montrait le plus invariablement de bonne humeur, les malins en profitaient pour lui présenter leurs requêtes : ils en obtenaient ce qu'il aurait peut-être refusé à un autre moment.

À 5 heures, le secrétaire général de la Présidence, M. Barthélemy Saint-Hilaire (1), arrivait avec un énorme portefeuille. Il en tirait un monceau de paperasses; M. Thiers signait les unes, parcourait les autres, et, à 6 heures, les ministres des Affaires étrangères, des Finances, de la Guerre étaient introduits et recevaient les instructions du président. À peine étaient-ils sortis par une porte, que leurs propres directeurs entraient par une autre. M. Thiers leur posait de nombreuses questions et contrôlait ainsi les renseignements des chefs par ceux des subalternes. Les habiles l'informaient de tout ce que les ministres ignoraient encore, et c'était un bon moyen de parvenir.

Les généraux et les intendants, parfois même de simples officiers, avaient de longues audiences. Le chef du Pouvoir exécutif discutait avec les premiers les divers projets relatifs à la réorganisation de l'armée; il interrogeait les autres sur le moral

(1) Il était né secrétaire : secrétaire de Cousin, chef du secrétariat du Gouvernement provisoire, secrétaire de la Compagnie de Suez, secrétaire de M. Thiers.

des troupes. Il était, en somme, le véritable ministre de la Guerre, comme il était le véritable ministre des Finances et le directeur de la politique extérieure. Seul, M. Dufaure échappait à sa tutelle. Le président, qui le craignait, ne se fût point hasardé à lui donner un ordre; il s'abstenait même de toute apparence de contrôle, et ce Garde des Sceaux, jaloux de son autorité, intransigeant sur ses prérogatives, traitait avec le chef du Pouvoir exécutif de puissance à puissance. Les autres étaient moins des ministres que des agents d'exécution sous les ordres d'un maître qui avait le goût et, plus que le goût, la passion du gouvernement. Ce maître leur laissait l'apparence du pouvoir dont il se réservait la réalité : « M. Thiers, disait le prince de Metternich, aime à être comparé à Napoléon; il rêve d'être un Napoléon civil. »

Les audiences du matin réservaient parfois, au président de la République, de désagréables surprises. Le 2 juin 1871, il reçut la visite de MM. Emmanuel Arago, Feray (d'Essonnes), Bérenger, Rivet, auxquels son ami Victor Lefranc, dont il devait faire trois jours plus tard un ministre, avait cru devoir se joindre, probablement pour tempérer l'éclat de leur mauvaise humeur. Ils venaient au nom des Gauches mécontentes. Les plus modérés parlèrent de déception et les autres balbutièrent le mot : trahison. M. Thiers fit si bien qu'il les renvoya rassurés sur ses intentions et résolus plus que jamais à le soutenir. Il les reconduisit, avec de bonnes paroles, jusqu'au seuil de son cabinet ; là, délégués et président se trouvèrent en face des ambassadeurs de la Droite, MM. le duc de Broglie et Bocher. Il n'en fallut pas davantage pour réveiller la méfiance de la délégation républicaine et les conservateurs froncèrent le sourcil en voyant ces cordiales poignées de mains qu'on échangeait. Ce fut soudain un feu croisé de récriminations et tous, à tour de rôle, simultanément parfois, rappelaient tant de promesses mal tenues, tant d'infidélités dont le souvenir aigrissait leurs rancunes. Le président supporta ce double assaut avec la résignation du juste qu'on calomnie et que sa conscience absout, avec aussi l'impassibilité de l'homme certain de sa revanche. Ces blasphémateurs se turent enfin ; il prit la parole et avec tant d'adresse que, lorsque ces furieux se retirèrent, les uns étaient déjà des demi-satisfaits, les autres n'étaient plus que des demi-mécontents.

De 11 heures à midi, M. Thiers présidait le Conseil des ministres qui, sauf le dimanche, se réunissait tous les jours. Entre le Conseil et le déjeuner, de courtes audiences. Il se mettait à table vers une heure et, presque toujours, avait quelques invités. M. Opper de Blowitz était souvent du nombre et un jour que celui-ci partageait cet honneur avec un préfet, M. Thiers offrit à ses convives de superbes pêches dont le jardinier du Trianon l'approvisionnait. Mme Thiers donna d'abord des signes d'inquiétude, puis esquissa des gestes qu'il feignit de ne pas voir; enfin, n'y tenant plus, elle lui rappela que ces fruits, destinés au dîner officiel du soir, étaient là seulement pour le plaisir des yeux. Les témoins de cette petite scène avaient un peu l'air de gens qui, sans oser le dire, préféreraient être ailleurs; le préfet surtout. Le président, de même qu'il n'avait pas voulu voir les gestes, parut ne pas entendre le reproche qu'adressait à sa prodigalité une maîtresse de maison trop économe. Il fit présenter la corbeille de pêches, après avoir eu soin d'en choisir une qu'il envoya rouler dans la direction de M. Barthélemy Saint-Hilaire : « Voilà pour vous, gourmand. »

En sortant de table et avant de se rendre à l'Assemblée, M. Thiers donnait encore des audiences. Députés, ambassadeurs, membres des Chambres de commerce, maires, délégués, financiers, s'entassaient dans la salle d'attente. Il y avait, chaque jour, un interminable défilé de solliciteurs, de personnages convoqués par le président, de républicains venus des quatre coins de la France pour apporter au chef du Pouvoir exécutif les félicitations et les vœux de leurs concitoyens; mais cette préfecture, si vivante et grouillante en tout temps, présenta une animation inaccoutumée pendant les heures qui suivirent le rejet de la loi sur les matières premières.

La Chambre lui consacra neuf longues séances et, jusqu'au bout, la victoire demeura incertaine. M. Thiers crut briser toutes les résistances en mettant à ses adversaires le marché à la main; mais personne n'ignore que les économistes, s'ils se montrent d'ordinaire doux et conciliants, deviennent intraitables quand leurs doctrines sont en jeu. Il fut renversé par des libre-échangistes intransigeants, dont quelques-uns passaient pour ses meilleurs amis. En sortant de l'Assemblée, les ministres démissionnèrent et M. Thiers déclara le lendemain qu'il ne resterait pas une minute de plus au pouvoir. La Chambre perdit la tête; le trouble était partout, et la panique, et la déroute. Les uns après les autres, les chefs des divers partis se rendaient en toute hâte à la préfecture et suppliaient le président de demeurer. Le maréchal de Mac-Mahon joignit, au nom de l'armée, à leurs supplications, les siennes. Ils le trouvèrent en train de ranger ses papiers et de faire ses malles. Il semblait que, selon le mot du poète, sa résolution se fût changée en statue. A toutes les démarches, à toutes les prières, il opposait le besoin de repos qu'exigeaient impérieusement sa fatigue et son âge, la joie de revenir enfin à ses chères études, à ses travaux philosophiques, à son astronomie. On insistait néanmoins, et c'était un incessant va-et-vient entre le Palais et la Présidence. Ceux qui arrivaient de la préfecture donnaient à l'Assemblée des nouvelles de M. Thiers et ceux qui arrivaient du Palais donnaient à M. Thiers des nouvelles de l'Assemblée.

Les groupes s'étaient réunis et chacun d'eux cherchait quelque expédient propre à triompher de ce goût si vif, et un peu imprévu, que le chef du Pouvoir exécutif affichait pour la retraite. Au Centre gauche, on désespérait et M. le comte Rampon, M. Beaussire, à la recherche d'un successeur, indiquaient à tout hasard M. Jules Grévy. M. Christophle ne voyait de remède vraiment efficace que dans un retour immédiat à la Constitution de 1848. MM. Albert Grévy, Charles Rolland, Jules Ferry colportaient un vague ordre du jour dont ils attendaient merveille. Les orléanistes avaient leurs fondés de pouvoirs qu'un esprit de conciliation animait. Les légitimistes s'en remettaient à MM. le baron Chaurand et Tailhand du soin de collaborer avec les représentants des autres fractions de l'Assemblée à une formule acceptable pour tous. Au milieu de cet ahurissement général, M. Batbie seul montrait une inaltérable sérénité : « L'affaire est trop grave, disait-il aux plus abattus, pour ne pas s'arranger. » Et il l'arrangea, en faisant voter un ordre du jour de sauvetage qui repêchait le président et les ministres. Aussitôt, les membres de la Gauche se rendirent en procession à la préfecture où M. Thiers, après avoir parlé une fois encore de sa fatigue et de son âge, accordé un dernier regret à ses chères études, se résigna enfin à reprendre le fardeau du pouvoir.

Dans les jours moins troublés, le président de la République interrompait ses audiences à 2 heures pour aller à la Chambre où il assistait aux séances et se rendre dans quelque commission. Il ne laissait à aucun autre le soin de défendre la politique et les actes du Gouvernement, car il savait que toute sa force résidait dans son éloquence : « Un roi, disait-il, a la Constitution, et un général ses victoires ; je n'ai, moi, que ma parole. » Aussi, quand on résolut sérieusement de l'abattre, on amoncela les obstacles entre la tribune et lui.

Il y avait chaque soir réception à la préfecture et réception ouverte à tout le personnel politique.

On y venait en foule; le buffet n'était pour rien dans cet empressement et plus d'une fois, en sortant de la Présidence, les hôtes de M. Thiers entrèrent dans les cafés de l'avenue de Paris.

La réception était le plus souvent précédée d'un grand dîner. Le président de la République se mettait à table en même temps que ses hôtes; mais il en sortait plus tôt, car il expédiait promptement le repas qu'on préparait pour lui et dont le menu était presque invariable : potage, rôti de veau, légumes, confitures, le tout arrosé de deux verres de bordeaux. Il aurait bien voulu y joindre un soupçon de brandade, mais son médecin s'y opposait. Il aurait bien voulu aussi prendre, après son dîner, une tasse de café; mais, ses nerfs s'en accommodant mal, Mme Thiers se montrait intraitable. Il se rattrapait un peu sur la brandade que son ami M. Mignet introduisait en contrebande dans une boîte de fer-blanc et qu'il savourait en cachette dans son cabinet.

M. Thiers avait généralement achevé son frugal repas alors que ses convives en étaient encore au premier service. Comme il tenait difficilement en place, il se levait et, sautillant autour de la table, allait de l'un à l'autre, s'informait si les plats étaient bons, parlait politique avec un député, peinture avec un peintre, stratégie avec un général

et faisait à tous la leçon. Si on lui remettait un télé-
gramme, il l'ouvrait en s'excusant : « Les affaires
de la France avant tout », et, s'il y avait lieu, grif-
fonnait un bout de réponse.

Le dîner fini, il s'installait dans un grand fauteuil et s'endormait. Mme Thiers mettait alors un
doigt sur sa bouche et tous gagnaient sur la pointe
du pied le salon voisin où l'on ne s'entretenait qu'à
voix basse.

Aussitôt réveillé, le président de la République
se mêlait aux groupes, racontait des histoires, dé-
cochait des épigrammes. Causeur étincelant, anec-
dotier inépuisable, c'était aussi un charmeur qui
excellait, par de délicates flatteries, à désarmer
l'adversaire qu'il avait résolu de conquérir.

Presque toute la Droite vint assidûment aux soirées de la Présidence jusqu'au jour où M. Jules Simon prétendit, dans un discours qui lui coûta
d'ailleurs son portefeuille, que M. Thiers seul avait
libéré le territoire. En attendant de le renverser,
elle bouda le président et céda la place aux républicains. Avant cette invasion de la Gauche, on
rencontrait habituellement, mêlés aux ambassadeurs, aux académiciens, aux députés, aux artistes
et aux écrivains en vue, le général et Mme Ducrot,
les chefs du parti conservateur et, plus rarement,
le duc d'Aumale. Le maréchal de Mac-Mahon et

Mme la duchesse de Magenta assistaient à presque toutes les réceptions. MMmes Casimir Périer, Duvergier de Hauranne, de Choiseul figuraient dans le groupe des dames parlementaires qui formaient une cour à Mme Thiers jusqu'au moment où elle s'assoupissait.

Ancien journaliste, le président de la République connaissait mieux que personne la puissance du journal et, mieux que personne, l'utilisait. Il lui arriva même, au cours de la grande bataille contre les Barodettistes, d'écrire de sa propre main un article pour le *Figaro* qu'il signa : « Un vieux bourgeois de Paris. » Tout ce qui comptait dans la presse gouvernementale avait, à la présidence, ses petites et ses grandes entrées. Sans tenir à distance ceux dont le talent n'égalait pas le zèle, — il était beaucoup trop avisé pour cela et savait que les petits, lorsqu'on semble les dédaigner, mordent, — il les mettait un peu à l'écart et chargeait M. Barthélemy Saint-Hilaire de leur donner le ton et la note de la politique présidentielle. Cette note et ce ton, il les donnait lui-même aux correspondants des journaux étrangers. L'un d'eux, M. Opper de Blowitz, qui débutait alors au *Times*, était reçu à toute heure. Ce petit homme, rond comme une boule, toujours suant, soufflant, s'épongeant, avait réussi, à force de se donner de l'importance, par en prendre. Toutefois, le véritable favori n'était pas ce gros, court, remuant informateur qui sans cesse furetait, mais M. Guyot-Montpayroux dont la verve, cependant triviale, amusait M. Thiers, dont l'imperturbable aplomb le déconcertait parfois. Il l'utilisait pour de mystérieuses négociations et prêtait une oreille complaisante aux nouvelles dont il était toujours abondamment pourvu, car, ce qu'il ne savait pas, il l'inventait. Il n'y eut jamais d'Auvergnat aussi Gascon. Avec cela, très intrigant, un peu brouillon et d'une légèreté qu'on pouvait prendre pour de l'inconscience. On mesura sa faveur le jour où on le vit entrer chez le président un cigare aux lèvres. M. Thiers éprouvait pour le tabac une telle horreur qu'il interdisait rigoureusement jusqu'à la cigarette aux soldats de garde (1); il ne fit d'exception à cette consigne qu'en faveur de M. Guyot-Montpayroux. Cela tenait peut-être à ce que le cigare de ce bavard était toujours éteint.

(1) En revanche, M. Thiers causait volontiers avec eux et surtout, comme Napoléon, les questionnait. Il en recevait parfois de curieuses réponses. Ce fut ainsi qu'ayant demandé à un vieux sergent s'il avait pris part aux batailles autour de Metz, l'autre lui répondit : « Certainement, mon Exécutif. »

**

Chaque matin, de 7 à 10 heures, M. Barthélemy Saint-Hilaire recevait les reporters. Il les renseignait; mais peu. Son premier mot était : « Je ne sais rien, » et c'était aussi son dernier. Ces malheureux en étaient réduits à tirer de leurs portefeuilles des coupures de journaux qu'ils mettaient sous ses yeux en le priant de confirmer ou de démentir les informations très diverses qu'ils avaient pu récolter au hasard de la cueillette. Ils le soupçonnaient fortement de réserver le meilleur de son sac pour les journaux indépendants ou hostiles, avec l'espoir de les amadouer.

Ce philosophe donnait ses audiences debout, dans un cabinet sans faste; mais s'il lui fallait offrir un asile temporaire à quelqu'un de ces individus un peu suspects qu'employait M. Thiers, il emmenait dans sa chambre les honnêtes reporters, ne voulant pas, disait-il, les exposer à de fâcheuses rencontres. C'était une chambre d'étudiant, avec une table sans tapis, un fauteuil dont le velours râpé montrait la corde et un lit de fer. A la place d'honneur, bien en vue, s'étalait, sur une chaise, la chemise dont les pans flottaient sur une paire de demi-bottes. Aux murs, des rayons chargés de livres; dans un coin, une malle, et il ne manquait pas de dire, en la montrant du doigt : « On peut nous renvoyer quand on voudra; ma malle est faite. »

Probablement par respect pour la hiérarchie, le secrétaire général de la Présidence n'avait pas, comme M. Thiers, d'antichambre et ses clients attendaient sur le palier qu'il voulût bien les recevoir. Ils avaient, pour se distraire, les lamentations des huissiers. Indulgents pour le maître de la maison, ils témoignaient à Mme Thiers une moindre bienveillance, lui reprochant de trop lésiner sur les bûches, de leur faire porter trop longtemps des habits trop usés.

M. Barthélemy Saint-Hilaire appartenait à une catégorie de fonctionnaires qui, rares à toute époque, sont devenus introuvables : tout ce qu'il faisait, il le faisait pour rien. Il servait gratis. Secrétaire du gouvernement provisoire, secrétaire de M. Thiers, il ne touchait pas un sou. Il travaillait vingt heures par jour pour l'amour de l'humanité, et il était content le soir quand il avait ainsi mis en pratique les leçons de ses philosophes. La correspondance, à elle seule, lui prenait quatre heures, car il ne laissait pas une lettre sans réponse. Il écrivait au nom de M. Thiers en accentuant le républicanisme du Président; il l'accentuait davantage encore dans ses conversations avec les journalistes, et cela, par instants, allait si loin que les Droites se fâchèrent.

Le secrétaire général de la Présidence était le plus occupé des hommes; aussi n'avait-il guère le loisir de pousser jusqu'à Paris. Pendant toute la durée de son séjour à la préfecture, il ne s'y rendit que cinq ou six fois pour voir sa vieille domestique. Il ne lui manquait, pour être complétement heureux, que son jardin d'Asnières, qu'il cultivait autrefois comme Pangloss vieillissant, et ces omnibus dont les cahots remplaçaient l'influence secrète. Lorsque, parti de la Madeleine, il débarquait à la Bastille, il avait traduit en vers français la moitié d'un chant de l'Iliade; il achevait le reste en revenant à son point de départ.

M. Barthélemy Saint-Hilaire était incontestablement une des personnalités les plus originales de l'entourage de M. Thiers et même de l'Assemblée nationale. Son existence parlementaire datait de 1848. Il formait alors à lui tout seul, dans les Assemblées de la seconde République, « le grand parti des renoncules », ainsi nommé parce que son chef, qui n'avait pas de soldats, rougissait comme cette fleur à la moindre alerte. Pas de soldats, c'est trop dire; le traducteur d'Aristote et d'Homère avait au moins deux acolytes, deux renoncules sœurs, MM. Duclerc et Corne, qui rivalisaient avec lui de pudeur rougissante et effarouchée. Le général Cavaignac, très timide lui-même, n'eut pas d'ennemis plus acharnés, après sa victoire de juin, que ces timides. Ces hommes d'État se renvoyaient par derrière les plus désobligeantes épithètes : il les appelait « canailles », dans sa moustache, et ils le traitaient de « brigand », dans leurs gilets. A cette époque, M. Barthélemy Saint-Hilaire était la bête noire des républicains. Ils lui reprochaient, entre autres crimes, d'avoir provoqué, comme administrateur du Collège de France, la suspension du cours de Michelet. Ils se réconcilièrent un peu avec lui quand il refusa de prêter serment à l'Empire et renonça de ce fait, quoique sans fortune, à son Collège de France, et tout à fait quand il alla s'asseoir, au Corps législatif, sur les banquettes de la Gauche. A l'Assemblée nationale, il était la bête noire des royalistes qui l'accusaient de convertir M. Thiers à la République.

On a dit bien souvent que, dans les amitiés comme dans les ménages, il en est un sur deux qui se sacrifie et que l'autre opprime. Le sacrifié, l'opprimé, dans toutes les unions politiques ou philosophiques qu'il contracta, ce fut lui invariablement. Du reste, il n'eut jamais et n'ambitionna jamais d'autre rôle. Il se donna d'abord, et sans réserve, à ce grand exploiteur, à cet admirable artiste, qui s'appelait Victor Cousin. Il se donna non moins complètement à M. Thiers.

Son désintéressement, son dévouement étaient uniques. On n'a jamais su ce qu'il avait dépensé de lui-même pour aider, pour soulager autrui. Sa charité ne connaissait pas de bornes, et c'était bien réellement de la charité. La cupidité, l'ambition même n'avaient sur lui aucune prise. N'ayant jamais eu de besoin, il ignorait le prix de l'argent.

M. Barthélemy Saint-Hilaire était un travailleur hors ligne ; mais la tension, la lourdeur de l'homme qui ne décarême jamais l'accompagnaient jusque dans ses travaux philosophiques et littéraires. Il avait traduit Aristote ; mais il avait aussi traduit Homère, en vers français. Il avait pris dans ses mains robustes le divin poëte de l'Ionie et il l'avait écharpé, et il ne pouvait pas faire autrement, car on n'est pas impunément un Dorien, un Spartiate, c'est-à-dire un ennemi né des grâces ioniennes. Mais c'est bien pire lorsqu'un esprit ainsi façonné et préparé aborde la politique active. Là, ses vertus mêmes, sa probité immaculée, sa loyauté sans tache le desservent et le désarment ; sa candeur surtout se retourne contre lui et celle de ce personnage grave jusqu'à la tristesse, austère jusqu'à la barbarie, ferme et farouche, était vraiment hors de prix.

On a rappelé, quand il devint ministre des Affaires étrangères, le mot de Cousin à ses familiers les plus illustres : « Si Saint-Hilaire n'était pas un sot, il vous damerait le pion à tous. » L'épigramme était aussi injuste que violente. M. Barthélemy Saint-Hilaire n'était pas un sot ; c'était un naïf et rien de plus (1).

*
* *

Tandis que, dans sa petite chambre, M. Barthélemy Saint-Hilaire regrettait son jardin d'Asnières et ses omnibus, M. Thiers, dans sa préfecture qu'il regardait comme une prison, regrettait Paris et le palais de l'Élysée. Il tenta de s'évader à plusieurs reprises et laissa percer l'intention de parcourir la France avec un cortège de brillants uniformes ; mais, souveraine elle-même, l'Assemblée n'entendait point qu'il jouât au roi élu et, pour couper court à toute velléité d'usurpation,

(1) A l'époque où l'on s'entremettait pour éviter à M. Rochefort la déportation, M. Barthélemy Saint-Hilaire répondait invariablement à ceux qui s'adressaient à lui : « On m'assure qu'il aime trop le jeu, les soupers et les femmes ; cela ne vaut rien. Un séjour en Nouvelle-Calédonie ne pourra que lui être salutaire. » Il disait cela sans intention ironique, dans toute la candeur de son âme.

elle lui imposa la résidence obligatoire. Tout au plus tolérait-elle une rapide visite à Paris, un séjour à Trouville où il se rendait en famille, comme un bon bourgeois qui va aux bains de mer et non comme un chef d'État qui visite une province. Pour enlever à cette villégiature tout caractère officiel, M. Thiers avait même la précaution de loger à l'hôtel des Roches-Noires ou dans un chalet que son ami M. Cordier mettait à sa disposition.

Les choses allèrent ainsi jusqu'au 31 mars 1872. Le bruit ayant couru que le chef du Pouvoir exécutif méditait une sorte de petit coup d'État en l'absence du parlement, qu'il voulait mettre à profit les vacances de Pâques pour transporter à Paris le siège du Gouvernement, l'Assemblée nationale enjoignit à sa commission de permanence de se montrer vigilante. Celle-ci s'empressa de faire comparaître M. Thiers devant elle. Il vint et traita d'invention ridicule ce projet de déménagement qu'on lui prêtait. Ce qui avait pu donner naissance à ce bruit, disait-il, c'était sans doute son intention, dont il ne faisait nul mystère, d'aller de temps à autre à Paris; mais il ne découcherait pas et se contenterait de la permission de minuit. Là-dessus, il se retira et, au lieu de rentrer à l'hôtel de la Présidence, se fit conduire à la gare, monta dans un train avec sa maison militaire et arriva vers midi à l'Élysée. En apprenant ce brusque départ, la commission de permanence se réunit en toute hâte et dépêcha M. le marquis de Mornay au ministère des Affaires étrangères avec la mission de lui amener M. de Rémusat. Celui-ci avait d'excellentes raisons pour être malade; il le fut.

Cette première fugue mit M. Thiers en goût et il résolut de recevoir les Parisiens à l'Élysée ou du moins « tous ceux que leurs fonctions ou leurs positions pourraient appeler à se trouver en relation avec le Gouvernement ». Cela fit beaucoup de monde. A 11 heures et demie, on éteignait les lustres et le président de la République montait en voiture pour revenir à Versailles. Dans un de ces retours, il s'enrhuma légèrement et ce fut un concert d'imprécations contre une assemblée homicide qui contraignait ce vieillard à voyager au milieu de la nuit.

Au mois d'août suivant, il se rendit, comme les années précédentes, à Trouville; mais, cette fois, il s'entoura d'une sorte d'appareil guerrier sous prétexte d'expérimenter de nouveaux canons d'acier se chargeant par la culasse. Chaque jour, il allait sur la plage, pointait lui-même un canon, comme Napoléon à Montereau, et manquait le but.

Le bourgeois de 1830 perçait toujours un peu sous l'homme de guerre et, au moment de partir en expédition, il omettait rarement de dire à Mlle Dosne : « Félicie, n'oublie pas le parapluie. » C'était le temps où il rêvait d'un uniforme et de revues passées à cheval. S'il avait pu se grandir de quelques pouces...; mais la nature avait logé sa vaste ambition dans un petit corps, et il craignit le ridicule (1).

*
* *

Lorsque, après la défaite de la Commune, presque tous les députés se furent installés à Paris, les boulevards et les rues de Versailles n'offrirent plus qu'une animation très atténuée jusqu'à l'heure où les trains parlementaires amenaient la foule des réprésentants, des journalistes, des curieux.

Dès midi et demi, la gare Saint-Lazare s'emplissait de mouvement et de bruit. Les badauds s'y donnaient rendez-vous pour voir défiler la représentation nationale et l'on montrait au passage les plus célèbres de ses membres, qui n'étaient pas toujours les plus populaires.

(1) Après le 24 mai, il abandonna Trouville pour Saint-Germain où il passait les mois d'été dans ce pavillon de Henri IV doublement célèbre pour avoir vu naître Louis XIV et mourir M. Thiers.

9

Les quais intérieurs étaient envahis; on se bousculait, s'appelait; on s'évitait aussi, car on prenait ses mesures pour être entre soi dans le même wagon et en écarter les fâcheux. A peine assis, Gambetta lâchait la bride à sa verve et M. Alfred Naquet, dont le dos bombait sous le veston, prouvait que la nature ne lui avait pas fait en vain une obligation d'être spirituel. M. Lambert de Sainte-Croix racontait des histoires, lançait des mots drôles, et M. Denormandie tirait un feu d'artifice.

En arrivant à Versailles, on se disputait d'invraisemblables fiacres, on s'empilait dans deux omnibus, « la grande et la petite ». Un jour, le général Changarnier, qui n'était plus très ingambe, entendit une voix de stentor lui crier : « Venez vite, mon général, il ne reste plus qu'une place ». C'était l'obligeant M. Arago. Le général fit quelques pas, puis recula en apercevant une charretée de républicains : « Auriez-vous peur? » lui demanda M. Arago en éclatant de rire : « Peur? jamais! Horreur, toujours! » Et il s'enfuit en clopinant, avec des gestes de marionnette effarouchée.

Au retour, même affluence de curieux à la gare Saint-Lazare. Un soir, je ne sais quel député de l'Appel au peuple, apercevant au milieu de cette cohue un homme débraillé, la pipe aux dents, la casquette sur l'oreille, dit, en le montrant du doigt à quelque radical : « Un de vos électeurs. — Plus probablement un des vôtres ». Pour en avoir le cœur net, ils l'abordèrent et ce grand escogriffe leur répondit, sans se faire prier : « Je suis légitimisse ».

COUP D'ŒIL SUR L'ASSEMBLÉE

L'Assemblée nationale était peuplée d'hommes nouveaux, dont plusieurs étaient aussi des hommes mûrs ; mais on y rencontrait un grand nombre de jeunes gens frais émoulus des conférences et qui, presque tous, avaient appris dans les salons l'art de remuer les foules. Ils siégeaient pour la plupart au Centre droit et on leur trouvait un air de famille : même voix blanche, mêmes gestes étudiés, même attitude gourmée. Ils possédaient la tradition de l'éloquence orléaniste où le travail prend plus de place que l'inspiration. Élégants et fleuris, la distinction chez eux n'excluait pas toujours la chaleur et l'entrain oratoire ne nuisait point à la finesse des aperçus. Les uns annonçaient, les autres laissaient espérer des hommes d'État. Très renseignés sur la théorie, ils n'ignoraient rien du mécanisme des Pouvoirs, de l'organisation d'un Parlement; ils connaissaient le fort et le faible du gouvernement représentatif et en maintenaient les pratiques. Leur troupe constituait une précieuse réserve que la troisième République gâcha avant même de s'en servir.

M. Étienne Lamy, un des plus jeunes parmi ces jeunes, occupa tout de suite une place extrêmement distinguée parmi les meilleurs. Démocrate convaincu, sincère, c'était un catholique d'un esprit très élevé en qui la foi active brillait à côté du talent. Son éloquence, dont ses collègues mesurèrent tout de suite l'envergure et le vol, lui assura une influence et lui permit d'exercer une action. Les plus bourrus eux-mêmes rendaient justice à son intelligence, à sa distinction, à sa loyauté, et quand il partit en guerre contre les abus, la majorité se rangea derrière ce champion des réformes, ce défenseur des principes qui furent l'honneur de l'École de Nancy. Son premier discours et son premier acte aboutirent au vote d'une enquête sur les services publics et on le chargea de rédiger un rapport sur la marine. De nos jours, c'est une besogne dont le moins préparé, s'il est relativement consciencieux, s'acquitte en quelques mois et, s'il ne l'est pas, en quelques semaines;

M. Lamy travailla pendant quatre longues années et son laborieux effort reçut sa récompense : ce rapport, qu'on cite encore aujourd'hui comme un modèle, prit les proportions d'un événement et consacra sa naissante renommée.

Talleyrand disait à M. Guizot : « Qui n'a pas vécu dans les années voisines de 1789 ne sait pas ce que c'est que le plaisir de vivre ». On pourrait dire non moins justement : « Qui n'a pas suivi les délibérations de cette Chambre ne sait pas ce que doit être un Parlement, à quelles hauteurs peut atteindre l'éloquence, quelles ressources fournit aux ambitions habiles la stratégie des couloirs ». Aussi, dans les grandes journées, la France tendait-elle l'oreille au bruit des combats lointains. Paris avait alors la fièvre ; une foule impatiente attendait les journaux du soir, s'en disputait les premiers numéros. Des groupes se formaient sous les becs de gaz et, même sous la pluie, la neige ou la bise glacée, le boulevard se transformait en cabinet de lecture.

Les députés modestes, timides et défiants qui avaient ou craignaient d'avoir trop de peine à dire ce qu'ils savaient cependant si bien, ceux encore qui n'avaient aucun penchant pour l'intrigue, se renfermaient dans les commissions qui exercèrent sur les travaux de l'Assemblée une influence presque toujours décisive. Elles empruntaient leur autorité à leur composition même. Les hommes les plus éminents briguaient l'honneur d'en faire partie et l'on n'y mettait que ceux dont la compétence, les talents paraissaient indiscutables.

Cette Chambre, « la plus libérale qu'il eût connue », disait M. Thiers, était sincèrement et profondément décentralisatrice. Elle l'était même beaucoup trop au gré du Président de la République. Il dut poser la question de confiance pour l'empêcher d'accorder à tous les conseils municipaux le droit d'élire leurs maires et, dans le débat sur l'organisation des conseils généraux, il lui fallut revenir vingt fois à la charge pour maintenir toute sa force au pouvoir central.

Si l'Assemblée nationale était riche en grands orateurs, elle ne manquait pas non plus de ces demi-muets qui ne se montrent presque jamais à la tribune, mais font rage de la voix et du geste dans les incidents tumultueux et transforment l'art oratoire en une perpétuelle interjection. Le plus terrible de tous était l'ouvrier Tolain.

Lorsqu'il débarqua, coiffé d'un feutre mou, sanglé dans une vareuse, avec sa forte barbe vert-de-gris, son déhanchement faubourien, sa physionomie narquoise et son air d'émeutier, on le prit pour un de ces gaillards qui aiment à remuer les pavés. On se rassura en constatant que sa faconde turbulente, sa verve socialiste se restreignaient à la théorie. On se rassura plus complétement encore lorsqu'on le rencontra tous les matins place Hoche où il faisait son marché lui-même, en fumant sa pipe, et pressait tendrement un homard sur son cœur. Un épicurien est rarement dangereux.

Ses titres comme ouvrier parurent toujours un peu suspects. Quand il posa sa candidature à Paris, les uns disaient : c'est un ciseleur, et les autres : c'est un feuillagiste. Ceux qui votaient contre lui le traitaient de contremaître et lui reprochaient d'avoir autrefois transporté son établi chez le prince Napoléon.

Il prenait souvent la parole dans les discussions démocratiques, non pour prononcer un discours, mais pour interrompre quelqu'un. Il lançait des apostrophes sociales. Tantôt, il disait majestueusement : « Un évêque ne me fait pas peur! » Et il mordillait la soutane de Mgr Dupanloup. Tantôt, il fulminait contre l'église du Sacré-Cœur des imprécations tragiques, en concluant : « Ce qui nous irrite, c'est le vocable », et se faisait traiter de théologien par M. Buffet.

Un jour, il eut sa séance, toute une séance bien à lui, comme Proudhon en 1848. Des indiscrets voulurent connaître le fond de son sac et le sommèrent d'expliquer ce qu'il entendait par la rénovation sociale. Il répondit : « C'est l'unité de transport ». Et, trois heures durant, il pérora sur l'unité de transport. Que les grandes compagnies de chemin de fer consentissent seulement à transporter mille tonnes de houille au même prix qu'un ressort de montre, et le peuple était sauvé. Elles refusèrent, les misérables!

M. de Gavardie interrompait à heure fixe. Le canon du Palais-Royal partait à midi, il partait à 4 heures et aussitôt on réglait sa montre, ce qui ne laissait pas d'être commode. Lorsque toutes les interruptions qui bouillonnaient en lui ne trouvaient pas une issue immédiate, cette lave montait, jaillissait et l'éruption prenait la forme d'un discours qui n'était, à vrai dire, qu'une interruption prolongée. Il en voulait beaucoup aux statues, « ces filles de marbre, nymphes républicaines, puisqu'elles sont sans culottes. » Il demanda pour elles des pantalons. La Chambre les refusa; il ne se tint pas pour battu. Voulant atteindre le mal dans sa racine, il imagina de faire passer des examens à ces personnes peu vêtues, de les obliger à comparaître devant un conseil supérieur composé d'évêques et de créer, à l'École des Beaux-Arts, une chaire de théologie. Ce fanatique de la feuille de vigne était un ancien procureur impérial qui avait fait son droit au prytanée de la Flèche ; semé soldat, il fleurit procureur. Le nez de Cléopâtre, s'il eût été plus court..... Si M. de Gavardie avait eu quelques centimètres de plus, toute son existence aurait été changée. Magistrat, il portait la robe comme une casaque et chargeait les prévenus avec l'entrain d'un Murat sabrant les escadrons ennemis. Il donnait avec plus d'entrain encore contre les journalistes : « La liberté de la presse, disait-il, est la plus fausse et la plus dangereuse des manifestations de la pensée humaine. » Il avait apporté à Versailles ses habitudes de parquet, traitant ses collègues en accusés et parfois ses amis en prévenus. Il croyait sans doute voir Gambetta sur la sellette le jour où il lui cria d'une voix sévère : « Prenez des attitudes respectables. » Au repos, M. de Gavardie manquait de prestige. Avec son corps maigrelet, ses bras ballants, il « ressemblait à un polichinelle dont un gamin aurait coupé les fils », disait Gambetta, en lui rendant ainsi la monnaie de sa pièce.

M. de Lorgeril jouissait, lui aussi, comme interrupteur, d'une réputation méritée ; mais il interrompait dans sa moustache et ses protestations les plus fortes ne dépassaient pas les pointes de son faux-col. Rubicond et somnolent, il ne sortait de ses méditations profondes que pour murmurer une phrase inintelligible et rentrait ensuite dans son repos. Comme il avait publié un recueil de ses vers, on l'appelait familièrement « cher barde » et comme il inventait d'invraisemblables impôts, il se donnait pour un réformateur. Il s'était d'abord attaqué aux chapeaux de luxe et aux casquettes de livrée afin de dégrever le sel de ce qu'il considérait comme un impôt de capitation. Pour percevoir cette double taxe, il avait imaginé de coller au fond de ces casquettes et de ces chapeaux, d'une manière visible, un timbre spécial. Il pataugeait depuis une heure, lorsque M. Léon Say lui dit obligeamment : « Mais le véritable impôt de capitation, le voilà. » Dans une autre séance, il s'en prit aux portraits-cartes et proposa, cette fois encore, l'emploi d'un timbre. M. Testelin, qui n'eut jamais besoin de poser longtemps pour sa charge et dont les fureurs avaient quelque chose de maladif, lui demanda si on l'apposerait sur la figure; mais M. de Lorgeril mit ce jour-là les rieurs de son côté : « Il y a effectivement des figures sur lesquelles un timbre ferait bien. » Quand il lâchait les casquettes, les chapeaux, les photographies, le brave Lorgeril disait son fait à Carpeaux et à son groupe de la danse, « odieux produit de la sculpture perfectionnée dans ses raffinements jusqu'à la pétrification de l'obscénité ». Il partait de là pour refuser à l'Opéra tout crédit, car il était excessif dans ses conclusions.

On entendait parfois un bruit de ressort brusquement détendu, un grincement, un sifflement, on voyait des bras battre l'air, une crinière en délire, une barbe en révolte, et c'était le brave colonel Langlois qui protestait dans son coin.

Parfois encore, un râle de victime qu'on égorge traversait la salle, bravait les tumultes, dominait la sonnette du président, s'imposait dans l'orageuse symphonie environnante et la Chambre s'arrêtait comme pétrifiée par cette note extraordinairement douloureuse : c'était M. Brisson qui lançait une interruption héroïque.

M. Dussausoy avait le privilège de faire rire rien qu'en criant à un orateur, d'une voix perpétuellement enrouée : « Parlez! Parlez! » Et M. de Tillancourt, affligé d'un rhume inguérissable, éternuait des calembours empruntés au marquis de Bièvre.

Dans les discussions les plus anodines, à propos d'une surcharge d'octroi ou d'un chemin de fer d'intérêt local, on entendait au bord de l'hémicycle une voix de ventriloque : « N'amnistiez pas le Deux-Décembre! » C'était le bon Latrade qui se manifestait entre deux prises de tabac. Tous les yeux se tournaient vers lui et on apercevait un immense foulard rouge sous lequel se cachait un nez prodigieux qui murmurait encore : « N'amnistiez pas le Deux-Décembre! » Et une autre voix, venue des banquettes de la Droite, répondait : « Et la Commune? » C'était M. de la Borderie que son interruption favorite, dont il abusait un peu, avait fait surnommer « le père la Commune ».

M. Quinet fut un interrupteur incontestablement original : un interrupteur muet. Au plus fort de la tempête, il se dressait dans sa redingote immense qui pendait jusqu'aux talons et l'enveloppait comme un manteau, montrait sa tête énorme et chauve, promenait ses regards autour de lui et se rasseyait.

Tous ces solistes qui exécutaient de temps en temps un petit trémolo sur la banquette, et dont Michel de Bourges disait autrefois : « Ce qu'il y a de plus difficile à obtenir des députés qui ne parlent pas, c'est qu'ils se taisent », passèrent quelques moments difficiles sous la présidence de M. le duc d'Audiffret-Pasquier. Il se montrait particulièrement sévère pour M. Galloni d'Istria. Gros, rond, rouge, apoplectique, tassé sur son ventre, celui-ci, toujours en ébullition, s'agitait sans cesse et interrompait souvent. Aussitôt que l'Assemblée devenait houleuse, M. le duc d'Audiffret-Pasquier tenait ses regards fixés sur M. Galloni d'Istria, et, brandissant son couteau à papier comme une férule, l'invitait à se taire, avant même qu'il eût ouvert la bouche. Au moindre mot sorti de ses lèvres ou venu de son côté, il le rappelait à l'ordre. Parfois l'autre protestait, jurait ses grands dieux qu'il n'y était pour rien ; mais le président ne se laissait pas émouvoir et traitait la petite troupe de l'Appel au peuple comme M. Dupin la Montagne de 1848. Ce dernier lançait au hasard ses foudres sur ce volcan en éruption et ses victimes, quelquefois innocentes, se plaignaient : « Vous êtes là-bas, leur disait-il, une cinquantaine qui vous cachez dans vos barbes ; comment voulez-vous que je m'y reconnaisse ? » Les bonapartistes étaient infiniment moins barbus ; cependant, M. le duc d'Audiffret-Pasquier ne s'y reconnaissait pas toujours.

VI

CONTRE L'EMPIRE ET LE 4 SEPTEMBRE

La majorité de l'Assemblée nationale se montrait également hostile à l'Empire et au 4 septembre, peut-être plus encore à la Délégation de Tours qu'au gouvernement de la Défense nationale.

Les républicains partageaient naturellement la haine que l'Empire inspirait aux royalistes et c'était même à peu près le seul terrain sur lequel ils parvinssent à se rencontrer. Quelques-uns poussaient cette horreur du régime déchu jusqu'à l'enfantillage. Ainsi M. Crémieux racontait volontiers que sa femme et lui, après avoir longtemps célébré le deux décembre l'anniversaire de leur mariage, avaient, d'un commun accord, changé la date de cette petite fête de famille et l'avaient fixée au 11 octobre, anniversaire de leurs fiançailles.

La double hostilité des conservateurs contre l'Empire et la troisième République se marqua d'abord, à Bordeaux, par le vote de déchéance et les manifestations qui accueillirent les députés de la Seine. Elle se marqua ensuite, à Versailles, le 23 mars 1871, à un moment où les tentatives de conciliation se poursuivaient encore. M. Arnaud (de l'Ariége) demanda que les maires et les adjoints de Paris fussent introduits. Des murmures s'élevèrent des bancs de la majorité. On avait appris que certains d'entre eux, en souvenir des temps révolutionnaires, émettaient la prétention de venir à la barre et d'être admis aux honneurs de la séance. L'Assemblée n'entendait point se prêter à cette fantaisie et ne ressentait d'ailleurs aucune sympathie pour ceux qu'on traitait couramment « d'ambassadeurs accrédités de l'émeute ». Cette émotion ne s'était pas encore calmée lorsque maires et adjoints entrèrent dans l'avant-scène de droite avec leurs écharpes bien étalées. Ils saluèrent en poussant un cri de : Vive la République! repris en chœur par la Gauche. Se jugeant provoquée et bravée, la Droite, en un instant, fut debout : « A l'ordre! qu'on les expulse! » Le tumulte grandissait, les apostrophes se croisaient, les gestes se faisaient menaçants et l'on vit soudain de nombreux députés courir au vestiaire, puis revenir le chapeau sur la tête. M. Langlois, qui se démenait, cria d'une voix enrouée : « Chapeaux bas! » Et le président se hâta de suspendre la séance. A la reprise, cette agitation tomba. On avait eu le temps de s'expliquer, de négocier et cela finit par une transaction. Elle consistait à entendre la lecture d'une déclaration signée par les seuls maires et adjoints, qui étaient aussi des représentants du peuple.

Toute cette haine, toutes ces fureurs contre la République s'incarnèrent dans Gambetta. Son exode à Saint-Sébastien, sa répugnance à flétrir publiquement la Commune le rendit encore plus odieux aux conservateurs. Lorsqu'il revint à l'Assemblée, après sa réélection du 2 juillet 1871, sa modération momentanée ne lui fut comptée pour

rien et comme on crut voir en lui le complice de
M. Thiers, les ressentiments s'accrurent. Plus tard,
sa campagne de balcons et de banquets acheva
d'ameuter contre lui les royalistes, en même temps
qu'elle le rendait suspect et plus que suspect au
Centre gauche. Il l'était, en outre, aux vieilles
barbes du radicalisme et plus encore à ses anciens
collègues de la Défense nationale; ils ne l'aimaient
guère et il le leur rendait bien. M. Thiers avait vu
autrefois en lui un « fou furieux » et M. Grévy
prédisait qu'il « mourrait dans la peau d'un fac-
tieux ». Cependant, il avait prononcé le 2 juin, à
Bordeaux, devant les délégués des comités républicains, un discours où il semblait vouloir dé-
pouiller le vieil homme. Il prêchait la prudence, il
recommandait à ses amis la patience, il les invitait
à rompre avec les mauvaises traditions de l'ostracisme jacobin.

M. Thiers fut frappé de cette attitude et de ce
langage; il ne se montra pas insensible aux avances
de Gambetta qui eut soin de lui faire connaître
toute l'étendue de son admiration et de son respect.
Il prêta une oreille complaisante à ceux qui se por-
taient garants de sa sagesse. Mais si M. Thiers
inclinait vers l'indulgence, les Droites ne désar-
maient pas et lorsque le dictateur de la veille déclara, le 22 juillet, à propos de la pétition des

évêques, que la Gauche et lui-même se ralliaient à l'ordre du jour accepté par le chef du Pouvoir exécutif, M. Keller dit aussitôt : « Nous l'aurions voté ; nous le repoussons maintenant. » M. Thiers dut battre en retraite, non sans un secret dépit de voir rompre ses mesures par cet allié compromettant. Toutefois, il ne dit rien dont celui-ci pût s'offenser et il n'en fallut pas davantage pour accréditer le bruit d'une entente négociée, affirmait-on, par le général Faidherbe. On parlait même d'un portefeuille offert ou sollicité, et les Droites se crurent jouées.

De plus impartiaux découvraient chez Gambetta les qualités essentielles d'un chef de parti et paraissaient convaincus qu'il posséderait un jour l'art difficile de conduire par la parole et aussi par la tactique une collection d'ambitieux. En attendant, il avait des alternatives de modération et du contraire. Il hésitait entre le Centre gauche, qu'il voulait conquérir, et l'extrême Gauche, qu'il entendait bien ne pas perdre. Il ne pouvait pas ou ne voulait pas rompre avec ses créatures, se séparer de ses amis, « couper sa queue » comme on disait alors. Pour rester le chef des radicaux, il exigeait la dissolution, réclamait le service militaire égal pour tous, célébrait l'avénement de la démocratie et des nouvelles couches ; bref, il déployait infiniment d'entrain et de vigueur oratoire pour proposer et défendre un tas de choses qui paraissaient énormes et prenait par instants la figure d'un de ces révolutionnaires forcenés qu'on regarderait aujourd'hui comme des républicains timides. Il entremêlait cela d'éloges à l'adresse de M. Thiers et de déclarations plus rassurantes : « La France n'a jamais demandé que l'ordre et la liberté », ou encore : « Il n'y a pas de question sociale. »

Le discours qu'il prononça le 26 septembre 1873, à Grenoble, mit la majorité en fureur. L'Assemblée prenait ses vacances; la commission de permanence veillait sur le Capitole. Elle mit M. Thiers en demeure de désavouer ce fauteur de guerre civile, et M. Thiers tomba d'accord que son langage avait quelque chose de séditieux. M. Jules Grévy ne se montra pas moins irrité : « Il faut, disait-il, sauver à tout prix le pays du radicalisme aussi bien que de l'Empire. » Et il ajoutait : « C'est un homme au-dessous de la moyenne. Il surnage parce qu'il est complètement vide. » Rien ne prouve mieux que cet arrêt sommaire la témérité et l'injustice des jugements politiques, portés par des hommes politiques sur d'autres hommes politiques.

Quoi qu'il en fût, Gambetta avait pour lui son éloquence; c'était une force. Toutefois, à la tribune de l'Assemblée nationale, l'orateur du Corps législatif ne se retrouva point tout d'abord et ses premiers discours déçurent. L'hostilité de l'auditoire le paralysait; néanmoins, on put prévoir, même pendant cette courte période de défaillance, jusqu'où sa parole s'élèverait et atteindrait.

L'Assemblée nationale comptait beaucoup d'orateurs plus abondants ou qui parlaient une langue plus élégante et plus noble; mais il était le seul qui eût cet enthousiasme exubérant, cet emportement contagieux, cette électricité qui se communiquaient instantanément à toute la salle. Il donnait l'impression de la force : gros, les épaules larges, un cou de taureau, l'œil fascinateur et flamboyant, un profil de médaille. La tête rejetée en arrière, la poitrine saillante, il se campait à la tribune les deux mains sur le marbre, prêt à fondre sur l'adversaire. Sa voix, éclatante ou sourde, bravait et dominait les tumultes, finissait par éteindre les clameurs. Ardent, brusque, impétueux, il se précipitait. Puissant, quoique inégal et souvent incorrect, avec des bavures et des scories, il avait aussi de la souplesse, de l'ironie, d'heureuses rencontres, des mots forgés sur l'enclume de Corneille et de Mirabeau. En outre, politique réfléchi, habile manieur d'hommes. On le redoutait, on l'exécrait, on l'aimait. Il eut des ennemis que rien ne désarma, des amis qui demeurèrent fidèles par delà le tombeau et des fanatiques.

On sait d'où il partit, dans quels milieux il végéta longtemps, par quels chemins il lui fallut passer, quelles pentes il dut gravir avant d'atteindre les sommets. Parmi les étudiants pauvres, il fut un des plus misérables; mais cet ascète, qui peut-être avait déjà des goûts d'épicurien, supportait les privations avec une philosophie souriante (1). Reçu avocat, il attendit longtemps une vague clientèle : « Ma vie, écrivait-il, est concentrée sur ce point : plaider. » Il plaida pour un ouvrier devenu conspirateur en lisant Plutarque et qui rêvait de Brutus en fréquentant Greppo. Enfin, secrétaire de Laurier et de Crémieux, il eut une aisance très relative et ce furent les beaux jours de la pension Laveur, en attendant les sauces de Trompette.

La politique l'attira de bonne heure et le passionna toujours. Avant de communiquer sa fièvre aux assemblées, il répandait le trop plein de son éloquence dans les parlottes des jurisconsultes

(1) Dans une lettre à son père, il disait : « La partie terrible de mon existence, c'est le boire et le manger. Je déjeune très frugalement d'un pain d'un sou; à 5 heures, je dine et ne sais pas si je mange; après quoi, je donne 17, 18 ou 20 sous. Je reviens à la bibliothèque. A 11 heures, je rentre au logis, je mange un pain d'un sou et j'avale un dernier verre d'eau. »

adolescents, des politiciens en herbe, dans les brasseries du quartier latin, au *Café de Londres* où M. Jules Ferry avait fondé une sorte de club dont les membres tenaient à l'aise autour de trois tables. Toutes les opinions, sauf la bonapartiste, y étaient représentées. Boissieux, le « Passant » de la *Gazette de France*, Cernuschi, Antonin Proust s'y montraient particulièrement assidus. Aussitôt que Gambetta ouvrait la porte, on lui criait : « Faisnous rire, on te paiera un bock. » Un des survivants de ces temps déjà lointains me disait : « Il les faisait rire; mais on sentait tout de même qu'il les dominerait un jour (1). » Vers la même époque, ayant gagné quelque argent à ses partenaires du *Rat mort*, il s'offrit son premier œil de verre.

Il se rendait chaque jour au Palais-Bourbon où il connaissait tout le monde et avait sa place retenue dans un angle du salon de la Paix, à deux pas du Laocoon. Durant cinq heures, il y monologuait avec une verve intarissable, semant des idées dont les journalistes savaient faire leur profit, renseignant les députés sur leur ordre du jour, improvisant les discours que Jules Favre, Ernest Picard,

(1) Seize ans plus tard, la même personne rencontra dans une maison amie Gambetta tout-puissant. Admis à l'honneur de faire la partie du maître, il le battit coup sur coup et haut la main à la grande indignation des courtisans qui le foudroyaient du regard; mais Gambetta fit, à mauvais jeu, bon visage.

Jules Simon, le ministre Billault auraient pu prononcer et l'on croyait entendre ces orateurs; il
disait mieux que M. Billault : « Le gouvernement
de l'Empereur! » Après la séance, il allait en toute
hâte au *Café de Madrid*, repaire de frondeurs, puis
au *Café Procope* où, en bras de chemise, il donnait un plus libre cours à sa verve, excité par les
applaudissements de Cavalier dit Pipe-en-Bois,
dont il devait faire plus tard une espèce de diplomate prompt à offrir l'apéritif aux ambassadeurs.
Il passait habituellement ses soirées au *Café Vol-
taire* où, montés sur des tables, ses compagnons et
lui fulminaient des catilinaires contre l'Empire, car
ce n'était encore qu'un homme d'État d'esta-
minet.

Sa mise était plutôt négligée : un chapeau mou,
un petit veston, des pantalons escaladant les
mollets qu'il s'efforçait, sans y réussir, d'amener
à une concentration décente avec le gilet trop
court (1). Au mois de juillet, il arborait un chapeau de paille, le seul que, sous l'Empire, on ren-
contrât sur le boulevard.

(1) Un de ses amis lui disait : « Tu ne combleras jamais l'abîme
qui sépare ton gilet de ton pantalon. » Et Jules Favre : « Ce qui
me frappa tout d'abord, lorsque je le vis pour la première fois, c'est
la distance exagérée qui séparait son pantalon du gilet. » Le Garde
des Sceaux Baroche, sollicité d'en faire un magistrat, motivait ainsi
son refus : « Mauvaise tenue ».

Cet irrégulier de la politique ne pouvait se défendre d'une certaine admiration pour le duc de Morny : « C'est à croire, répétait-il souvent, que les princes appartiennent à une autre race et que leurs fils, même illégitimes, ne sont pas comme nous fils d'épiciers ». Lorsque M. Waleski succéda au duc de Morny à la présidence du Corps législatif, quelqu'un demanda à Gambetta s'il pensait toujours de même : « Non; mais, après tout, ce n'est pas un fils de vrai prince et de vraie princesse. » Pour voir de près des fils de vrais princes et de vraies princesses, il traversa la Manche en compagnie de Laurier, qui depuis... C'était alors un ardent démocrate. Les deux touristes demandèrent une audience au duc d'Aumale et furent aussitôt introduits. Laurier se chargea des présentations : « Monseigneur, vous voyez deux républicains. » Gambetta disait plus tard : « Laurier avait tort, il est allé trop loin; mais le duc d'Aumale avait vraiment bien grand air (1). » Il avait, en outre, trop d'esprit pour s'effaroucher et il invita les visiteurs à s'asseoir. La conversation s'engagea. Sur une phrase du prince : « Je crois,

(1) Gambetta lui-même alla plus loin encore. Invité par le comte de Paris à déjeuner et le prince blâmant certains démocrates de trop copier ces terroristes qui jetaient à l'Europe, comme un défi, la tête de Louis XVI, il dit en riant : « Cela ne doit pas vous gêner beaucoup dans la maison. »

Monseigneur, dit Gambetta, que vous n'aimez guère le suffrage universel. — Aimer, aimer, qu'entendez-vous par là? C'est une question de temps, d'opportunité; ce n'est pas une question de principe? — Comment? Pas une question de principe! » Et Laurier : « Ce n'est qu'un expédient, tu le sais bien. » On se sépara sur ce mot et, le lendemain, le duc d'Aumale disait à un de ses familiers : « Ce gros homme mal habillé et médiocrement élevé ne sera jamais à nous; il veut le premier rang. »

Rentré en France, Gambetta reprit le chemin du Palais-Bourbon où il rencontra M. Busson-Billault qui le félicita ironiquement de ses relations orléanistes. Il n'en fut pas le bon marchand : « Oui, monsieur, répondit Gambetta, j'ai passé le détroit pour m'assurer, en Angleterre, s'il y a des princes français qui ne soient pas des coquins. »

Pendant la guerre, il personnifia le patriotisme, l'espoir ardent et tenace, la volonté de lutter toujours et quand même, la foi obstinée dans un de ces miracles qui font plier les vétérans sous les coups d'héroïques conscrits, la résolution, quand tout sembla perdu et l'était en effet, de sauver au moins l'honneur. Il aima sincèrement l'armée; devenu le maître, il brava les criailleries des radicaux ameutés contre un Miribel.

A l'Assemblée nationale, d'abord violemment et presque unanimement hostile, il gagna peu à peu du terrain, triompha de certaines préventions, désarma la méfiance et l'hostilité de M. Thiers, obligea une Chambre royaliste à voter la République et distribua aux siens ces sièges de sénateurs inamovibles que la Droite se réservait.

Orateur puissant, stratégiste de premier ordre, il était aussi le plus séduisant et le plus spirituel des causeurs. Comme Mirabeau, il soulignait d'un mot les ridicules et traçait, en deux coups de crayon, un portrait d'une ironique ressemblance. Il définissait M. Brisson : « L'austère jésuite rouge. — Une volonté. — Un faux col et rien dedans. » M. Floquet : « Un dindon à plumes de paon. » M. le duc de Broglie : « Machiavel de couloir. — Orateur sans voix. » M. Rameau, honnête homme, mais mélancolique : « Un ver à soie atteint de la maladie. » M. Lockroy : « Une cigarette que l'on finit en deux bouffées. » M. Madier de Montjau : « Une vieille harpe qui n'arrête pas de vibrer. » Il disait d'un ministre dont le caractère n'était pas à la hauteur du talent : « C'est un diamant enchâssé dans du beurre. » Et d'un bavard trop dépourvu d'originalité : « C'est le carrefour des idées des autres. »

Si la haine et les fureurs contre la République

s'incarnaient dans Gambetta, la haine et les fureurs contre l'Empire s'incarnaient dans M. Rouher.

C'était toujours le vice-empereur (1), mais d'un empire tombé, qui s'employait obstinément à refaire ce que les désastres de la guerre avaient défait. Bientôt, en face du gouvernement de M. Thiers, se profila dans l'ombre le gouvernement de M. Rouher avec son pouvoir central, ses préfets, son administration, ses agents qui parcouraient les provinces, stimulaient le zèle, réchauffaient la tiédeur, créaient des journaux et des comités, recueillaient des fonds, allaient dans les fermes, les ateliers, les casernes. Levé à 5 heures du matin (2), M. Rouher suffisait à une écrasante besogne, aidé par deux secrétaires, MM. Picard et Théophile Gautier fils. Il travaillait d'arrache-pied jusqu'à 8 heures. De 8 heures à midi, son petit hôtel de la rue de l'Élysée (3) ne désemplissait pas.

Lorsqu'il revenait de Versailles, en sortant de la séance, la journée de l'homme politique était finie

(1) Ce fut la jalousie de M. Émile Ollivier qui le baptisa vice-empereur. Du reste, il le fut réellement depuis la mort de M. Billault (18 octobre 1863), jusqu'à sa demi-disgrâce du 22 juillet 1869. Il le fut peut-être plus encore de 1870 à 1879.

(2) Ministre, M. Rouher donnait audience à 6 heures du matin, comme M. Thiers dans sa préfecture de Versailles.

(3) L'Impératrice avait mis à sa disposition l'hôtel portant le n° 4 de la rue de l'Élysée qui lui appartenait.

et M. Rouher se reposait de son labeur dans l'intimité du foyer, dans ces entretiens familiers où l'on se livre sans réserve. Il faisait des réussites ou s'attardait, jusque vers 10 heures, à d'interminables parties de piquet avec, pour partenaires, MM. de Bouville, Jolibois, l'ancien préfet de police Piétri, son compatriote M. Barret du Coudere, conseiller à la Cour d'appel de Paris.

L'hôtel, naturellement, était très surveillé. Les soirs de réception, des agents s'y risquaient sous l'habit noir. M. Rouher avait chargé, une fois pour toutes, son neveu de les décourager. Celui-ci n'avait qu'un tour dans son sac, mais il était bon. Aussitôt qu'un hôte suspect se glissait dans le salon, il allait à lui, s'informant s'il connaissait le maître de la maison. Sur sa réponse affirmative, M. Gustave Rouher lui disait, avec son plus gracieux sourire : « Ayez donc l'obligeance de me présenter à lui. » Cette requête imprévue ne laissait pas d'embarrasser le policier. Alors, haussant la voix et montrant un visage moins aimable, il l'invitait à décamper au plus vite s'il ne voulait pas être jeté dehors.

Presque immédiatement après son élection du 11 février 1872, M. Rouher se rendit à Versailles, escorté par M. Théophile Gautier fils. On l'accueillit avec une curiosité hostile ; on demanda : « Que va-t-il faire? » Il ne parut pas autrement pressé d'agir; il écouta, observa, s'acclimata et surtout donna une figure de parti au groupe de l'Appel au peuple. Il n'intervint, par un discours terne à dessein, dans le débat sur la convention postale franco-allemande, que pour tâter le terrain, prendre un premier contact avec l'Assemblée et ne fit son véritable début qu'à l'occasion du projet d'impôt sur les matières premières. L'hostilité de la Chambre le déconcerta; un incident, amené par une phrase imprudente où l'on voulut voir une provocation, ameuta contre lui l'Assemblée. M. Rouher développait cette thèse : « Il est impossible de taxer les matières premières; les traités passés par l'Empire vous le défendent absolument. » M. Thiers, très nerveux, lui cria de sa voix pointue : « Vous vous vantez d'avoir fait au pays plus de mal que vous ne lui en avez fait réellement. » M. Rouher hésita; puis, sa superbe reprenant le dessus, il déclara, en frappant sa poitrine des deux mains : « Je rendrai encore service à mon pays. » Députés du Centre, de la Gauche, de la Droite, debout, gesticulant, menaçant, tous transportés de la même fureur, lui crièrent : « Rendez-nous l'Alsace et la Lorraine! » Il dut abandonner la tribune.

Ce qu'on avait entendu de son discours ne pro-

duisit pas une impression favorable : « Ce n'est
après tout, disait-on dédaigneusement, qu'un avocat. » C'était surtout un orateur dont une hostilité violente paralysait visiblement les moyens.
Habitué à parler en maître, à commander aux ma-
melucks du Corps législatif, il ne rencontrait plus,
au lieu de la subordination, du respect, de l'obéissance passive, que la prévention, la colère, la
haine. Il fallait qu'en un instant le député dépouillât
le vice-empereur. Toutefois, il y avait bien, dans
cette appréciation de son talent, une part de vérité :
M. Rouher fut toujours, même aux heures brillantes, plus avocat qu'orateur. Il fut surtout un
remarquable *debater* d'affaires et un administrateur excellent.

Dialecticien solide, plus habile que souple, avec
des arguments et des raisons, une manière à lui
de parler probante et convaincante, il tenait aux
bonnes divisions, à la méthode sûre qui vous conduit régulièrement au but en ne laissant au hasard
que le moins possible. Il avait aussi des adresses
dont la principale consistait à mettre seulement
en évidence, dans un exposé lumineux, les points
faibles de l'adversaire. Quand il avait ainsi rem-
porté une première et facile victoire, il écartait,
comme indigne d'une réfutation, tout ce qui
aurait pu le gêner. Tour à tour vigoureux, fami-

lier, mélodramatique, il ne sacrifiait point aux grâces littéraires, à l'agrément, au charme, comme s'ils n'étaient à ses yeux que des dons secondaires. Il fuyait la légèreté et détestait les fleurs. Ses plaidoyers valaient incomparablement plus par le fond que par la forme. La voix était forte, un peu lourde, pâteuse et voilée, « Démosthènes avant les cailloux » ; mais sans accent de terroir ni défaut de prononciation. En s'échauffant, elle devenait vibrante.

Toute sa personne était résistante et robuste. Trapu, les épaules larges, la tournure épaisse, il donnait beaucoup plus l'impression de la solidité que de l'élégance. L'œil bien fendu, le regard d'une grande douceur, mais sans éclat, le front barré par une large mèche dissimulant mal la calvitie, la cravate nouée au petit bonheur, les joues molles et tombantes sous les favoris, la bouche à demi dédaigneuse, « il avait, disait M. Lambert de Sainte-Croix, une de ces figures comme on en rencontre rue Lappe lorsque les Auvergnats sont réunis ».

M. Rouher avait une prodigieuse entente des affaires, une surprenante faculté d'assimilation. Quand il fallut, après la conclusion des traités de commerce, établir les tarifs, il étonna jusqu'aux spécialistes, et les représentants de la grande industrie, du haut négoce se trouvèrent en face d'un ministre renseigné sur tout. Dans une autre circonstance, Gambetta, sans tendresse cependant pour l'homme, le félicita de sa haute et presque universelle compétence en matière de budget : « La raison, répondit M. Rouher, en est fort simple. Il y avait, sous l'Empire, neuf départements ministériels; à l'exception des Affaires étrangères, je les ai tous dirigés. »

Pour exprimer à la tribune ses ressentiments contre l'Empire et le 4 septembre, la majorité trouva parmi les siens un des ces hommes dont le souffle de feu allume les colères, dont la parole impétueuse soulève et entraine les assemblées, M. le duc d'Audiffret-Pasquier. Ne fût-ce qu'un jour, ne fût-ce qu'une heure, on sentit vraiment en lui l'âme d'un grand orateur. On espéra un autre Berryer, on salua un nouveau Montalembert, car nous aimons, en France, les comparaisons et les parallèles.

Le 21 mai 1872, M. Rouher mit le ministre de la Guerre en demeure de lui dire quelles suites il entendait donner au réquisitoire de la Commission des marchés et, accentuant son offensive, prononça une diatribe contre cette commission, présidée par M. le duc d'Audiffret-Pasquier, et le rapport de M. Riant. Il y avait, dans cette attitude, beaucoup de cranerie incontestablement, mais encore plus d'imprudence. Il n'ignorait pas l'hostilité de la Chambre et le vote de déchéance était presque de la veille. Il fut habile, et on l'écouta ; mais sans l'applaudir.

M. le duc d'Audiffret-Pasquier répondit le lendemain. C'était un des membres les plus considérables de l'Assemblée ; il se révéla comme un de ses plus impétueux orateurs. Dédaignant toute tactique, il se rua sur l'ennemi et son acte d'accusation, par instants excessif, ne parut à personne impitoyable ni injuste. L'amertume des souvenirs, la blessure saignante du patriotisme rendaient la modération impossible et l'équité difficile. Son éloquence naturelle, parfois incorrecte, toujours énergique et souvent emballée, rencontra des mouvements d'une éloquence vengeresse et s'éleva par un puissant coup d'aile à des hauteurs où elle ne remonta jamais. (1) Amer, passionné, par instants déclamatoire, mais vibrant d'une émotion sincère, nerveux et facilement irritable, il se ruait comme un torrent et emportait les débris de l'Empire dans sa retentissante écume. Sa voix, perçante et claire, dominait le tumulte des acclamations. La Chambre entière battait des mains et

(1) Cependant, il produisit toujours de l'effet à la tribune, même quand son discours n'était pas un événement. On disait, sans flatterie : « Il anime jusqu'aux questions d'affaires. »

tous, royalistes, républicains radicaux, communiaient dans la même haine. Rien ne saurait rendre l'émotion que produisit cette réminiscence classique : « Rendez-nous nos légions, rendez-nous la gloire de nos pères, rendez-nous nos provinces! » Et quand il s'écria, dans sa péroraison : « Que Dieu, qui aime ce pays, lui épargne la dernière et la plus dure des humiliations, celle de voir jamais ses destinées confiées aux mains qui l'ont si mal servi! » (1) Un long frémissement secoua l'Assemblée; puis, ce fut un ouragan de cris, une tempête d'applaudissements. Pendant un quart d'heure, la séance se trouva suspendue. On applaudissait encore, on acclamait toujours et lorsque, comme épuisés par ce transport, les députés ne purent plus ni crier ni battre des mains, on entendit un sourd roulement sur le plancher d'où s'éleva un nuage de poussière.

Comme tous les hommes de sa génération, M. le duc d'Audiffret-Pasquier en voulait à l'Empire de

(1) On rencontre dans ce discours un passage qui a aujourd'hui toute la valeur d'une prophétie réalisée. En visant le passé, M. le duc d'Audiffret-Pasquier atteignait cet avenir qui nous réservait un Combes et son bloc de sectaires : « Quand un pays abdique ses libertés, quand il abdique le contrôle, quand il ne sait pas se faire à ces mesures libérales qui font que les affaires de tout le monde sont les affaires de chacun, quand un pays ne sait pas défendre ses libertés, quand il se met sous la protection d'un homme providentiel, il en résulte fatalement la décomposition et la démoralisation. »

lui avoir barré la route. Il avait le goût des affaires publiques et plus encore des grands débats, des grandes intrigues parlementaires; Napoléon III renversa la tribune et ne toléra qu'un fantôme de parlement. Il dut attendre pendant dix-huit mortelles années avant de pouvoir donner sa mesure et il avait soixante ans quand cela lui arriva. Son patriotisme rendait l'Empereur responsable de nos défaites et son scrupuleux respect de la légalité n'amnistia jamais le Deux-Décembre. Toutes ses rancunes, toutes ses haines, toutes ses colères firent explosion dans cette séance du 22 mai 1872. Elles donnèrent à son éloquence des éclats qu'on ne lui connaissait pas encore et qu'elle ne retrouva plus.

De taille moyenne, l'œil mobile, le regard inquisiteur, la physionomie expressive, la figure maigre avec un bout de favoris grisonnants, très alerte, très remuant, il avait l'allure et la vivacité d'un homme encore jeune. On disait que le chancelier Pasquier avait un peu amorti sa fougue native; il n'y paraissait guère. On prétendait également qu'il avait hérité de lui, avec son nom et son titre, cette impuissance à « se fixer nulle part avec vigueur » dont le blâmait M. Guizot et qu'il lui manquait seulement, pour devenir un homme d'État, la stabilité. On doit pourtant lui rendre cette justice que son libéralisme demeura invariable et que s'il évolua de la Monarchie vers la République, ce fut surtout par terreur de la dictature. Le jour où le bonapartisme parut renaître de ses cendres, M. le duc d'Audiffret-Pasquier fit vers la gauche un pas décisif (1). Avant d'aller à la République et de la subir comme un moindre mal, il livra bataille coup sur coup à Gambetta et au premier, au plus en vue de ses lieutenants, M. Challemel-Lacour, son ami, son collaborateur à la *République française*, son ancien proconsul à Lyon.

Les générations écloses à la vie politique pendant ces vingt dernières années ont seulement connu le Challemel-Lacour académicien et président du Sénat, le jacobin vieilli, désabusé, repentant, qui, confessant les erreurs et les fautes de son parti, en demandait publiquement pardon à la République et à la France. Odieux aux Droites, le Challemel-Lacour de l'Assemblée nationale faisait trembler le Centre gauche. Quand on disait à un

(1) Il disait au mois de novembre 1873, dans une réunion du Centre droit : « Nous avons voulu fonder la Monarchie constitutionnelle, forme supérieure de gouvernement à notre avis; mais nous ne refuserons pas à notre pays le droit d'avoir un gouvernement et nous ne pouvons pas le laisser en péril. » Cette monarchie, il la voulait libérale, imprégnée de l'esprit moderne; quand il vit poindre, comme une double menace, la politique et le drapeau de Charles X, il s'éleva avec force contre les idées et les pratiques d'un autre âge qu'un roi d'un autre temps prétendait imposer.

membre de ce groupe : « Vous êtes donc avec Challemel-Lacour? » c'était exactement comme si on lui eût dit : « Vous êtes donc avec Robespierre? » Son tempérament dominateur, sa rudesse calculée, son attitude méprisante ne contribuaient point à détruire les préventions. On insinuait que sa renommée était faite surtout d'aversion; ce fut sous ce jour qu'on s'habitua à le voir et ses amis prétendirent en vain que c'était seulement un timide dont la timidité se déguisait en raideur. On ne lui pardonnait pas son caractère hautain et cassant, ses passions vindicatives, sa prétention d'être tout d'une pièce, bien que ce fût plutôt fâcheux pour un philosophe. On disait encore qu'il ne pouvait souffrir aucune opinion autre que la sienne et qu'il considérait ses adversaires comme des hérétiques bons à brûler, qu'au besoin il apporterait le fagot. C'était excessif; mais peut-être, à cette époque, n'eût-il point répugné à en user avec ses ennemis comme Platon avec les poètes qu'il chassait de sa République.

Toutes les préventions, toutes les rancunes qu'il avait amassées contre lui et exaspérées se déchaînèrent dans cette séance tragique du 30 janvier 1873 où M. de Carayon-Latour le traita presque en criminel pour avoir envoyé la dépêche : « Fusillez-moi tous ces gens-là. » Selon l'accusateur, elle visait M. de Carayon-Latour lui-même et ses mobiles; selon M. Challemel-Lacour, il s'agissait des assassins du commandant Arnaud. Seul contre une armée d'adversaires, il opposa son persistant effort à la Chambre ameutée et l'on entendit jusqu'au bout sa voix sifflante et grinçante lancer au travers de la tempête ce cri vingt fois répété : « La pièce! Produisez la pièce! »

Avec le temps, ces ressentiments s'amortirent et tout en reprochant à M. Challemel-Lacour de le prendre d'un peu trop haut avec les partis opposés au sien, on se montra moins défavorablement prévenu. Cependant, il avait encore des qualités à acquérir ou à perdre pour devenir un homme d'État. Il lui en manquait beaucoup moins pour être un orateur. Bien que la mémoire y eût plus de part que l'inspiration, son éloquence, dont la sûreté rappelait Jules Favre, était très réelle. On y sentait le travail; mais le travail aboutissait à une phrase ferme, sobre, élégante, classique, d'une précision et d'une correction remarquables. On y aurait à peine désiré un peu plus d'aisance, de légèreté, d'abandon. Il était tout en raisonnement et en doctrine.

M. le duc d'Audiffret-Pasquier ne demeura pas jusqu'au bout, pour Gambetta, un adversaire irréductible; mais rien ne put désarmer ni affaiblir son hostilité contre les bonapartistes. Ceux-ci, d'ailleurs, ne pardonnaient ni n'oubliaient non plus; ils gardaient, de son discours, une arête dans le gosier. Devenus l'appoint nécessaire de la majorité, ils contraignirent M. le duc de Broglie à l'exclure de son premier ministère et M. Buffet à ne lui offrir un portefeuille qu'en prenant ses mesures pour le lui faire refuser (1).

M. le duc d'Audiffret-Pasquier obtint beaucoup mieux qu'une compensation; l'Assemblée nationale le choisit pour président et, en montant au fauteuil, il prononça un petit discours qui fut acclamé. Il lui suffit, pour provoquer cette flatteuse démons-

(1) Lorsque M. Buffet constitua le cabinet du 10 mars 1875, il parut d'abord considérer comme indispensable le concours de M. le duc d'Audiffret-Pasquier qu'il voulait à l'Intérieur. Celui-ci montrant quelque hésitation, le maréchal de Mac-Mahon s'entremit et, prenant pour un refus sa réponse : « Je demande à réfléchir, à consulter mes amis », télégraphia dans ce sens à M. Buffet, qui se retira. A la suite de démarches faites par M. le duc Decazes, d'entrevues où l'on s'expliqua, tout parut arrangé; mais M. Rouher intervint et déclara que les bonapartistes combattraient le gouvernement, s'abstiendraient tout au moins de le soutenir, si le portefeuille électoral par excellence était remis à leur pire adversaire. M. Buffet capitula et, sur sa prière, le maréchal de Mac-Mahon informa M. le duc d'Audiffret-Pasquier qu'on ne pouvait décidément le mettre qu'à l'instruction publique. Ce dernier se cabra et répondit que, n'ayant rien demandé, il n'accepterait rien. En voyant l'émotion provoquée par la rupture entre ces deux hommes que le Centre droit considérait comme également nécessaires, on prétendit que M. Buffet avait voulu, réflexion faite, se réserver le portefeuille de l'Intérieur pour joindre, à sa responsabilité, une autorité effective. M. le duc d'Audiffret-Pasquier ne s'y trompa point.

tration, d'y introduire deux fois le mot « liberté » et un éloge du « gouvernement du pays par le pays ». Il n'en fallait pas davantage alors pour s'assurer la réputation d'un libéral très ferme et même audacieux; on est devenu plus exigeant.

M. Buffet apprit bientôt à ses dépens combien il en coûte d'avoir sur sa tête un président mal disposé. Tout premier ministre qu'il était, il se vit un jour durement admonesté et presque rappelé à l'ordre sous prétexte qu'il interrompait Gambetta.

C'était dans une des dernières séances qui précédèrent la dissolution de l'Assemblée nationale. Gambetta, sur deux ou trois rectifications que M. Buffet lui adressa de son banc, demanda à ce dernier s'il voulait « devenir le ministre de l'interruption à perpétuité ». La Droite protesta avec beaucoup de force; M. le duc d'Audiffret-Pasquier refusa de sévir : « Je regrette, dit-il, les expressions dont vient de se servir l'orateur; mais il avait le droit de se plaindre d'interruptions qui sont interdites par le règlement. » M. Buffet n'en revenait pas et ces deux hommes échangèrent un regard tellement meurtrier que toute l'Assemblée en frémit. Debout, le bras levé, armé d'un couteau à papier qui, en cet instant, avait l'air d'une lame de sabre, le duc semblait dire : « Je me venge! » Et la mimique de M. Buffet, plus concentrée, mais non moins expressive, répondait : « Tu me le paieras! »

Cette grande horreur de l'Empire que les royalistes affichaient et ressentaient s'affaiblit progressivement, ou plutôt cessa de se manifester avec le même éclat à mesure que M. Thiers évoluait plus ouvertement vers la République. On découvrit alors, avec beaucoup d'opportunité, que les bonapartistes étaient, après tout, des conservateurs et, leur concours étant indispensable pour abattre le chef du Pouvoir exécutif, faire triompher ce qu'on appelait la politique de l'ordre moral, instituer un « gouvernement de combat », des pourparlers s'engagèrent. Lorsque, le 29 novembre 1872, M. Thiers déclara qu'il n'y avait de possible pour la France que la République conservatrice, lorsque les membres de la Droite furent salués, à Paris et à Versailles, par des cris répétés de : Vive la République! l'alliance fût conclue. Dans cette même séance du 29 novembre, M. Ernoul, répondant à M. Thiers, avait traité Napoléon III de « César de rencontre »; le lendemain, on chercha vainement ces trois mots à l'*Officiel* et, M. Mestreau s'en étonnant, M. Haentjens lui cria de sa place : « Vous n'empêcherez pas l'union des conservateurs de se faire! » Elle était faite.

Cependant, une fraction du Centre droit demeura

obstinément hostile. M. le duc d'Audiffret-Pasquier, M. Bocher et leurs amis, leurs plus jeunes amis surtout, refusèrent de ratifier le pacte. Après l'échec de la fusion et le désarroi qui s'ensuivit, ils crurent qu'on retournait à l'empire et, plutôt que d'aller au césarisme, ils se rapprochèrent du groupe Lavergne, à demi soudé lui-même au Centre gauche, et se résignèrent à cette Constitution républicaine qu'ils n'avaient pas voulu accepter des mains de M. Thiers.

Pour les contraindre à sauter plus vite le pas, M. Girerd produisit la fameuse pièce qu'il prétendit avoir trouvée dans un wagon de chemin de fer. Elle établissait l'existence d'un comité central de l'Appel au peuple : « Non, riposta M. Rouher, d'un simple comité de comptabilité. » Et il appuya cette affirmation de sa parole d'honneur. Il aurait pu s'en tenir là ; il crut nécessaire de tenter une diversion en reprochant à Gambetta de n'avoir pas réfuté les conclusions des diverses enquêtes sur le gouvernement du 4 septembre et la Délégation de Tours. Il s'éleva un formidable tumulte et l'on entendit, dominant les clameurs, la voix de Gambetta lançant cette réponse brutale : « Si quelques-uns des membres de la Chambre n'ont pas le droit de me demander des explications, ce sont les misérables... » Il fut impossible d'entendre le reste ;

mais l'on vit son doigt tendu désigner le groupe de l'Appel au peuple. M. Rouher se dressa, M. Galloni d'Istria, retenu par ses amis, essaya de se précipiter vers la tribune, tandis que la Droite et le Centre droit demeuraient impassibles. Rappelé à l'ordre, mis en demeure de s'expliquer, Gambetta attendit le silence, invitant du geste ses amis à se calmer. Lorsque les émotions se furent un peu apaisées, il les raviva : « Le mot, dit-il, dont je me suis servi est sans doute une injure ; je prétends lui donner une signification plus haute : c'est une flétrissure, et je la maintiens. » Aux protestations des bonapartistes, répondirent les longs applaudissements des républicains et, des banquettes de la Gauche, s'éleva un cri : « Osez donc mettre aux voix la censure! » L'attitude des Droites, leur visible parti pris de se désintéresser de l'incident, montraient bien qu'elles ne l'auraient pas votée; aussi le président M. Buffet ne la demanda-t-il point. Après la séance, un membre du Centre droit déclarait dans les couloirs : « Gambetta a très gravement manqué aux convenances. Nous n'aurions jamais tenu ce langage; mais puisqu'il a cru pouvoir le faire, nous n'en sommes pas autrement fâchés. »

Au dehors, l'indignation fut grande dans les milieux bonapartistes. Pendant deux jours, des scènes de violence, des bagarres, des bousculades, transformèrent le hall de la gare Saint-Lazare en une sorte de forum très peu sûr pour les membres de la Gauche. Pris entre les manifestants et la police qui, pleine d'indulgence pour ces derniers, en usait plus rudement avec eux, ils couraient un égal péril d'être houspillés ou conduits au poste. Le jeudi 11 juin, M. de Mahy, ayant invité à se taire un homme qui très certainement n'aimait pas les républicains qu'il traitait de J.. f...., fut arrêté en compagnie de son collègue M. Henri Lefèvre, accouru pour le dégager. Le soir, à l'arrivée du train de 6 heures et demie, Gambetta fut frappé au visage comme il descendait le grand escalier (1).

Mais cela ne terminait rien et ne tranchait point la question de savoir s'il existait « un comité central rayonnant sur toute la France » ou simplement « un comité de comptabilité ». Le doute persista et le problème ne fut jamais résolu. L'enquête parlementaire traîna en longueur et M. Buffet l'enterra de ses propres mains. L'instruction judiciaire aboutit à cette conclusion : « La pièce produite par M. Girerd est sans valeur; il n'y a pas de comité central. » Par contre, le préfet de

(1) L'agresseur était un ancien militaire, aux cheveux en brosse, à la moustache retroussée, à la physionomie énergique, au regard assuré. Il s'appelait Renouard de Sainte-Croix.

police, M. Léon Renault, affirmait et démontrait son existence.

La vérité se trouvait entre les deux; mais plus près de M. Léon Renault que du juge d'instruction. Il y avait bien un comité directeur et, en l'établissant, le parti bonapartiste n'avait fait, en somme, qu'user de son droit. Il eut d'abord à sa tête quelques anciens fonctionnaires de l'Empire qui se tenaient un peu à l'écart, en laissant à M. Mansart le soin et l'honneur de se compromettre. Celui-ci était l'intermédiaire entre les chefs et les agents; il dirigeait, rue de Tournon, un service de presse, une correspondance pour les feuilles de province, et cela servait de paravent. Lorsque M. Rouher prit en main la direction du parti, M. Mansart se renferma dans son rôle de sous-ordre. C'était un excellent homme, qui avait autrefois rédigé un journal à Toulon. M. Rouher, ne voulant donner aucune prise à ses adversaires, lui avait formellement défendu de garder aucune lettre, aucun papier; il lui répétait sans cesse : « Brûlez tout. » Mais M. Mansart avait une nature de collectionneur et la police découvrit dans ses cartons tout ce qui n'aurait pas dû s'y trouver. M. Rouher se crut trahi et jamais soupçon ne fut plus injuste. M. Mansart était incapable d'une pareille noirceur; suspecté, presque accusé, il en mourut de chagrin.

Le plus curieux est que les orléanistes, très prompts à se servir de l'arme forgée par M. Girerd, avaient une organisation en tous points semblable, dont le siège se trouvait rue de la Victoire. Elle avait pour but d'amener un certain nombre de conservateurs à voter la constitution républicaine pour faire échec à l'Empire. Il en coûta 900,000 francs au duc d'Aumale que la République exila quelques années plus tard.

VII

LES PARTIS ET LES GROUPES

Les députés de 1871 partageaient, en l'exagérant, l'opinion de Benjamin Constant sur l'utilité des groupes parlementaires : « Quand chacun est son propre centre, tous sont isolés. Quand tous sont isolés, il n'y a que de la poussière. Quand l'orage arrive, la poussière est de la fange. » Dans les derniers mois de l'Assemblée nationale surtout, la manie de s'émietter à l'infini exerça de terribles ravages. Cet émiettement s'expliquait : à la veille de l'élection des 75 sénateurs inamovibles, les Droites avaient admis que chaque groupe conservateur présenterait un nombre de candidats en rapport avec son importance numérique. Ceux qui, perdus dans une grande agglomération, le Centre droit par exemple, éprouvaient la légitime crainte de ne pas figurer parmi les plus dignes, constituaient en toute hâte une réunion intime où les choix, naturellement, étaient plus restreints. Chacun de ces petits comités affichait la prétention d'être à lui tout seul une espèce d'organisme politique. C'est ainsi que ce même Centre droit avait sa droite, sa gauche et son centre à l'image de l'Assemblée elle-même. Probablement convaincu que l'union est une cause de faiblesse, il finit par fonder sur ses frontières deux colonies rattachées par un lien très lâche et flottant à la métropole : le groupe Lavergne et le groupe de Clercq.

Le premier, appelé aussi Centre constitutionnel, joua un rôle décisif dans le vote de la Constitution. Il avait pour fondateurs MM. Léonce de Lavergne et Wallon ; pour adhérents, les orléanistes qui avaient déféré à l'invitation de M. de Montalivet : « Rallions-nous à la République. » M. Léonce de Lavergne ne s'y résigna, comme tant d'autres, qu'à défaut de la Monarchie constitutionnelle et ce fut alors qu'il fonda son groupe destiné à servir de trait d'union entre les deux Centres. Dans les scrutins à la tribune, dont il ne pouvait monter les marches, un huissier grave et digne venait prendre son bulletin, le remettait au président et celui-ci, après l'avoir montré à la Chambre, le laissait tomber dans l'urne, en disant avec une certaine solennité : « Le bulletin de M. Léonce de Lavergne. »

Le groupe de Clercq, ou Union conservatrice, se proposait, au contraire, de rattacher plus étroitement le Centre droit à la Droite modérée. Aucun de ceux qui en faisaient partie, qu'ils vinssent de ce Centre droit, et c'était le plus grand nombre, ou de cette droite modérée, n'avait voté les lois constitutionnelles. Son président, M. Sacaze, à la figure majestueuse et judiciaire, lui avait confectionné ce programme : « Empêcher que la République ne tombe aux mains de ceux qui voudraient peut-être épuiser les dernières conséquences de son principe. » Pendant toute la durée du ministère Buffet, l'Union conservatrice fut le pivot de la majorité gouvernementale.

Il existait aussi, mais seulement par intermittences, une autre Union conservatrice qui s'appelait un jour le groupe Pradié et, le lendemain, le groupe Changarnier. C'était une sorte de phénix qui renaissait sans cesse de ses cendres. Au début, M. Pradié hospitalisa les députés de la Droite qui, ne faisant partie d'aucune réunion, étaient en quelque sorte à l'état de vagabondage. Cela dura peu. Après le vote des lois constitutionnelles,

M. Pradié forma à lui tout seul une « une ligue du bien public pour prévenir ou pour le moins atténuer les déplorables conséquences de ce vote » dont il lui eût été difficile de ne pas être le président. M. Pradié faisait parfois courir le bruit que M. Pradié se réunissait. On le voyait alors s'enfermer dans un des bureaux de la Chambre et l'on entendait bientôt un tapage d'enfer. On feignait d'être dupe du stratagème et on lui reprochait d'avoir des collègues trop bruyants. Lorsqu'il fut question d'élire les sénateurs inamovibles, sa solitude se peupla et le général Changarnier devint le Guise de cette ligue.

« Je m'appelle modestement Changarnier », répondait-il un jour à M. Laurent Pichat qui venait de lui dire : « Nous nous appelons Belfort, vous vous appelez Metz. » Il n'aurait point fallu cependant en conclure que la modestie était sa vertu maîtresse. On connaît sa lettre de 1848 au Gouvernement provisoire : « La volonté et l'habitude de vaincre me permettent de remplir avec succès tous les devoirs qui pourront m'être imposés. » A cette habitude et à cette volonté, il joignait de superbes états de services; il y ajoutait aussi une ambition démesurée, une haine violente de la République qu'il « considérait comme le fléau de notre pays », des goûts littéraires, des recherches minutieuses de toilette, des raffinements de parfums. Il avait rêvé toute sa vie d'être maréchal de France et académicien; vers la fin de sa carrière, il espéra la présidence de la République et crut un instant en avoir la main très proche. Il ne fut rien de tout cela. Orateur fréquent, mais bref, il lui arrivait souvent, à la tribune, de se croire dans la ruelle d'une précieuse et l'esprit qu'il voulait avoir gâtait tout.

On entrevit seulement le groupe Constitutionnel de M. Cusman Serph et la Réunion des républicains conservateurs où M. Casimir Perier siégeait en tête à tête avec son gendre M. de Ségur. Quand il les rencontrait ensemble dans les couloirs de l'Assemblée, M. Thiers disait en souriant : « Voilà M. Casimir Perier et son parti qui passent. » Quant au groupe Target, il vécut un peu moins que les roses.

A l'aurore de l'Assemblée nationale, les trois fractions de la Droite délibéraient ensemble à l'hôtel des Réservoirs. D'abord nombreuse, cette troupe s'éparpilla. Le Centre droit, qu'un abîme séparait des ultras, se réunit bientôt à part, et après la note de Larcy : « Les inspirations de M. le comte de Chambord lui appartiennent », l'extrême Droite émigra à l'impasse des Chevau-légers, d'où ce nom de chevau-légers qui lui demeura. Du coup, la Droite modérée reconquit son indépendance et se plaça sous la direction de M. Ernoul. Toutefois, les uns et les autres se rencontraient encore de loin en loin à la Réunion des Réservoirs et plusieurs députés royalistes allaient un jour chez M. Ernoul, un autre chez M. de La Rochette.

Les chevau-légers se montrèrent en toute circonstance animés du même esprit que leurs prédécesseurs de 1815 dont Louis XVIII, sachant bien de quoi ils étaient capables, avait coutume de dire à son favori le duc Decazes : « Mon fils, les ultras nous perdront. » Ceux de la Restauration perdirent la monarchie avec discipline et unité. Ceux de la troisième République la rendirent impossible avec unité et discipline.

M. de La Rochette passait pour l'homme d'action de ce parti dont M. Lucien Brun était l'orateur. Celui-ci plaisait aux républicains par sa bonne foi intransigeante qui leur fournissait des armes contre lui. Quand il prenait la parole, toute sa personne robuste et puissante était empreinte d'une sorte de ferveur mystique où l'on reconnaissait le Lyonnais royaliste et catholique d'autrefois.

La Droite modérée ou Réunion Colbert eut d'abord pour président et ensuite pour inspirateur M. Ernoul qui s'écria un jour : « Je me suis fait moi-même! » On prétendit plus tard qu'il s'était également défait tout seul. Ses admirateurs le comparaient à Berryer; M. Thiers, qui ne l'aimait guère et avait ses raisons pour cela, maintenait le compliment, à la condition d'y ajouter ce léger correctif « de province ». Il est juste néanmoins de reconnaître qu'il rencontrait le mouvement juste et l'accent vrai quand il s'abandonnait à sa chaleur naturelle, qu'il avait de l'entrain et de la vigueur, qu'il lui arrivait d'atteindre à la véritable éloquence.

On faisait cas, dans ce groupe, de M. Baragnon, tombeur et boxeur, le rempart de la royauté. Il donnait des coups de langue, comme d'autres donnent des coups de poing; mais il avait aussi des finesses, des adresses qui étaient à son style ordinaire ce que la savate est à la boxe. Un de ses mots, historique et malencontreux, lui a survécu : « Il faut que la France marche! »

M. Audren de Kerdrel avait une sorte de chevalerie communicative, un peu compromise par certaines façons de dire qui, au premier abord, étonnaient : « Si les choses avaient tourné différemment, nous aurions eu d'autres difficultés, mais ce ne seraient pas les mêmes. » Au cours d'une séance où il remplaçait au fauteuil M. Buffet, retenu chez lui par l'enfantement laborieux de son ministère, il trouva cette formule inédite : « Je mets aux voix l'ajournement du projet après la constitution du nouveau cabinet, comme étant la date la plus éloignée. » D'ailleurs, le fauteuil ne lui réussissait pas. Au plus léger remous, il se dressait brusquement, agitait la sonnette, lançait au petit bonheur des rappels à l'ordre, se démenait, gesticulait, pérorait interminablement : puis, croisant ses bras, s'en remettait à quelque influence mystérieuse du soin d'arranger les choses. Comme il était l'homme du premier mouvement qui, chez lui, n'était pas toujours le bon, ses collègues l'avaient surnommé « Audren l'Intempestif ».

M. Depeyre, qui eut sa minute de notoriété, arriva précédé d'une réputation de grand orateur qu'il avait acquise à Toulouse et la perdit par ce singulier éloge du maréchal de Mac-Mahon : « Sedan, revers qui, aux yeux du pays, vaut mieux que les plus éclatantes victoires. » Les chevau-légers, qui l'avaient pris en grippe depuis son ralliement au septennat, firent en deux mots son éloge funèbre : « Bougie éteinte. »

M. Saint-Marc Girardin imagina de fonder le Cercle des travailleurs où les représentants à la recherche d'une opinion trouveraient d'obligeants inspirateurs. Il en vint beaucoup et le Cercle se transforma en Réunion Saint-Marc Girardin. Ce fut l'embryon du Centre droit. Ce dernier fit de son fondateur un vice-président de la Chambre. Un jour qu'il remplissait sa fonction avec cette majesté qui n'en impose pas toujours aux bousingots parlementaires, la séance fut si violemment troublée qu'il lui fallut se couvrir; mais il avait laissé son chapeau au vestiaire. Le tapage allait toujours croissant lorsqu'une main secourable posa sur sa tête un haut de forme malheureusement trop large qu'on vit descendre jusqu'aux sourcils, s'y arrêter une seconde, glisser plus bas encore et se transformer en une manière de cagoule.

Le Centre droit (1) comptait presque autant de généraux que de colonels et de colonels que de soldats; mais il manquait d'un généralissime et l'unité de direction lui faisait, par conséquent, défaut. Chaque membre de ce brillant état-major avait sous ses ordres une troupe plus ou moins nombreuse et, ces chefs ne parvenant pas toujours à s'entendre, de petits groupes se formaient dans le grand. Ils devinrent autant de petites puissances qui avaient leur patriotisme local, leur esprit propre et dont les dissidences rappelaient, par leurs effets, la lutte des nationalités dans l'empire

(1) Il avait son quartier général au Petit-Vatel.

d'Autriche. On reconnaissait bien, de temps à autre, la nécessité de remettre au plus digne les pouvoirs et l'autorité d'un commandant en chef ; mais M. le duc de Broglie ne croyait pas que ce plus digne fût M. le duc d'Audiffret-Pasquier, et M. le duc d'Audiffret-Pasquier était convaincu que ce n'était pas M. le duc Decazes.

Peut-être aurait-on réussi à se mettre d'accord sur le nom de M. Bocher ; mais, jusqu'en 1874, cet homme que la nature avait fait centre droit négligea systématiquement de s'inscrire à ce groupe. Lorsqu'il en devint le président, il ne tenta rien pour faire prévaloir ses vues. Une sorte d'anomalie, de contradiction, de paradoxe présidait à sa situation, à sa fortune, à sa destinée parlementaires. Il avait du courage, il avait du talent, il était le conseiller et l'ami des princes, il rencontrait partout la sympathie et l'estime, nul n'était plus digne de diriger son parti ; il s'effaça devant des ambitieux qui ne le valaient pas et même suivit des guides qu'il jugeait peu sûrs. Il mit plus d'obstination à ne pas être ministre que cent autres à le devenir. Le maréchal de Mac-Mahon lui offrit à diverses reprises le pouvoir et, le lendemain du vote des lois constitutionnelles, la fraction libérale du Centre droit, le groupe Lavergne, la Gauche le supplièrent de prendre la présidence du conseil ou, à défaut, le portefeuille de l'Intérieur. Il refusa, alléguant sa santé compromise, et Gambetta, dans une longue entrevue, fit d'inutiles efforts pour vaincre ses répugnances. Il lui proposa, à son choix, d'être ministre sans portefeuille ou de s'adjoindre, pour l'expédition de la besogne administrative, autant de sous-secrétaires d'État qu'il le jugerait nécessaire : « Ce que nous désirons, lui dit-il, c'est votre personne, votre nom, votre parole, votre droiture. »

Cependant, M. Bocher avait le goût de la politique et l'exact sentiment de sa valeur. Cet effacement volontaire semblerait donc inexplicable si l'on n'en connaissait la cause. Administrateur des biens de la famille d'Orléans, il s'interdit, aussi longtemps que dura l'Empire, toute manifestation qui aurait pu compromettre les intérêts dont il avait la garde. Lorsque l'Empire tomba, il était l'homme d'un rôle de dix-huit années et il le demeura. Même quand les royalistes eurent la majorité dans la Chambre, quand ils devinrent les maîtres, il s'abstint de prendre la direction de son parti, il sacrifia sa légitime ambition à ses princes comme il l'avait sacrifiée à son roi (1).

(1) Lorsque les princes d'Orléans rentrèrent en France, M. Bocher insista auprès d'eux pour en obtenir quelques démarches propres à grossir leur parti. Il y a, disait-il, de nombreux députés qui, roya-

Si M. Bocher se désintéressa presque complètement de l'action, il exerça, par la parole, une influence qui grandissait à chaque discours. Puissant par la logique et par la grâce, il l'était peut-être plus encore par le cœur. Même lorsqu'il traitait les questions d'affaires, il se donnait tout entier âme et raison.

M. de Fourtou formait avec lui le plus complet contraste. Jeune et même très jeune pour un homme politique, il avait vu, dans un court espace de temps et sans sortir de la Droite, bien du pays. Ministre de M. Thiers le 24 mai, il devint bientôt le collaborateur de M. le duc de Broglie. Membre d'un cabinet républicain, on le tenait avec raison pour orléaniste ; membre d'un cabinet royaliste, il pencha visiblement du côté de M. Rouher. Pendant toute une semaine, à la suite de sa circulaire aux évêques pour leur prêcher la circonspection, la Gauche espéra en lui. Quand il revint au pouvoir après le 24 mai, on lui fit une réputation de ministre à poigne qu'il ne mérita jamais complètement. Elle s'accrut quand il prononça les mots les plus

listes de nuance indécise, conservateurs sans antécédents, hésitent encore entre les deux formes de monarchie. Il ne faudrait qu'un petit effort pour en faire des orléanistes. Les princes négligèrent ces hommes, ne répondirent que faiblement à leurs avances, souvent même les reçurent avec froideur et, déçus, mécontents, ils allèrent aux légitimistes qui les accueillirent à bras ouverts.

énergiques du 16 mai; on disait, avec des cligne-
ments d'yeux pleins de promesses et pleins d'espoir : « C'est Morny! » Comme il dépensa toute
son énergie dans le discours, il ne lui en resta plus
pour l'action.

Autour de ces généraux, les colonels :

M. Beulé, un savant de l'École d'Athènes, un
critique d'art, un écrivain fourvoyé dans la politique : « Il est plus connu à l'académie des Beaux-
Arts, disait M. de Falloux, qu'au Parlement. »
Doux, timide, hésitant, nerveux, il produisit de
l'effet une ou deux fois à la tribune et ne recommença guère. Ses meilleurs discours furent gâtés
par des inadvertances oratoires : « L'Assemblée
nationale que le pays a élue dans un jour de
malheur. » Et encore : « Le régime parlementaire
dans toute sa beauté. » Ministre de l'Intérieur, il
se déchargea du soin d'administrer sur M. Pascal,
qu'il n'avait pas choisi et dont une circulaire faillit
lui coûter son portefeuille. Tous deux ont fini tragi-
quement par le couteau et le revolver. — M. Batbie,
l'inventeur du « gouvernement de combat », ne rappelait plus que de fort loin le jeune jacobin de 1848
impatient de livrer la bourgeoisie « en pâture au
lion populaire ». Ce géant de six pieds était le meilleur des hommes, le plus savant des jurisconsultes
et le plus spirituel des sceptiques. Il joignait, à ce

scepticisme, infiniment de bonne grâce, beaucoup de finesse et de malice. — M. le duc Decazes passa longtemps pour indispensable aux Affaires étrangères, bien que sa diplomatie fût légèrement entortillée et brouillonne. Il ne manquait ni de jugement ni surtout d'habileté. Son point faible était l'éloquence. Il s'en rendait compte et il lui arriva plus d'une fois, en quittant la tribune, de demander aux secrétaires rédacteurs : « Était-ce bien ce qu'il fallait dire? » Mais qu'il l'eût dit ou non, ceux-ci répondaient invariablement ce que Pandore répond toujours au brigadier. — M. Lambert de Sainte-Croix avait de l'esprit jusqu'au bout des ongles qu'il portait très longs. Ses débuts firent espérer un économiste et c'était l'époque où M. Thiers disait : « Ce petit Lambert, je l'ai connu pas plus haut que cela; je lui faisais réciter des fables et il parlait déjà finances... comme aujourd'hui (1) ».

(1) Au-dessous de ces colonels, il suffira de mentionner : M. Courbet-Poulard, déjà connu sous l'Empire, dont il vota d'ailleurs la déchéance à Bordeaux, par son toast de Montdidier : « Deux fléaux désolaient la France, la petite vérole et la démagogie. L'Empereur a retrempé la France dans la vaccination du suffrage universel; la petite vérole a été terrassée par le cow-pox pris sur la vache. Honneur donc aux campagnes et vive l'Empereur! » A l'Assemblée nationale, il rédigea des rapports bourrés de maximes : « Il y a toujours un sage milieu à saisir entre une activité désordonnée et une paralysie absolue. » Il se révéla aussi moraliste : « C'est une expérience bien triste, mais par trop certaine : le vice ne retourne point en arrière, il ne revient jamais au vin quand il a trop goûté à

Il en alla pour le Centre gauche comme pour la République romaine : il fallut, pour le fonder, un long et persistant effort, *tantæ molis erat...* Cinq hommes dévoués à la chose publique s'attelèrent à cette besogne, MM. de Marcère, Gailly, Félix Renaud, Christophle et Duréault. Chaque jour, ils se réunissaient rue Duplessis, dans une petite chambre, et discutaient interminablement cette grave question : sera-t-il dieu, table ou cuvette? Le futur groupe sera-t-il la Réunion des conservateurs républicains ou la Réunion des républicains conservateurs? Après bien des tergiversations, ce fut cette dernière raison sociale qui l'emporta (1). Ce point capital enfin résolu, on rédigea un programme et ce ne fut pas l'affaire d'un jour. On pesait chaque mot, on examinait à la loupe chaque épithète, on atténuait par un conditionnel les affirmations trop hardies, les virgules elles-mêmes avaient leur importance et les points leur gravité. Avec beaucoup de sueur et d'huile, on termina cet interminable manifeste qui tenait en cinq mots : « acceptation de la forme républicaine ». Une soixantaine de députés adhérèrent à

l'eau-de-vie; il va bien plus souvent à l'absinthe. *Abyssus abyssum vocat.* » — Et M. de la Germonière dont cette affirmation a survécu : « Les éponges sont des objets de luxe. »

(1) Mais pas pour longtemps. Cinq minutes après sa naissance, le nouveau groupe s'appela le Centre gauche.

cette formule et la chambre de la rue Duplessis devenant trop petite pour les contenir tous, le maire de Versailles, M. Rameau, prêta obligeamment une salle de l'hôtel de ville. Le groupe grossit et enfla aussitôt que des recrues de choix, MM. Casimir Perier, Léon Say, de Rémusat, briguèrent l'honneur d'en faire partie. MM. Thiers et M. Dufaure vinrent les rejoindre après le 24 mai.

Il s'agissait, en somme, d'attirer au chef du Pouvoir exécutif un certain nombre d'orléanistes plus enclins à accepter la République de fait que la Monarchie du comte de Chambord et, en même temps, ceux des membres de la Gauche qui professaient pour le président de la République une sympathie particulière. Ces deux éléments, au début très distincts, eurent quelque peine à s'amalgamer et le Centre gauche ne devint vraiment homogène qu'après le 24 mai qui le jeta dans l'opposition. Mais avant comme après le 24 mai, M. Thiers n'eut pas de collaborateur plus constamment dévoué, plus ferme, que ce groupe dont il appréciait le dévouement et la fidélité : « Le Centre Gauche, disait-il, c'est très commode; on ne s'en occupe jamais et ça suit toujours (1) ».

(1) M. Lepetit, un de ses membres, avait résumé son programme électoral dans cette phrase : « Si vous m'envoyez à l'Assemblée nationale, j'irai m'asseoir derrière M. Thiers. » C'était toute sa poli-

. M. Léon Say, plus indépendant, se dérobait par-dessus la barrière lorsque le président de la République prétendait le contraindre à se convertir au protectionnisme. Le trouvant moins docile qu'il ne l'aurait voulu, M. Thiers s'écriait alors, dans un mouvement de dépit : « C'est un gros égoïste. » C'était surtout un économiste convaincu que le libre-échange est l'arche sainte et refusant d'incliner, devant les combinaisons subalternes de la politique, les principes les plus incontestables de l'économie politique. Elle était, à ses yeux, une foi, un dogme, une religion de famille. Quand on l'entreprenait là-dessus, on trouvait un dogue prompt à mordre.

Orateur à la parole facile et volontairement familière, il dissertait pendant toute une séance sur des sujets ennuyeux, sans jamais ennuyer personne et il avait tant d'esprit qu'on en découvrait même là où il n'avait pas prétendu en mettre. Il joignait à cette éloquence si originale, des études sérieuses, de l'acquis, de l'expérience, une désinvolture d'homme du monde qui n'a pas besoin de sa place, une ambition nonchalante

tique ; c'était aussi pour plusieurs membres de ce groupe, au début du moins, tout leur républicanisme. Lorsque M. Thiers eut connaissance de cette profession de foi, il écrivit à son auteur : « Vous êtes un républicain de raison. »

et le scepticisme des parlementaires intelligents.

Il y eut trois étapes distinctement marquées dans la carrière oratoire de M. Ricard. Il franchit la première d'un seul bond et passa pour un grand orateur avant même d'avoir ouvert la bouche; il l'ouvrit, et l'on s'aperçut qu'il existe un certain écart entre l'éloquence du barreau et celle de la tribune. La seconde fut plus lente, plus laborieuse, plus effacée : il mit de longs mois à redevenir un orateur. Il se taisait avec obstination et répondait invariablement, lorsqu'on l'invitait à rompre son silence : « Je suis un muet volontaire. » Plus tard, il s'essaya dans les bureaux, les commissions, les séances du Centre gauche et y remporta des succès. « Mirabeau en chambre », selon les uns; « voix de couloir », selon les autres. Enfin, la troisième fut victorieuse et réparatrice : l'orateur ressuscita et, dans toutes les discussions importantes, M. Ricard fut la grande voix du Centre gauche.

M. Waddington brillait d'un éclat plus modeste. Lorsqu'il devint ministre, pendant huit jours, ce rapide avancement parut avoir quelque chose d'excessif. Il faillit, vers la fin de l'Assemblée nationale, être le père de la République; mais M. Wallon lui coupa l'herbe sous le pied. M. Waddington avait, comme tout le monde, préparé sa petite constitution; les gens superstitieux faisaient remarquer que Waddington et Washington rimaient ensemble. Par surcroît, le W se rencontrait dans les deux noms. Ils partaient de là pour prédire à son enfant de brillantes destinées. L'argument avait sa valeur; mais le W se rencontrait aussi chez M. Wallon et la rime pareillement. Celui-ci l'emporta; l'autre ne s'en consola jamais. De là, vraisemblablement, son incurable tristesse, sa désespérante hypocondrie. Avec ses pantalons à carreaux, ses accroche-cœur blondasses, sa cravate bleue à pois blancs, il avait l'air d'un book-maker qui a trop donné le gagnant. Il y avait de la désolation même dans la manière dont M. Waddington, qui fumait beaucoup, fumait son cigare; le cigare avait un air penché, accablé, funèbre. Si encore cette grande tristesse avait abouti de temps à autre à quelques beaux mouvements oratoires, s'il en était sorti quelques sombres éclairs d'éloquence; mais, non. Dans la discussion de la grande loi sur les Conseils généraux, il parut à peine suffisant comme rapporteur.

M. Lanfrey passait pour un doctrinaire indépendant, un irrégulier avec une pointe d'amertume, un positiviste très enclin à refaire l'histoire qu'il appelait un tissu de légendes. Froid, correct, il avait une allure de diplomate boutonné au sourire énigmatique. On le savait indépendant et ambitieux, d'humeur ombrageuse et fière ; mais il fallut la publication de sa correspondance pour mettre à nu son orgueil disproportionné et maladif qui n'épargna rien ni personne : Gambetta était un histrion ; M. Dufaure, un incapable ; M. Thiers, une vieille momie ; l'Assemblée nationale, un carnaval où la servilité et le charlatanisme fraternisaient ensemble. Et dans le même temps qu'il écrivait ces gentillesses, on l'a vu prodiguer les compliments à tous et même en forcer la dose pour être élu sénateur inamovible. Après quoi, il se rattrapait dans ses lettres, se soulageait, se vengeait.

M. Casimir Perier fut, au contraire, affable, indulgent et bon, bien qu'il eût dans les veines le sang colérique de son père. Sa seule faiblesse consistait à se croire un homme fort, un caractère tout d'une pièce, une barre de fer. M. Thiers était loin d'y contredire : « Il ne sait pas exactement ce qu'il veut ; mais il le veut avec beaucoup d'opiniâtreté. »

*
* *

La conjonction des Centres est une combinaison presque aussi vieille, en France, que le parlementarisme lui-même. Elle fut, à toutes les époques, le pivot de tentatives nombreuses qui n'aboutirent jamais. Sous la Restauration, M. le duc Decazes et M. de Martignac s'y employèrent. Sous Louis-Philippe, on multiplia les efforts. A l'Assemblée nationale, cette espérance refleurit. Mais que de scrupules, de difficultés! D'où partirait-on? Où faudrait-il s'arrêter? A une certaine heure, les deux frères Lefèvre-Pontalis, dont M. Thiers disait : « L'un est légitimiste, l'autre républicain, mais tous deux sont orléanistes », apparurent comme des hommes frontières.

Le président de la République poussait à cette bienheureuse conjonction, la regardant comme très propre à favoriser sa politique de bascule.

Au mois de juin 1872, Gambetta faisant attaquer par ses amis le Centre gauche, ce groupe s'émut et fit proposer à la fraction libérale du Centre droit une alliance offensive et défensive contre l'adversaire commun. M. Ricard s'entremit avec beaucoup de zèle et, l'élection du général Chanzy à la présidence du Centre gauche leur inspirant toute confiance, ceux des orléanistes qui ne répugnaient point à une entente avec les républicains conservateurs chargèrent M. le duc d'Audiffret-Pasquier et M. Saint-Marc Girardin de négocier en leur nom. Là-dessus, survinrent les élections partielles du 19 juin qui marquèrent un nouveau progrès du radicalisme. Les délégués du Centre droit en prirent texte pour insister sur l'application immédiate d'un ensemble de mesures capables d'arrêter, de ralentir tout au moins, ce qu'ils regardaient comme une course à l'abîme. Le général Chanzy et l'amiral Jaurès répondirent que la seule mesure vraiment efficace consistait à établir la République définitive. C'était, sans doute, un bon remède; mais la seule menace en suffit pour jeter les orléanistes dans les bras de la Droite modérée. De leurs embrassements, naquit le Conseil des Neuf (1).

Cette petite troupe opéra sa concentration à l'hôtel des Réservoirs et se dirigea sur la préfecture. Pénétrée de son importance, elle comptait bien trouver toutes les portes ouvertes: il lui fallut cependant se morfondre dans l'antichambre. M. Thiers, en conférence avec les membres du synode national protestant, avait le regret de ne pouvoir lui accorder immédiatement une audience. L'attente se prolongea, soit que les membres du synode en eussent long à dire, soit que le président

(1) Il se composait de MM. le duc d'Audiffret-Pasquier, Saint-Marc Girardin, le duc de Broglie, Batbie, Depeyre, de Kerdrel, de Cumont, le duc de la Rochefoucauld-Bisaccia, auxquels se joignit le général Changarnier convaincu, comme toujours, qu'il ne pouvait pas y avoir de véritable comité sans lui.

de la République prit un ironique plaisir à exercer la patience de ces neuf souverains. Ils finirent par être introduits et reçurent un si aimable accueil que leur mauvaise humeur se changea en espérance. Comment auraient-ils pu croire ou soupçonner un seul instant que M. Thiers ne souscrirait point à leurs justes exigences quand ils le voyaient combler de prévenances son « vieil et illustre ami » le général Changarnier, quand ils l'entendaient prodiguer à ses huit autres « chers amis » les manifestations si rassurantes d'une affectueuse sympathie?

Le général Changarnier, toujours un peu loquace et qui ne détestait pas de se mettre en avant, prit le premier la parole et, d'une voix émue, évoqua les souvenirs de tant de batailles autrefois livrées et gagnées ensemble. M. Thiers l'écoutait avec un engageant sourire; il souriait encore lorsque les compagnons du général vantèrent en fort bons termes l'excellence d'un ministère homogène; il souriait toujours lorsque M. le duc de Broglie égratigna les préfets d'une griffe légère. L'attention qu'il accordait à leurs propos avait tous les caractères du recueillement et l'on aurait pu croire qu'il tenait à ne pas perdre un seul des mots tombés de leurs lèvres souveraines. Quand ils eurent fini, il s'absorba dans ses méditations et ce ne fut qu'après avoir longtemps réfléchi qu'il releva la tête et leur montra un visage attristé. Comment avaient-ils pu, le connaissant si bien, admettre une seule seconde qu'il négligeait les intérêts conservateurs! Conservateur, il l'était plus que personne. Quant au ministère homogène, il le constituerait avec empressement aussitôt qu'on lui montrerait dans la Chambre une majorité homogène. Pour les préfets, comment leur serait-il possible de combattre, sous la République dont il avait lui-même la garde, dont il devait compte au pays, des candidats républicains? Sans doute, il y avait bien le pacte de Bordeaux; il y avait aussi la nécessité impérieuse de fonder un gouvernement définitif et, pour sa part, il n'en voyait qu'un seul possible. Il partit de là pour improviser une constitution républicaine. Certes, les radicaux devenaient menaçants, les derniers discours de Gambetta lui semblaient détestables: mais il conclut comme le général Chanzy, comme l'amiral Jaurès : « Unissons-nous pour fonder la République conservatrice. » Les autres ne se tinrent pas pour battus; mais M. Thiers n'en voulut pas démordre : « Mes chers amis, conclut-il, puisque vous pensez pouvoir relever le trône, puisque vous êtes la majorité, pourquoi ne le relevez-vous pas? »

L'entrevue s'était prolongée pendant deux

heures et demie. Le président de la République se leva, reconduisit ses visiteurs et, redevenu souriant, les réconforta avec la résignation d'un philosophe : « Que voulez-vous? La République est une des choses que l'Empire nous a léguées avec tant d'autres. »

C'était la guerre; c'était aussi une nouvelle manifestation des bonnets à poil, et ce fut la retraite du ministre M. de Larcy que les royalistes sommèrent de se démettre.

Cette fois, la concentration semblait bien morte. Comme toutes les grandes idées, elle survécut. M. Casimir Perier ne cessa jamais de la regarder comme prochaine. M. Cézanne la déclarait inévitable. Comment aurait-il pu penser autrement puisqu'il était à lui tout seul une véritable concentration? Membre du Centre gauche, il votait le plus souvent avec la Droite et donnait ses raisons : « Indépendant des partis et des coteries, je me porte tantôt à droite et tantôt à gauche, cherchant à sauvegarder tour à tour l'ordre et la liberté. »

Après le vote des lois constitutionnelles, M. Bocher conseilla discrètement la formation d'un nouveau parti où les désabusés de la Réunion Colbert se rencontreraient avec les libéraux du Centre droit et les conservateurs du Centre gauche pour étayer le fragile édifice si péniblement construit. Mais la

Droite accusa M. Rocher de complaisance pour les républicains et les républicains lui reprochèrent sa trop vive tendresse pour la Droite. Ils se concentrèrent, mais contre lui.

*
**

La Gauche républicaine, également connue sous le nom de groupe des quatre Jules, MM. Jules Grévy, Jules Simon, Jules Favre et Jules Ferry, ressemblait au colosse de Rhodes, ayant un pied sur les frontières du Centre gauche et l'autre sur les confins de l'Union républicaine. Elle tint ses séances d'abord dans la salle du Jeu de Paume, puis à l'hôtel de France.

C'était une nature complexe et multiple que celle de M. Jules Simon, un de ses chefs, et l'on ne suivait que difficilement son esprit ingénieux, adroit, étendu, dans le jeu puissant de son activité. Ceux qui le voyaient pour la première fois à son banc de ministre ou de représentant étaient quelque peu déroutés. Cet extérieur absorbé, cette démarche traînante qui semblaient trahir une lassitude et un ennui cadraient mal avec ce qu'ils connaissaient de son intelligence et de son caractère ; mais ils le retrouvaient dans son front large et puissant, son regard calme où brillait parfois une vive et rapide lueur, son sourire qui n'était pas toujours rassurant.

Lorsqu'il sortait de son repos et qu'il lui fallait absolument se jeter dans la bataille, M. Jules Simon traversait lentement l'hémicycle, gravissait, la tête dans les épaules, arrondissant le dos, le calvaire de la tribune et s'affaissait comme épuisé par ce premier effort. Cet orateur chancelant suppliait, dans un murmure, qu'on ménageât ses forces. Une compassion frémissante étreignait l'auditoire et bientôt tous se taisaient. Sa voix tremblante, un peu voilée, sifflante par instants, où passaient des sanglots étouffés, expirait au bord de la tribune. Puis, s'affermissant par degrés, elle montait, s'élevait, s'enflait et, sonore, remplissait la salle. Plus d'hésitation, plus de fatigue ; le regard s'allumait doucement, caressait, magnétisait, tandis que l'argumentation enlaçait, désarmait. Devant lui, quelques notes brèves, et c'était tout ; le travail préparatoire de toute sa vie en avait fait un improvisateur.

Ce politicien aux lèvres frottées de miel ne manquait pas de résolution. Il en donna des preuves, à Bordeaux, dans son corps à corps avec Gambetta. Il fut à ce moment question de l'arrêter ; on hésita, finalement on recula. Prévenu, il prit ses mesures et ne coucha jamais deux nuits de suite dans la même chambre. Le directeur de la sûreté générale, M. Ranc, exerçait sur lui une étroite surveillance. Il avait introduit, dans une espèce de bureau que M. Jules Simon avait improvisé, deux collaborateurs pleins de zèle, qui étaient naturellement deux agents à sa solde. Ceux-ci communiquaient chaque soir à leur chef tout ce que l'autre avait intérêt à lui faire connaître.

M. Jules Simon voyait et consultait fréquemment M. Thiers. Il recevait aussi, mais secrètement, M. Crémieux qui conspirait avec lui. Ce dernier était un petit homme à la figure aplatie, aux cheveux crépus, à la bouche fendue jusqu'aux oreilles, qui abusait, comme Pelisson, « de la permission qu'ont les hommes d'être laids ». Un jour qu'il était allé rendre visite à M. Jules Simon, il s'évada, se sachant filé, par une porte de derrière. En sortant quelques minutes plus tard, mais par la grande porte, M. Jules Simon se heurta sur le trottoir à M. Glais-Bizoin dont tous les efforts tendaient à ne pas se compromettre : « Eh! quoi? lui dit-il, en souriant, tu veux me faire arrêter? » M. Glais-Bizoin se défendit d'une intention aussi noire : « Du reste, à quoi bon? Nous savons minute par minute tout ce que tu médites, tout ce que tu dis, tout ce que tu fais. » Et comme M. Jules Simon montrait un air incrédule : « En veux-tu la preuve? Nous n'ignorons pas que M. Thiers vient de se rendre chez toi, qu'il y est encore. » Quand il racontait cette anecdote avec infiniment de bonne humeur et d'esprit, M. Jules Simon ajoutait : « M. Thiers ne sait pas encore qu'on a pris M. Crémieux pour lui; il l'ignorera toujours. Je ne sais pas dire les choses désobligeantes. »

Lorsque, peu de temps après, il devint ministre et tint ses ennemis de la veille sous son pied, il n'abusa point de cette haute position qui lui permettait tant de vengeances; il était trop intelligent pour s'attarder aux représailles et s'il en exerça quelqu'une, ce fut à la façon d'Henri IV avec Mayenne.

Un ancien professeur, bombardé préfet par Gambetta et trop porté à servir ce protecteur qu'il jugeait invincible, commit la faute d'en user assez mal avec M. Jules Simon. Lorsque, contrairement à ses prévisions et à ses espérances, celui-ci resta maître du terrain, cet imprudent essaya de rentrer en grâce. Il lui fallut d'abord expier ses péchés dans le purgatoire et jamais solliciteur ne trouva de ministre aussi occupé, ne languit plus longtemps dans l'antichambre. Il réussit enfin à se glisser dans le paradis et tomba sur un Jules Simon absorbé dans sa correspondance. Ce fut en vain qu'il toussa, se moucha, laissa tomber son chapeau; le ministre écrivait toujours, le nez sur son papier, feignant de ne rien entendre. Au bout d'une heure, l'infortuné crut devoir révéler sa présence par quelques mots timidement murmurés. Sans lâcher sa plume ni lever les yeux, M. Jules Simon demanda : « Qui est là? » Et il fallut se nommer. — « J'ai connu deux hommes qui s'appelaient ainsi. L'un était un professeur médiocre, oh! très médiocre, mais brave garçon; l'autre est un préfet, c'est une canaille. Lequel des deux êtesvous? » La réponse était délicate; elle ne vint pas. Satisfait de sa petite malice, M. Jules Simon rendit à l'université ce normalien égaré dans une préfecture.

Rien ne rappelait plus, à Versailles, le Jules Favre du Corps législatif. Sa haute taille s'était voûtée, le feu sombre de son regard s'était éteint, sa lèvre avait perdu son pli ironique, le hoquet caverneux, qui scandait à des intervalles réguliers ses périodes toujours travaillées et souvent déclamatoires, revenait plus fréquent, plus douloureux. Son éloquence, qui appelait l'image classique du fleuve se déroulant avec une majestueuse lenteur entre des rives fleuries, procédait maintenant par saccades, en des phrases brisées, hachées, et la voix avait perdu sa sonorité mélodieuse. Tel il

apparut dans cette séance du mois de mars 1871
où il vint demander pardon à Dieu et aux hommes
d'avoir cru au patriotisme de ces insurgés parisiens qui achevaient sous les yeux du vainqueur la
patrie mortellement blessée.

M. Jules Ferry, dont rien ne faisait encore prévoir les destinées futures, jouissait dans la Gauche
républicaine d'une réputation de famille qui ne
s'était pas répandue au dehors. Ceux qui ne l'aimaient guère rappelaient un mot qui courut en
1869, lorsqu'il fut élu député en même temps que
Gambetta : « Gambetta, oui, il peut aller loin;
mais le pauvre Ferry... »

Ils ajoutaient que, peu d'années auparavant, il
avait vécu dans l'atmosphère de M. Émile Ollivier,
qu'on ne saurait croire à quel point il était passé à
l'état de reflet. Ce n'était pas seulement l'ascen-
dant du maître qu'il subissait en écolier respectueux. Admis dans la maison de la rue Saint-
Guillaume, traité en enfant gâté, Benjamin enjoué
et aimable, il confiait à la première madame Ollivier, comme à une inspiratrice, la direction de
son jeune esprit; il lui soumettait toutes ses idées
naissantes sur la philosophie, la littérature, les
arts. Elle se prêtait en femme supérieure à cette
délicate sujétion et M. Émile Ollivier disait : « Elle
le rend meilleur. » Aimable, il l'était sans doute;

il se montrait surtout enthousiaste. Lorsque M. Émile Ollivier essayait, dans une réunion intime, son discours du lendemain, M. Jules Ferry avait des attaques d'admiration. Il s'affaissait sur un fauteuil, à demi pâmé, se faisait à lui-même les yeux blancs, ce qui, avec ses favoris noirs, lui donnait l'apparence d'un Brésilien sentimental. Mme Ollivier ne pouvait pas s'asseoir à son piano sans qu'il fondît en larmes; il sanglotait, il poussait des gémissements.

Ces conteurs d'anecdotes racontaient, en outre, qu'on l'avait surpris, dans les gorges d'Apremont, perché sur une roche et s'exerçant à l'éloquence devant un auditoire d'écureuils.

Évidemment, il y avait, dans ces histoires, une intention malveillante. Ce qui le prouvait, c'était le parti pris d'oublier systématiquement que M. Jules Ferry avait, pendant le premier siège et au début de la Commune, montré beaucoup de résolution et de courage. M. Thiers lui en savait probablement gré. Aussi, pour l'en récompenser, voulut-il le nommer ministre plénipotentiaire à Washington; les clameurs de la Droite le contraignirent à y renoncer. Cependant, le 12 mai 1872, il l'envoya comme ambassadeur en Grèce. Devant les nouvelles protestations qui surgirent, il plaida les circonstances atténuantes : « Pour un homme fort, je ne crois pas que ce soit un homme bien fort. C'est un pauvre administrateur, mais il n'est pas sans mérite, je vous assure qu'il n'est pas sans mérite. Et, d'ailleurs, je n'en avais pas d'autre sous la main (1). » Son passage à Athènes n'a pas laissé une trace bien profonde dans les annales de notre diplomatie; mais quelques-uns de ses amis en gardèrent un agréable souvenir. Il profita de son séjour dans la patrie de Périclès et de Phidias pour envoyer du miel de l'Hymette à M. Bardoux, plus doux que ce miel lui-même. On le savoura entre hellénistes; M. Waddington porta un toast dans la langue de Pindare et M. Barthélemy Saint-Hilaire fredonna un refrain d'Anacréon.

Nul n'accordait la moindre attention à M. Tirard qui, grave et recueilli, faisait mine d'écouter et avait l'air de comprendre. Sa fortune politique datait des élections qui suivirent le siège. Paris nommait alors pêle-mêle des amiraux et des ouvriers; il le nomma comme fabricant de doublé. Cette petite industrie exerça la verve des mauvais plaisants; bijoutier en faux, ils prétendirent que le fabricant avait déteint sur le politicien.

(1) Le jour même de sa nomination, Gambetta lui décocha ce madrigal dans la *République française* : « Il est à craindre que M. Jules Ferry ne devienne un agent compromettant, après avoir été un agent compromis. »

M. Le Royer, son voisin de banquette, nous venait de Genève, comme M. Tirard et Necker. Il se consacrait surtout aux affaires lyonnaises et menait une campagne très vive contre le préfet du Rhône, M. Ducrot. Il l'attaquait avec ardeur, mais avec une certaine majesté, car il cultivait le genre noble et la pompe oratoire. Il ne descendit qu'une fois de ces hauteurs; mais à la façon d'une avalanche. Son « bagage », emprunté au style familier, précipita M. Grévy de son fauteuil. On en conclut que le genre familier lui réussissait mal.

L'Union républicaine empruntait toute sa valeur et toute sa force à son chef, Gambetta; mais la plupart de ses lieutenants brillèrent à leur tour dans le ciel de la République lorsque, après la disparition du soleil, les étoiles purent répandre quelque lueur.

M. Goblet était, à Versailles, un politicien potelé, avec une tête de chérubin, assez semblable aux amours de Durameau qui voltigeaient aux plafonds des loges. Sa petite et rondelette personne était vive, alerte, frétillante. Gambetta l'utilisait pour de menues besognes; il harcelait les ministres, rédigeait ou présentait à leur intention des ordres du jour désobligeants; embusqué derrière une broussaille de textes, il les fusillait avec des arguments qui ressemblaient parfois à des chicanes. Il valait mieux que cet emploi; on le devinait supérieur à presque tout le voisinage. Ses discours avaient trop souvent un air de plaidoirie; mais on y sentait le nerf, il s'en dégageait de la chaleur et, dans ses bons jours, M. Challemel-Lacour le recevait dans ses bras au pied de la tribune, en s'écriant : « Vous avez parlé comme un ange! » Mais la voix manquait à cet orateur qui excellait à composer un discours qu'on n'entendait pas.

M. Brisson aspirait à devenir le clair de lune de Gambetta qui, d'ailleurs, ne pouvait pas le souffrir. Très différent de ce qu'il est devenu depuis. il affichait un certain libéralisme, une trompeuse tolérance : « Ni de ma part, ni, j'en suis sûr, de la part d'aucun des membres qui siègent sur les mêmes bancs, disait-il le 15 mai 1872, ne s'élèvera la prétention de faire revivre les lois répressives de la liberté des associations religieuses. »

Les compagnons de sa jeunesse racontaient que M. Brisson, — le « beau Brisson », — avait fait ses premières études philosophiques dans une boutique où le franc-maçon Massol vendait à tout venant des fontaines filtrantes. Celui-ci était un ancien Saint-Simonien associé à d'autres disciples du Père Enfantin pour lancer une religion originale et simple qui consistait dans la suppression de tous les cultes. Le jeune néophyte prenait à leurs discussions une part active, mais silencieuse, son larynx malade le réduisant, bien malgré lui, à l'éloquence des mimes. Il discutait par signes, comme Panurge argumentant contre Thaumaste. Il présentait ses arguments à la pointe de l'index et semblait vouloir les passer au travers du corps de son contradicteur; il agitait ensuite la main à la hauteur de son nez.

Comme Massol et ses amis avaient parcouru autrefois l'Égypte à la recherche de la Femme-Messie, M. Brisson puisa dans leurs récits de cet heureux temps l'amour des voyages qui forment la jeunesse. Un beau matin, il s'en alla explorer la terre des Pharaons et en rapporta des notes intéressantes où les pensées familières à M. Perrichon étaient exprimées dans le langage de Joseph Prud'homme. Ceux qui avaient lu ces rares morceaux conservaient le souvenir d'une jeune fille dont « le corps était une physionomie » et d'une belle image inspirée par les pyramides « accroupies sur le ventre de l'Égypte comme le despotisme sur le cerveau des peuples. » Il leur arrivait même de citer ces deux vers d'un sonnet :

Parfumée et le miroir auquel va sourire...
D'un seul coup de poing et l'esclave nubienne.

Député, M. Brisson se révéla austère et triste. « Je vaux surtout par le caractère », disait-il, et l'on se plaisait à croire qu'il trouvait en lui-même mille raisons de motiver ce jugement. Il valait aussi par l'éloquence et prononçait d'une voix psalmodiante, glapissante, des harangues qui ressemblaient à des lamentations.

Presque tous les membres de ce groupe, MM. Brisson, Paul Bert, Cazot, Challemel-Lacour, Ferrouillat, Goblet, Lepère, Lockroy, Méline et d'autres encore que j'oublie sont, plus tard, devenus des aigles de passereaux qu'ils étaient alors.

Trente hommes de bronze, également hostiles à l'opportunisme naissant de Gambetta et à ce qu'ils appelaient la tyrannie de M. Thiers, délibéraient à l'extrême Gauche. Il leur arrivait encore assez fréquemment de consolider les ministères qu'ils avaient juré d'abattre. Ce fut ainsi qu'ils préférèrent sauver le cabinet de Broglie que voter l'urgence sur la proposition Dahirel. Il s'agissait de fixer une date pour la constitution de la République et ils s'avisèrent, qu'en le faisant, ils reconnaitraient le pouvoir constituant de l'Assemblée nationale. Les principes leur interdisant une aussi monstrueuse capitulation de conscience, ils se rangèrent derrière le duc au nom de l'idéal républicain. Ce fut ainsi encore, et pour le même motif, qu'ils repoussèrent la proposition Laboulaye plutôt que d'infliger à la République la honte d'un président.

Entraînée par sa passion pour l'égalité, cette extrême Gauche en usa avec elle-même comme avec la République : elle refusa de se donner un président. Elle se réunissait d'ordinaire chez M. Louis Blanc; mais quelqu'un s'étant plaint qu'on semblât lui reconnaitre une sorte de suprématie, le groupe se fit ambulant par rigidité et siégea tantôt chez l'un, tantôt chez l'autre de ses membres. Vers la fin de l'Assemblée, il loua un local rue d'Arras.

M. Louis Blanc était le grand homme de ce parti; non par la taille assurément, car, comparé à lui, M. Thiers aurait pu passer pour un tambour-major. C'était, au dire de Henri Heine, « un bizarre composé de Lilliputien et de Spartiate ». La tribune lui arrivait au menton. Pour se grandir un peu, il avait imaginé, à la Constituante, de parler debout sur un tabouret. Il se félicitait intérieurement de cette ingénieuse invention lorsque, au milieu d'une phrase, le tabouret glissa et l'orateur disparut comme dans une trappe.

M. Louis Blanc souffrait d'un mal chronique et cruel, cruel surtout pour autrui, que M. Madier de Montjau appelait « l'appétence à la tribune ».

Nulle considération ne l'empêcha jamais de prononcer un discours préparé de longue main, dangereux souvent, du moins pour les Gauches, superflu toujours. Il en avait d'interminables qu'il allongeait encore par la lenteur de sa diction. Il ne se dérangeait pas pour présenter des observations; il faisait des harangues, émaillées çà et là de pensées originales : « La République est comme le soleil, aveugle qui ne la voit pas. » Sa voix, où chantaient toutes les cigales du Midi, avait par instants des sonorités confuses; on voyait alors ses lèvres se contracter, il portait vivement la main à sa bouche et ses collègues souriaient : c'était le râtelier de M. Louis Blanc qui se décrochait. Se regardant comme le seul dépositaire des pures doctrines, il excommuniait impitoyablement tous les républicains qui ne pensaient pas comme lui. L'un d'eux l'a défini en trois mots : « Ambition et orgueil. »

M. Madier de Montjau ne fatiguait pas moins la tribune. Gambetta et la ploutocratie n'eurent pas d'adversaire plus implacable; mais Gambetta, qui avait des recettes pour apprivoiser les fauves, finit par l'enfermer dans la cage opportuniste. Avec sa longue barbe, sa chevelure emmêlée, ses yeux qui roulaient sous d'épais sourcils, sa voix sifflante, son poing qui martelait la tribune, ce vétéran du vieux jeu s'efforçait de paraître terrible; il n'était que redondant.

A Bordeaux, les bonapartistes étaient cinq, bien comptés; à Versailles, ils firent des recrues et formèrent, avec le temps, une petite troupe. Elle ne renfermait, M. Rouher mis à part, qu'un orateur, doublé d'un spécialiste, M. Magne. Les questions financières n'avaient pas de secrets pour lui quand il les étudiait et n'en avaient plus pour personne quand il les exposait dans une langue d'une limpidité cristalline.

M. Pouyer-Quertier ne faisait pas partie du groupe; mais il voisinait avec lui. Je le vois encore à la tribune, dans un de ces moments d'inspiration rapide où, fonçant droit devant lui, il bousculait les arguments, pulvérisait les statistiques, jonglait avec les millions, abattait du poing une lampe dont il assommait quelque sténographe et envoyait d'un revers de main le verre de porto sur un flâneur de l'hémicycle. L'air franc, la figure souriante, superbe de force et de santé, cet hercule normand eût tué d'une chiquenaude le bœuf qu'il était capable de dévorer d'un coup de dent. Avec son tempérament d'enfer, il semblait avoir été mis au monde pour l'action et le combat. Rien ne l'arrêtait, rien ne le trouvait une seconde hésitant. Tout, en lui, était désordonné; tout aussi était entraînant et coloré. Les arguments, les images, les chiffres se pressaient sur ses lèvres et s'en échappaient en tumulte. Il trouvait plus difficilement le mot qui résume et conclut; sur ce point, il ressemblait à Petit-Jean.

VIII

LE 24 MAI

Le 24 mai fut doublement une journée des dupes. M. Thiers qui, jusqu'au bout, crut à sa victoire, se vit contraint à se démettre. Parmi les vainqueurs, ceux qui comptaient sur le gouvernement de l'ordre moral pour relever les affaires du parti conservateur furent assez vite déçus; ceux qui voyaient dans un scrutin libérateur la préface d'une restauration le furent plus vite encore.

On a souvent avancé que les Droites avaient abattu M. Thiers uniquement pour relever le trône; elles voulaient surtout en finir avec Gambetta et partir en guerre contre ce péril social que M. le duc de Broglie dénonçait dans chacun de ses discours. Au Centre droit, notamment, de nombreux libéraux se résignaient à la République de fait et n'éprouvaient contre son président aucune hostilité systématique. Ils lui demandaient seulement de ne pas exiger le sacrifice immédiat et public de leurs espérances; ils réclamaient avant tout une action énergique contre les radicaux. Sur ce dernier point, ils ne transigeaient pas. Ils reprochaient au vieux parlementaire qu'était M. Thiers de violer une des lois essentielles du gouvernement représentatif, de prendre dans la minorité son point d'appui pour se rendre indépendant de la majorité. La droite modérée elle-même n'était pas, en totalité du moins, aussi ennemie qu'on aurait pu le supposer du provisoire. Elle y trouvait quelques avantages. Elle s'assurait par là le temps et se ménageait les moyens d'amener à composition le comte de Chambord, et, s'il persistait dans son intransigeance, la porte demeurait ouverte à quelque événement qu'on ne précisait pas.

M. Thiers a eu intérêt à dire et à répandre que des conspirateurs avaient voulu frapper d'un seul et même coup sa personne et la République; il semble néanmoins que sa politique fut surtout visée. On a également prétendu dans son entourage, après l'événement, qu'il s'était produit entre le chef du Pouvoir exécutif et les Droites un simple malentendu; que, si son message du 13 novembre l'accentua singulièrement, il n'y était pour rien et la mauvaise foi de ses adversaires y était pour tout ; qu'il se proposait ce jour-là, non, comme on feignit de le croire, de donner des gages aux républicains, mais de rompre avec les violents, de préparer le terrain à une majorité centrale. Si tels furent vraiment ses intentions et son but, il faut bien reconnaître que les plus clairvoyants et les plus habiles politiques sont sujets à l'erreur. Les deux Centres se tournèrent le dos, les trois fractions du parti républicain se soudèrent, les tronçons de la Droite s'unirent.

Cependant, même alors, les conservateurs, sous la pression des modérés, tentèrent une démarche pour éviter ou ajourner l'irrémédiable rupture et peut-être fut-il plus spirituel que juste d'y voir une autre manifestation des bonnets à poils. Un peu plus tard encore, à la veille du 24 mai, le centre droit offrit de maintenir son concours au président de la République s'il confiait à M. de Goulard le soin de constituer un ministère. M. Thiers aurait donc pu, en donnant aux conservateurs l'assurance et la preuve qu'il gouvernerait avec eux et pour eux, rester au pouvoir. Devait-il le faire? C'est une question qui prête aux controverses. Le pouvait-il? Assurément, car nul ne s'avisera de prétendre que ses opinions républicaines le lui interdisaient. La République, pour lui, était le moyen; sa présidence, le but.

Comme les dissentiments ou, si l'on veut, le malentendu, s'aggravaient sans cesse, la bataille devint inévitable; de part et d'autre, on s'y prépara.

Les Droites s'étaient insensiblement familiarisées avec l'éventualité d'une crise présidentielle et, au mois de mai 1873, M. Thiers retardait quand il répétait à tout venant ce qu'avaient dit avant lui César et le Balafré : « Ils n'oseraient. » Il avait si souvent offert sa démission et mis, parfois pour des vétilles, le marché à la main, qu'il avait bien fallu se précautionner d'un successeur. On avait songé au duc d'Aumale, au maréchal de Mac-Mahon, à M. Grévy, et le général Changarnier avait surtout pensé à lui-même. Le Centre droit poussait en avant le duc d'Aumale et la réunion Colbert l'acceptait. L'opposition irréductible des chevau-légers rompit tout. On eut beau dire que son élection serait une première et décisive étape vers la Monarchie; que, l'heure venue, il s'effacerait devant le roi, ils ne voulurent rien entendre. M. Thiers y gagna quelques semaines d'une sécurité excessivement précaire; mais peut-être cette trêve boiteuse et mal assise se fût-elle, malgré tout, prolongée, si le hasard n'avait mis fort inopinément un maître atout dans le jeu des conservateurs : l'élection de M. Buffet à la présidence de l'Assemblée nationale. Il est bien évident que l'issue de la bataille du 24 mai aurait pu être changée si M. Jules Grévy avait présidé cette séance historique.

Grand, incliné comme la tour de Pise, les pommettes saillantes, le menton énergique, le front opiniâtre, les yeux affectés de strabisme, — des yeux de lièvre apeuré et d'une douceur particulière, — le teint d'une pâleur presque cadavérique, noueux, épineux, rugueux, M. Buffet n'attirait guère. Pourtant, lorsqu'un sourire s'ébauchait sur sa lèvre hautaine, cette figure froide, sévère, s'illuminait d'un fugitif rayon et l'on y démêlait, pendant une minute, de la bonté, un certain charme. Ce ne fut guère toutefois sous ce jour qu'on s'habitua à le voir et à le juger : « On me trouve incommode », disait-il souvent ; il l'était presque toujours, et difficultueux, et de rupture prompte. Sa voix coupante ne modifiait pas cette impression ; ferme, pénétrante aussi, elle martelait chaque mot et l'enfonçait dans l'oreille. Esprit net avec, dans le caractère, une pointe d'indécision, il avait des vues exactes plutôt que larges, de l'opiniâtreté et une raideur qui n'excluait pas complètement la souplesse. Au demeurant, l'extérieur était peu aimable et l'abord peu engageant (1).

(1) M. Thiers, très enclin à se montrer injuste envers ceux dont il avait ou croyait avoir lieu de se plaindre, disait un jour au prince de

Lorsqu'on vit pour la première fois ce président imperturbable vêtu d'un habit noir et cravaté de blanc, la correction de cette tenue, qui contrastait si singulièrement avec le laisser-aller de M. Grévy, provoqua les quolibets de ses adversaires; elle parut même causer quelque surprise à ses amis. Les uns et les autres finirent cependant par s'y faire et tous ses successeurs ont endossé cet uniforme. Comme il parla de son « impartialité vraie », on le railla encore, et chaque fois que l'occasion s'offrit de noter un certain écart entre cette promesse et ses actes, les Gauches le soulignèrent avec une persistante ironie. On a pu se convaincre depuis que l'impartialité d'un président, quelque bonne volonté qu'il y mette, est essentiellement relative.

Au fauteuil, ce doctrinaire attardé s'imposa comme le maitre des maitres; mais il s'y révéla également comme un majestueux « ficelier » et ne négligea aucun des petits moyens qui permettent de s'emparer d'une Assemblée. Chaque matin, il relisait méthodiquement quelques articles du règlement pour bien s'en pénétrer et en extraire tous les moyens qu'il fournit à un chicanier habile

Hohenlohe : « Dieu me garde de prétendre que M. Buffet est un sot; mais on peut être un homme d'esprit et un sot en politique. M. Buffet en est un. »

de faire prévaloir sa volonté. Nul ne tira de ce code présidentiel d'aussi nombreuses ressources.

La commission de permanence parut avoir le sentiment ou le pressentiment de ce qu'on pouvait entreprendre avec un pareil auxiliaire lorsque, le 5 mai, elle décréta une interpellation sur la politique générale du Gouvernement.

L'élection de M. Barodet en fut moins la cause que l'occasion et le prétexte (1).

M. de Rémusat, ministre et ami du président de la République, investi par M. Thiers de la candidature officielle dans une entrevue avec les maires de Paris, patronné d'abord, ensuite abandonné et combattu par Gambetta (2) lorsque les électeurs montrèrent trop les dents, fut battu par M. Barodet, qui l'emporta avec une majorité de 45 mille voix.

Ancien maître d'école, ancien agent d'assu-

(1) La veille du scrutin, M. Thiers donnait comme certaine la victoire de son candidat et s'emportait contre les incrédules, leur reprochant de méconnaitre le bon sens et le patriotisme des Parisiens. C'était exactement ce que devait croire et dire, à une époque plus rapprochée de nous, le président du conseil M. Floquet, dix minutes avant le triomphe du général Boulanger. Au moment où son nom sortait victorieux des urnes, l'autre annonçait encore l'inévitable succès du « pauvre Jacques ».

(2) On lui demandait : « Votre queue suivra-t-elle et, en cas de refus, vous déciderez-vous enfin à la couper ? » Il répond, it en riant : « Je lui mettrai une cravate blanche et nous irons ensemble dans le monde. »

rances, ancien teneur de livres, celui-ci demandait au courtage des vins de modestes et intermittentes ressources lorsque les radicaux allèrent le prendre par la main pour l'improviser grand homme. Il l'était dans une certaine mesure puisque, à la première attaque, il prit Paris d'assaut et n'eut qu'à se montrer pour entrer par la brèche dans une capitale qui se refusa longtemps à Henri IV. M. Thiers expliqua en vain aux Parisiens que, s'ils capitulaient devant M. Barodet, les chevaux des uhlans viendraient une fois encore brouter le gazon des Champs-Élysées; les Parisiens capitulèrent, probablement séduits par la noble prestance de cet homme brun qui se coiffait d'un chapeau aux larges ailes et auquel ses partisans trouvaient un air de profondeur. Le 24 mai sortit tout armé de la leçon que cet ancien maire central de Lyon et les électeurs de Paris, conspirant ensemble, donnèrent au pouvoir (1).

Un plan de campagne fut d'abord esquissé par les chefs de la Droite dans une série de réunions

(1) M. Barodet parut un peu étonné et même écrasé de sa grande victoire. Une subite modestie l'aidant à comprendre que cette Assemblée nationale, où un coup de vent populaire venait de le pousser, n'aurait pas la patience d'écouter les catéchismes des faubourgs lyonnais, il rentra spontanément dans l'ombre. Enfin, après deux ans de stage silencieux, il prononça un petit discours qui ne produisit aucun effet et, de nouveau, se terra.

tenues chez M. le duc de Broglie et le général Changarnier; puis, définitivement arrêté par le Comité des Six (1), sorte de conseil de guerre qui délibérait, rue Abbatucci, chez M. Anisson-Duperron.

Cependant, M. le duc d'Audiffret-Pasquier et M. le duc Decazes offraient la présidence de la République au duc d'Aumale. Il sembla l'accepter avec plus de résignation que d'enthousiasme, prévoyant que sa candidature échouerait contre l'opposition des ultras. M. le duc de Broglie, qui le prévoyait aussi, conseillait de choisir un officier supérieur absolument sûr, sans attache trop particulière avec une des fractions du parti conservateur et ne rencontrant d'hostilité nulle part dans les Droites. Visiblement, ses préférences allaient au maréchal de Mac-Mahon; à son défaut, il eût accepté le maréchal Baraguay-d'Hilliers. Il écartait le général Changarnier à cause de son grand âge. Il était né en 1793; mais le maréchal Baraguay-d'Hilliers remontant à 1795, il était difficile de voir, dans ce motif d'exclusion, autre chose qu'un prétexte.

Les délégués des Droites se réunirent, le di-

____

(1) Il se composait de MM. le général Changarnier, président, le duc de Broglie, Batbie, Baragnon, Pradié et Amédée Lefèvre-Pontalis.

manche 18 mai, chez M. le duc de Broglie, pour prendre les dernières dispositions et assigner à chacun son poste de combat. Violemment combattue par M. Lucien Brun, la candidature du duc d'Aumale fut ardemment soutenue par M. le duc d'Audiffret-Pasquier et la discussion s'envenima au point que l'accord parut près de se rompre. Alors, M. le duc de Broglie intervint. Il déclara que, si l'entente n'était pas complète, il refuserait de prendre la parole. Cette entente ne pouvant s'établir sur le nom du duc d'Aumale, il fallait la faire sur le nom du maréchal de Mac-Mahon. M. Lambert de Sainte-Croix proposa un expédient qui fut écarté; on n'insista plus pour la candidature du duc d'Aumale et celle du maréchal fut acclamée.

L'importance que prit ce jour-là M. le duc de Broglie, celle, plus grande encore, qu'il devait prendre le 23 mai, la longue et persistante faveur dont il jouit ou parut jouir auprès du maréchal de Mac-Mahon, inclinaient naturellement le public et l'Assemblée à voir en lui le véritable et presque le seul destructeur de M. Thiers. Ses amis lui attribuèrent tout l'honneur et ses adversaires toute la responsabilité du 24 mai. Toutefois, ceux qui passaient pour connaître ce que bien peu soupçonnaient seulement, laissèrent entendre qu'une

main mystérieuse avait tenu les fils, qu'une influence secrète s'était exercée avec beaucoup de
discrétion et beaucoup de force; ils insinuaient en
un mot que, malgré les apparences, M. le duc de
Broglie n'avait été qu'un instrument.

Ces révélations faites dans un petit cercle pa-
raissent être confirmées par la note suivante,
écrite, en 1878, immédiatement après un entretien à Alger avec le cardinal de Lavigerie :

« En réalité, c'est Mgr Dupanloup qui a fait le
24 mai. Quinze jours avant la chute de M. Thiers,
il préparait le futur ministère. Il m'a écrit, à ce
propos, une lettre, à laquelle je n'ai pas cru devoir
répondre, pour me demander des renseignements
sur divers généraux auxquels on songeait pour le
portefeuille de la Guerre. Le 24 mai a été un coup
du catholicisme libéral en vue de la fusion. Le
meneur de Mgr Dupanloup et des autres était
M. de Falloux, avec lequel il avait des liens
secrets et qui se montrait un des plus ardents.

« Mgr Dupanloup a déterminé, en outre, l'aventure du 16 mai, en compagnie de M. de Falloux.
C'était la seule personne qui eût de l'influence à
l'Élysée. Ce fut lui qui, avec beaucoup de peine,
fit accepter M. le duc de Broglie. Il est bien difficile de considérer comme vrai tout ce qu'on a dit
de l'influence personnelle de ce dernier; du moins,

Mme la maréchale de Mac-Mahon a écrit souvent le contraire à ses amies d'Algérie et ses lettres ont été communiquées à un grand nombre de personnes.

« Comme le seul mérite du maréchal de Mac-Mahon consistait à être un excellent cavalier, les gens du 24 mai se persuadèrent qu'il serait un mannequin; mais il est d'un entêtement exceptionnel depuis une question de gouvernement jusqu'à une question de domestique. Il se conduit avec ses idées comme on dit qu'il faudrait se conduire avec ses amis : en avoir très peu et les bien garder. »

*

La déclaration de guerre est du 19 mai 1873. La Chambre reprenait ce jour-là ses travaux et tous les députés, sauf une vingtaine empêchés ou malades, étaient présents. La Droite et la Gauche, pendant les heures qui précédèrent la rentrée, avaient battu le rappel, envoyé partout des télégrammes pour recommander l'exactitude à tous. Le président donna lecture d'une demande d'interpellation signée par 320 membres de la Droite; M. Dufaure déposa un projet de loi relatif à l'organisation des pouvoirs publics, un autre portant création d'une seconde Chambre, dont l'Assemblée nationale refusa de prendre connaissance.

La bataille s'engagea le vendredi 23 mai.

Devant la porte de la cour du Maroc, la foule, déjà énorme avant l'ouverture de la séance, grossissait d'heure en heure malgré de persistantes averses. Elle entourait, interrogeait tous ceux qui sortaient du palais et recueillait ainsi, de loin en loin, quelques bribes de discours. Les porteurs de dépêches lui jetaient, en courant, de brèves et vagues informations.

Dans la galerie des tombeaux, l'animation était grande. Ceux qui arrivaient de la préfecture en rapportaient des bulletins de victoire; ceux qui prenaient leurs renseignements auprès du grand état-major des Droites avaient des mines de triomphateurs. Les stratégistes prônaient des tactiques diverses; la question des ordres du jour prenait une importance extraordinaire.

Dès une heure et demie, les tribunes, les loges du public furent envahies par une cohue brillante. On apercevait çà et là : MMmes la maréchale de Mac-Mahon, de la Rochefoucauld-Bisaccia, de Raimneville, d'Harcourt, Buffet, Casimir Perier, Johnston, de Castellane, de Moltke, MM. Odilon Barrot, Legouvé, Jérôme David, le maréchal de Mac-Mahon, Stéphen Liégard, de Kératry, Estancelin. Tous les diplomates assistaient à la séance; le nonce du Pape et le prince Orloff arrivèrent les premiers. Dans la tribune du président de la République, Mme Thiers, Mlle Dosne, la princesse Troubetskoï.

A 2 heures 10 minutes, les membres du cabinet vinrent occuper leurs banquettes; M. Thiers entra derrière eux. En le voyant, M. Barthélemy Saint-Hilaire, qu'un de ses collègues agaçait avec son pessimisme, répondit à ce trembleur, assez haut pour être entendu de ses voisins : « Mais regardez donc M. Thiers! A-t-il l'air et l'allure d'un homme inquiet? »

Les membres de la Droite s'étonnaient de la présence du maréchal de Mac-Mahon. Elle eût été inexplicable si ceux qui s'apprêtaient à en faire un président de la République l'avaient mis dans la confidence; mais il ne connaissait que fort peu de chose de leurs projets et, à l'instant même où il était l'objet d'une curiosité que, du reste, il ne remarqua guère, il donnait à Mme Dufaure ce conseil : « Que votre mari parle, et tout ira bien; mais que M. Thiers se taise, il brouillerait tout. » Vers la fin de la séance, on l'engagea discrètement à se retirer. Le maréchal manifesta une certaine surprise, demanda des explications et on lui en donna; mais avec tant de réserve, qu'elles lui parurent inintelligibles. Puis, de guerre lasse, il sortit.

Le débat, sauf pendant les dernières minutes, ne fut troublé par aucun incident. M. le duc de Broglie attaqua; M. Dufaure essaya de parer.

M. le duc de Broglie n'était pas attirant. Il a écrit lui-même, à propos de son aïeul le confident de Louis XV : « Les de Broglie étaient plus remarquables par les grandes qualités de l'esprit et du cœur que par la souplesse et la grâce, plus vertueux que sympathiques, plus convaincus que persuasifs, plus austères qu'aimables, plus imposants qu'attrayants, plus respectables qu'agréables. » Et Lamartine disait de son père : « C'est un bon esprit... faux. » L'adversaire de M. Thiers se recommandait véritablement par toutes les qualités et même les vertus de sa race; il en avait aussi les imperfections et les travers.

Son visage et toute sa personne, gourmée, raide et comme hérissée de piquants, prévenaient en sa défaveur. Le front bombé, chauve, faisant saillie, écrasait la figure simplement ébauchée, qu'éclairaient toutefois et animaient des yeux très noirs et très actifs. Sous les soies courtes d'un brin de moustache, la bouche était tordue par un sourire laborieux, crispé et, si l'on peut ainsi dire, vinaigré. Des tics nerveux ébranlaient la tête, repliaient les doigts, remuaient les épaules, donnaient à ses moindres gestes quelque chose de brusque, de saccadé. La voix, avec des grincements bizarres, des hoquets, de courts et subits étouffements, déconcertait, agaçait. M. le duc de Broglie parlait comme d'autres se gargarisent.

Même lorsqu'il voulait être aimable et s'efforçait de séduire, il blessait et l'on attendait toujours à la fin de ses phrases les plus courtoises, le hautain : « Est-ce clair? » de son père. Aussi ne fut-il jamais populaire, même dans son propre parti, et la Chambre, qu'il entraînait souvent, le suivait de mauvaise grâce; il l'énervait, il l'irritait.

Eh bien! cet homme, qui passait pour fier et dédaigneux, était pourtant un timide. Très loyal, on l'accusa de duplicité. Bienveillant et désireux de plaire, on le crut plein de morgue : « Vous blesseriez tout le monde », lui disait le maréchal de Mac-Mahon pour le dissuader de prendre le portefeuille de l'intérieur. Sans doute, il eût mécontenté, il eût blessé, avec le sincère parti pris de satisfaire. De là, cette opposition qu'il rencontra partout et contre laquelle il vint se briser. Gambetta, témoin de l'entrain que déployaient les royalistes pour ébranler son influence, détruire son autorité, le contraindre à la retraite, disait un jour : « Sont-ils bêtes! Ils n'ont qu'un homme et ils le démolissent! » Mais les conservateurs n'ont le monopole ni de la bêtise, ni de l'ingratitude et Gambetta lui-même devait être démoli à son tour par son propre parti.

D'une intelligence vaste et haute, M. le duc de Broglie était, par instinct, par goût, par tradition de famille, un libéral; il est demeuré le type accompli du réactionnaire impénitent et ce n'était pas seulement le peuple qui ne faisait presque aucune différence entre Polignac et lui. Pris dans l'engrenage, obligé souvent de suivre ceux qu'il prétendait diriger, poussé par eux, il lui fallut tolérer, défendre même, des mesures qu'il réprouvait, une politique dont il distinguait les périls, des doctrines qu'il jugeait, avec raison, funestes. On a cru qu'il attisait, excitait les passions de la Droite, alors qu'il fit de louables mais inutiles efforts pour les modérer un peu. Plus vigoureux dans le discours que dans l'action, il se persuadait facilement qu'il suffisait de dire : « mon courage grandira avec le péril », pour conjurer ce péril. L'ayant dit, il estimait avoir rempli tout son devoir et s'en remettait aux dieux.

Tacticien de premier ordre, il se plaisait, s'attardait aux négociations, aux combinaisons des couloirs et des groupes, y déployait les infinies ressources de sa diplomatie et cette partie d'échecs le passionnait.

Bien souvent, j'ai entendu prétendre que M. le duc de Broglie avait tous les dons de l'orateur, sauf la voix, et qu'il avait su faire accepter, à force de talent, cette imperfection capitale; on exagérait. Il avait seulement des parties d'éloquence et quand il promenait son ironie dans une de ces périodes artistement travaillées dont chaque mot portait et touchait, les plus réfractaires admiraient même ce qu'ils n'avaient pas entendu. Il avait aussi de la vigueur dans la pensée et, par intermittences, dans le style; mais ses discours, d'ordinaire, donnaient l'impression d'articles de revue péniblement écrits, raturés, cent fois remis sur le métier.

Il fut impopulaire, nous l'avons constaté; il ne pouvait pas en être autrement, car il existait une incompatibilité absolue entre cet homme d'État qui s'était formé dans un petit cercle jaloux de penser à part, qui avait grandi sur le canapé des doctrinaires, et le suffrage universel.

Il a dit un jour : « Je suis né pour faire les affaires de mon pays. » Il a fait le 24 mai et le 16 mai; qu'en a-t-il fait?

M. Dufaure n'était pas, lui non plus, l'homme des foules et s'il s'accommodait mieux du suffrage universel, il aurait rougi de flagorner le charcutier

Agoracrite. Il avait même un penchant très accentué à prendre avec du vinaigre ces mouches parlementaires qui aiment mieux le miel.

Lorsqu'il montait à la tribune au milieu d'un débat interminable et confus, le président Dupin manquait rarement de dire : « La discussion va commencer. » Elle se trouva souvent terminée aussi, car son coup de boutoir achevait l'adversaire que son irréfutable dialectique avait décousu.

Nul, mieux que lui, n'enfonçait d'une main plus sûre le trait au bon endroit, ne savait saisir le joint, déshabiller un prétexte, désarticuler un mensonge. Presque toujours bourru, parfois hargneux, il le prenait de haut avec ceux qui le provoquaient et aussi avec les autres. Quand on ne l'agaçait pas, cet orateur, également terrible à l'attaque et à la riposte, avait une argumentation serrée, pressante, rapide et parlait une langue forte, incisive, précise, claire, où l'on retrouvait un écho à peine affaibli des *Provinciales* (1).

(1) Un tel orateur avait sa place désignée et comme retenue d'avance à l'Académie. En 1863, il y succéda à M. le duc Pasquier. Déjà, l'année précédente, il s'était mis sur les rangs ; mais, ce qui pourra surprendre, pour le fauteuil de Scribe. M. Edmond Rousse écrivait à ce propos : « Il étudie le dossier, c'est-à-dire les vingt ou trente volumes du petit français que tu connais. Il chante les couplets dans le silence du cabinet avec cette voix de mirliton qui remplace le petit fausset de Jenny Vertpré ou la larmoyante mélopée de Léontine Fay. »

Avec une petite phrase, il abattait un homme. M. Target en fit désagréablement l'expérience lorsque, dans cette grande bataille du 24 mai où son vote, plus que son éloquence, fut décisif, M. Dufaure parla de son « discours considérable » qui avait tout juste duré cinq minutes. Et aussi M. Bertauld. Celui-ci, critiquant un projet du ministère, se déclara attristé de ce désaccord avec M. Thiers, dont il se proclamait l'ami. Le Garde des Sceaux, à qui incombait le soin de réfuter cet opposant malgré lui, débuta en ces termes : « Je suis fâché d'avoir à combattre l'ami attristé de M. Thiers. » Dans une autre circonstance, la Gauche lui criant de ne pas répondre aux interrupteurs de la Droite, il répondit tout de même : « Je ne dédaigne pas les interruptions ; elles sont quelquefois l'expression irréfléchie d'une pensée profonde. » Dans la bouche de ce pince-sans-rire un peu sournois et qui ne souriait jamais, ces malices, soulignées par une voix nasillarde et un accent traînard, produisaient un effet irrésistible.

Même dans ses meilleurs moments, M. Dufaure conservait un air de mauvais coucheur très prononcé. Il avait précisément cet air-là lorsque, le buste vacillant, la tête dans les épaules, il roulait vers la tribune, en gravissait lourdement les marches, s'y installait solidement avec l'attitude engageante d'un solitaire qui s'apprête à éventrer les chiens (1). Son extérieur rappelait le paysan du Danube. L'art du tailleur ne l'atténuait pas. Le sien, du reste, était détestable; il lui confectionnait des gilets qui remontaient, des pantalons qui aspiraient à descendre. Ils ne parvinrent jamais à se rejoindre et c'était un passe-temps pour la galerie de le regarder, à la tribune, s'épuiser en d'inutiles tentatives dans le but de raccourcir les distances. Autour du cou, s'enroulait une cravate énorme qui se déplaçait sans cesse.

On disait de M. Dufaure, à Versailles : « Ses idées sont centre gauche et ses sympathies centre droit. » Aussi M. Thiers s'adressait-il à lui pour désarmer et ramener les royalistes dont, dans une certaine mesure, il avait l'oreille. Comme il éprouvait, à l'encontre des radicaux, le contraire de la tendresse, pour calmer la Droite, il mettait l'extrême Gauche en fureur.

C'était un des derniers survivants de cette race de bourgeois parlementaires dont M. Royer-Col-

(1) Il éprouvait, au moment de se risquer entre ces quatre planches d'où l'on parle aux hommes réunis, une terreur dont il ne s'affranchit jamais. Pour s'interdire toute velléité et tout moyen de retraite, il lançait, du milieu même de l'hémicycle, le retentissant « messieurs » qui commençait tous ses discours. Comme M. Thiers, M. Guizot, M. le duc de Broglie, et, de nos jours, M. Ribot, il ne prenait pas la parole sans une absolue nécessité, tant il redoutait cette douloureuse sellette.

lard reste le type le plus accompli. Républicain, mais surtout conservateur et profondément catholique, d'une inattaquable probité, de mœurs austères, il vivait comme replié sur lui-même et se répandait peu au dehors (1).

Il avait des passions politiques qu'il dominait et dirigeait; mais aucun parti, aucun homme, pas même M. Thiers, ne domina ni ne dirigea M. Dufaure. Seul contre tous, dans le conseil, il défendait son opinion avec une fermeté inébranlable, s'obstinait, se butait. Quand on exigeait de lui la disgrâce d'un magistrat méritant soupçonné de bonapartisme, il répondait à toutes les sollicitations, aux plus pressantes prières : « non, monsieur le président », et lorsqu'il avait dit non, d'une certaine façon, avec un certain accent, chacun se rendait compte qu'il était inutile d'insister davantage.

Très capable de se faire craindre, car il se souciait peu de déplaire et même de blesser, il l'était beaucoup moins d'attacher solidement une majorité à sa fortune, de se créer une clientèle, un parti. Il n'était pas dépourvu d'une certaine souplesse;

____

(1) M. Dufaure se couchait de très bonne heure, même les soirs de réceptions officielles, et se levait avant le jour. Bâtonnier de l'ordre des avocats, il acceptait les invitations qu'il refusa comme ministre; mais il arrivait au moment où la plupart des invités se retiraient pour se mettre au lit. Il venait de sortir du sien pour se rendre au bal.

mais le liant manquait. Il dédaignait l'art de dorer la pilule, d'esquiver ceci ou cela, de glisser sur certaines délicatesses, de ne pas appuyer sur certaines fibres.

Ses vues étaient justes, mais courtes. Il manquait aussi d'idées générales, et cela faisait dire à M. Thiers : « Oui, c'est un excellent Garde des Sceaux ; mais ce ne sera jamais un bon président du Conseil : il ignore dans quelle direction coule le Danube. »

Plusieurs fois ministre, — avec le maréchal Soult, le général Cavaignac, M. Odilon Barrot et M. Thiers, — il demeura, sous des régimes et dans des cabinets très différents, l'homme d'une seule opinion.

La Droite écouta en silence le discours de M. le duc de Broglie, prêta peu d'attention à celui de M. Dufaure et, à peine eut-il terminé, cria avec ensemble : « Aux voix ! La clôture ! » Elle allait être votée, lorsque M. Thiers fit remettre au président un message. Il réclamait son droit d'intervenir dans la discussion : « Droit, disait-il, que la loi me confère et que la raison seule suffirait à m'assurer si la loi n'existait pas. » Il se produisit un léger tumulte, inexplicable d'ailleurs, et comme on proposait d'entendre tout de suite le président de la République, M. Thiers prononça ces deux mots : « Je demande... » Il s'éleva aussitôt un grand cri : « La loi! La loi! Vous ne pouvez pas parler! » Et l'on renvoya au lendemain matin la suite du débat.

La séance fut levée à quatre heures et demie. Lorsque le train parlementaire entra dans la gare Saint-Lazare, des milliers de curieux l'avaient envahie et, pour couper court aux manifestations, les députés sortirent par la rue d'Amsterdam.

**

Le 24 mai, M. Thiers prit la parole à neuf heures quinze et la garda jusqu'à onze heures. Un peu pâle, très ému, mais parfaitement maître de soi, il prononça un discours que les Gauches seules applaudirent. Le reste de la Chambre observa un silence écrasant. Les Droites s'interdirent toute interruption et, jusqu'au bout, demeurèrent impassibles. L'apostrophe au duc de Broglie : « Vous serez le protégé de l'Empire » ne provoqua chez elles ni une protestation ni un murmure. Mais aussitôt que M. Thiers eut quitté la tribune, une longue agitation succéda brusquement à cette indifférence affectée.

Dans les deux camps, on manifestait une égale impatience d'en venir aux mains. Il fallut cependant ajourner un peu le corps à corps décisif, car la loi était formelle : après l'audition du président de la République, la séance devait être levée et la discussion ne pouvait être reprise que hors sa présence. On se sépara à onze heures quarante, en s'ajournant à deux heures.

La bataille demeurait encore incertaine. Peut-être, car l'ordre du jour Ernoul n'obtint que seize voix de majorité, le chef du Pouvoir exécutif aurait-il pu, par un nouvel effort, faire pencher la balance en sa faveur si cette loi du 13 mars 1873, qu'il traitait de chinoiserie, n'avait fait une obligation à l'Assemblée nationale de délibérer et de voter, lui absent. Dans l'intervalle qui s'écoula entre la séance du matin et celle du soir, M. Thiers se rendit chez le président de la Chambre et lui demanda de faire fléchir l'inflexible rigueur de cette procédure : « C'est impossible, répondit M. Buffet ; mon devoir m'impose l'obligation d'appliquer scrupuleusement la loi. » Alors s'engagea, entre ces deux hommes, un dialogue bref et serré qui ressemblait à un cliquetis de fleurets : « Si je me présente comme député, m'interdirez-vous l'entrée de la Chambre ? — En aucune façon ; mais, aussi longtemps que vous demeurerez dans la salle, je n'ouvrirai pas la séance. — Et si l'Assemblée désire m'entendre ? — La séance n'étant point ouverte, je ne la consulterai même pas. — Et si je prends place dans la tribune présidentielle? — Je ferai immédiatement évacuer toutes les tribunes. » Comprenant qu'il n'obtiendrait rien, convaincu qu'il se heurtait à une résolution inébranlable et préméditée, à une hostilité définitive, M. Thiers se retira.

La seconde séance venait à peine de s'ouvrir, lorsque M. Bertauld demanda la parole; mais on ne voulait entendre ni lui ni aucun autre, on voulait en finir et, sur tous les bancs de la Droite, on réclama la clôture. Ce fut à peine si on laissa parler M. Casimir Perier qui venait défendre la politique du ministère et chaque fois qu'il faisait suivre le nom de M. Thiers de ces mots : « président de la République », une sourde protestation montait des mêmes banquettes.

M. Ernoul déposa son ordre du jour (1) et l'on vit se diriger vers la tribune M. Target. Comme il passait pour l'ami de M. Thiers, la Gauche salua

(1) « L'Assemblée nationale, considérant que la forme du gouvernement n'est pas en discussion; que l'Assemblée est saisie de lois constitutionnelles présentées en vertu d'une de ses décisions et qu'elle doit examiner; mais que, dès aujourd'hui, il importe de rassurer le pays en faisant prévaloir dans le gouvernement une politique résolument conservatrice; regrette que les récentes modifications ministérielles n'aient pas donné aux intérêts conservateurs la satisfaction qu'ils avaient le droit d'attendre, et passe à l'ordre du jour. »

d'une sympathique rumeur ce Grouchy arrivant à l'heure décisive; c'était Blucher. En peu de mots, sourd aux interruptions désobligeantes, insensible aux clameurs, il déclara que ses amis et lui-même se ralliaient à l'ordre du jour Ernoul.

C'était la fin. Quelques apostrophes éclataient encore çà et là. M. Denormandie demanda l'ordre du jour pur et simple; MM. Broët et Antonin Lefèvre-Pontalis réclamèrent un vote de confiance; ils furent battus au milieu d'un indescriptible tumulte et M. Ernoul l'emporta par 360 voix contre 344.

La défaite de M. Thiers ne pouvait faire aucun doute; elle était dans les intentions, dans les volontés, dans les faits. Cependant, le texte de l'ordre du jour pouvait, à la rigueur, prêter à l'équivoque et permettre au président de la République de rester avec d'autres ministres, un autre programme. Bien qu'il fût absolument invraisemblable que M. Thiers consentît à une telle diminution de son autorité, que l'amour du pouvoir pût l'emporter à ce point sur sa fierté, sur tout ce qu'il se devait à lui-même, sur sa légitime préoccupation de la figure qu'il ferait dans l'histoire, les Droites le poussèrent l'épée dans les reins. M. Baragnon, qui ignorait l'art des nuances, qui croyait toujours frapper juste en frappant fort et ne mesurait pas assez ce que des adversaires eux-mêmes doivent d'égards à un homme vraiment supérieur, surtout lorsqu'il vient de rendre à son pays d'éclatants services, somma, non sans quelque brutalité, le Gouvernement de faire connaître sur l'heure ses intentions. M. Dufaure lui opposa une réponse hautaine et la Chambre s'ajourna à huit heures. — « Et que ferons-nous? demanda M. Arago. Nous n'avons pas d'ordre du jour. Serait-ce donc uniquement pour mettre M. Thiers en demeure de s'en aller? » Sa question resta sans réponse; mais c'était bien là, en effet, ce que voulaient les vainqueurs.

Les ministres se rendirent immédiatement à la préfecture où M. Thiers les attendait. Aux premiers mots, qu'il comprit tout de travers, il s'écria : « Seize voix, c'est peu; cependant, avec cela, on gouverne. » Et il fallut le tirer de son erreur.

Au même instant, les bureaux des groupes de Droite se réunissaient sous la présidence du général Changarnier. Le bruit ayant couru que M. Thiers inclinait à garder le Pouvoir avec un ministère de Goulard, on dépêcha immédiatement à ce dernier M. le comte Daru pour lui signifier que les conservateurs seraient unanimes à le désavouer, à le combattre, qu'il aurait contre lui cette même majorité qui, peu de minutes auparavant, avait renversé le président de la République. M. de Goulard répondit qu'il n'avait entendu parler de rien de semblable; qu'au surplus on lui faisait injure en le supposant capable de se compromettre dans une entreprise aussi hasardeuse. Mais il restait à accomplir une mission bien autrement délicate.

De tous les membres des bureaux, le général Changarnier était le seul à ignorer encore que le maréchal de Mac-Mahon était le successeur désigné de M. Thiers. Bien plus, il estimait que son passé glorieux, son rôle dans l'Assemblée, les services rendus à son parti, l'imposaient pour cette haute fonction. Il fallait le faire revenir de là et nul ne se souciait de désobliger à ce point un aussi galant homme. M. Baragnon, qui avait tous les courages, s'offrit. Lorsqu'il revint après un court entretien avec le général, on l'interrogea anxieusement du regard : « Il est d'un désintéressement admirable! — Nous sommes tous désintéressés », déclara froidement M. Batbie. Le général Changarnier tombait de haut; il se releva et, sans rien laisser paraitre de ses ressentiments secrets : « Je veux, dit-il, être le premier à proposer et à proclamer le nom du maréchal de Mac-Mahon. » Mais, en quittant ses amis, il croisa Gambetta dans un couloir et toute la bile qui s'était amassée en lui monta à ses lèvres : « Savez-vous ce qu'ils viennent de faire ? Ils viennent de choisir, dans toute l'armée française, le plus incapable de ses soldats pour en faire un président de la République. — Ah! grand Dieu! Et qui donc ? — Le maréchal de Mac-Mahon. — Vous exagérez. »

L'Assemblée nationale se réunit de nouveau à huit heures trois quarts. Les députés gagnèrent lentement leurs places et le silence fut long à s'établir. La lettre de démission envoyée par M. Thiers au président ne provoqua aucune démonstration; mais lorsque M. Buffet crut devoir prononcer l'éloge du vaincu, sa voix fut aussitôt couverte par les cris de la Gauche : « Je suis bien certain d'être l'interprète... » Il ne put pas aller plus loin. Les républicains, l'apostrophant, le menaçant du geste, refusèrent d'entendre ce panégyrique où ils croyaient découvrir une blessante ironie. Pâle, résolu, le président, vingt fois, recommença sa phrase; vingt fois, il lui fut impossible de l'achever. Enfin, comprenant qu'il n'aurait pas raison de ces fureurs déchaînées, il se borna à dire : « Le compte rendu officiel insérera mes protestations contre la violence de la minorité. » Racontant plus tard cette scène, Gambetta déclarait : « Nous avions beau protester, crier, hurler, menacer, il n'en fut pas démonté un seul instant. C'était un homme! » C'était aussi un caractère,

bien que, parfois, un caractère quelque peu difficile.

Le maréchal de Mac-Mahon obtint 390 voix,
sur 391 votants et 721 députés présents; tous les
républicains s'abstinrent, à l'exception de M. Laurier qui donna son bulletin à M. Jules Grévy.

Une délégation de la Chambre, conduite par
M. Buffet, se rendit immédiatement auprès du
maréchal Mac-Mahon qui habitait, rue de Gra-
velles, l'hôtel du Commandement. Il venait de se
rendre auprès de M. Thiers, résolu à s'en remettre
à lui de sa décision. Celui-ci, très nerveux, lui
répondit sèchement : « Vous êtes seul juge » ou,
selon une autre version que je crois la vraie :
« Maréchal, je vous ai souvent donné des ordres;
jamais un conseil. » Le maréchal de Mac-Mahon
insista : « Si vous me promettez de retirer votre
démission, je refuserai. » M. Thiers s'emporta :
« Je n'ai jamais joué la comédie, je ne jouerai pas
celle-là. »

Revenu à l'hôtel du Commandement, le maréchal eut, avec les délégués, une entrevue qui se
prolongea pendant près d'une demi-heure et il
fallut toute la pressante éloquence de M. Buffet
pour vaincre ses hésitations.

Reprise à minuit moins un quart, la séance dura
tout juste cinq minutes et lorsque la lettre d'accep-

tation du maréchal arriva au palais, il ne s'y trouvait plus personne pour la recevoir.

Malgré l'heure avancée, un millier de curieux étaient encore massés devant la cour du Maroc; ils accueillirent les députés par des cris de : « Vive la République! Vive M. Thiers! »

A Paris, pendant toute la soirée, une foule agitée, par instants tumultueuse, encombra les boulevards et envahit les abords de la gare Saint-Lazare. Partout, l'animation était extrême; elle grandit vers onze heures lorsque le bruit se répandit que la présidence de la République venait d'être offerte au maréchal de Mac-Mahon et là, comme à Versailles, on cria : « Vive M. Thiers! Vive la République! » A une heure et demie, il n'y avait presque plus personne, ni sur les boulevards, ni aux alentours de la gare Saint-Lazare; mais les quelques noctambules qu'on y rencontrait encore manifestaient toujours (1).

(1) Pendant toute la durée de sa présidence, M. Thiers ne fut jamais populaire à Paris. Il le devint dès l'instant même de sa chute et sa popularité fut surtout faite de l'impopularité des hommes du 24 mai. Crier : Vive Thiers! c'était alors, pour ces Parisiens qui venaient cependant de le renverser en élisant leur Barodet, exactement la même chose que s'ils eussent crié : à bas de Broglie! ou à bas Mac-Mahon! Enfin, le maréchal eut, lui aussi, son heure de popularité le jour où la Chambre renversa M. Jules Ferry. Reconnu au moment où il sortait du Palais-Bourbon, la foule, qui hurlait : « A l'eau le Tonkinois! » l'acclama.

Pendant toute la matinée du lendemain, il y eut, à la préfecture de Versailles, un interminable défilé de tous les membres de la Gauche. Les premiers arrivés trouvèrent M. Thiers abattu et cet homme qui, la veille, rassurait ses amis, étonnait ses adversaires par sa vivacité, son ardeur, semblait avoir subitement vieilli. Ce ne fut qu'une courte défaillance. Se levant de son fauteuil, allant de l'un à l'autre, se soulageant et se vengeant avec des épigrammes, il raffermit les courages par sa certitude d'une revanche prochaine : on ne tarderait guère, affirmait-il, à se convaincre qu'il était impossible de gouverner sans lui et alors (1)... D'ailleurs, s'il n'était plus président, il restait toujours député et ceux qui avaient cru en finir avec lui constateraient très vite qu'il n'avait pas encore dit son dernier mot ni joué sa dernière carte.

Le 27 mai, on le vit entrer dans la salle des séances au milieu d'un discours de M. Clapier. Aussitôt, tous les républicains se levèrent, lui firent escorte, avec des applaudissements, et quand il se fut assis sur la quatrième banquette du

---

(1) M. Alfred Naquet déplora sans doute, comme tous les républicains, la chute de M. Thiers ; mais une heureuse fortune adoucit le cuisant de ses regrets. Escomptant la victoire du président de la République, il avait spéculé à la hausse ; la défaite déjoua si heureusement ses calculs que son gain s'en trouva triplé.

côté gauche, entre M. Wallon et M. Gouin, ils demeurèrent debout autour de lui, l'acclamant.

IX

DE LA MONARCHIE A LA RÉPUBLIQUE

La majorité royaliste revendiquait le Pouvoir constituant, avec la ferme résolution de n'en user que pour rétablir la Monarchie. Lorsqu'elle maintenait la République et lui donnait un président, ce n'était qu'à titre provisoire. Même quand elle dut se résigner au septennat, elle le voulut non renouvelable, en comptant bien d'ailleurs que, l'heure venue, le maréchal de Mac-Mahon s'effacerait devant le roi.

Les Gauches, qui redoutaient une restauration, refusèrent de reconnaître ce Pouvoir constituant jusqu'au jour où il se rencontra, contre tout espoir et aussi contre toute vraisemblance, une majorité imprévue et nouvelle pour transformer en définif le provisoire républicain. Jusque-là, elles soutinrent que, élue pour conclure la paix, assurer le paiement de l'indemnité de guerre, prendre les mesures indispensables au relèvement du pays, l'Assemblée nationale devait disparaître aussitôt cette tâche terminée.

M. Thiers réclamait des lois constitutionnelles, mais avec le désir qu'on les donnât seulement à son successeur. Il savait fort bien que son pouvoir y perdrait en force et sa puissance en étendue; thiériste avant tout, il préférait s'en tenir à la constitution Rivet faite à sa mesure.

Que l'Assemblée eût le droit de substituer la monarchie à la République, cela pouvait évidemment fournir matière aux discussions des théoriciens; mais, étant souveraine, qu'elle en eût le pouvoir, c'était indéniable. Il fallait seulement réconcilier les princes de la maison de Bourbon et leurs partisans, n'avoir, selon le mot de M. Thiers, qu'un seul roi pour un seul trône. On s'y employa tout de suite; on exhuma, dès Bordeaux, les vieux projets de fusion, on reprit les pourparlers ébauchés, sous l'Empire (1), avec la conviction de ne

(1) Les premières tentatives de fusion remontaient à 1850; elles se heurtèrent alors à l'hostilité de la duchesse d'Orléans. En 1857, la question du drapeau fut posée et, dans sa lettre au duc de Nemours, en date du 5 février, le comte de Chambord ajourna, refusa presque toute discussion sur ce point. C'est, du reste, ce que constatait une lettre écrite par M. Thiers le 6 février 1857 et dont ses amis colportaient un peu partout, à Bordeaux, une copie dès que les négociations s'esquissèrent entre les amis du comte de Chambord et ceux des princes d'Orléans. En voici le principal passage : « M. le comte de Paris, lorsqu'il a acquis sa majorité, le mois d'août dernier, a écrit une lettre que j'ai lue et que beaucoup de personnes ont lue à Paris, lettre adressée à M. le comte Roger (du

plus rencontrer cette fois les mêmes obstacles ou du moins de les tourner facilement. Le succès apparaissant à tous immédiat et certain, tous croyaient fermement que le comte de Paris surmonterait certaines répugnances, que le comte de Chambord se montrerait moins intraitable sur la question du drapeau et l'on répondait aux incrédules par le mot de Henri IV : « Paris vaut bien une messe. »

Tandis qu'un comité de cinq membres recherchait, sous la présidence et la direction de Mgr Dupanloup, les bases d'un accord entre les deux fractions du parti royaliste, des conservateurs, qui préféraient une République présidée par un prince à une monarchie gouvernée par les ultras, tournaient leurs regards vers le duc d'Aumale. D'autres voyaient en lui, non un stathouder, mais un lieutenant-général du royaume dans le cas où l'héritier de Charles X ne rabattrait rien de son intransigeance. Enfin, le langage que le fils de

Nord), dans laquelle il approuvait la conduite de sa mère relativement à ce qu'on appelle la fusion et déclarait vouloir y rester étranger. Dans ce moment, les princes, oncles de M. le comte de Paris, viennent de rompre officiellement leurs relations avec M. le comte de Chambord, parce qu'ils n'ont pu le faire expliquer sur aucune des questions qu'ils avaient cru devoir poser, et particulièrement sur le maintien, le cas échéant, du drapeau tricolore. Ainsi la fusion que vous redoutez n'a jamais été admise par M. le comte de Paris et ne l'est plus par ses oncles. »

Louis-Philippe avait tenu à ses électeurs (1) attirait sur lui l'attention sympathique des républicains
modérés qui redoutaient avant tout un retour offensif des révolutionnaires. M. Thiers démêlait en lui
un successeur très possible et le roi aime rarement
le dauphin, surtout quand il lui suppose l'impatience de régner. D'autre part, bien que le duc
d'Aumale ne se posât point en prétendant, son titre
de prince évoquait, chez le chef du Pouvoir exécutif, certains souvenirs de la seconde République.
Aussi déclarait-il dangereuse sa présence dans le
Parlement.

Le duc d'Aumale et le prince de Joinville étaient
venus à Bordeaux, peu de jours après la réunion
de l'Assemblée nationale, pour prendre possession
de leurs sièges; M. Thiers leur rappela que les
lois d'exil n'étaient pas abrogées. Ils quittèrent de
nouveau la France et, lors de la vérification des
pouvoirs, il ne fut pas statué sur leurs élections.
Ils revinrent et se rendirent à Biarritz.

(1) Il leur disait : « Dans mes sentiments, dans mon passé, dans
les traditions de ma famille, je ne trouve rien qui me sépare de la
République. Si c'est sous cette forme de gouvernement que la
France veut vivre, librement et définitivement constituer son gouvernement, je suis prêt à m'incliner devant sa souveraineté et je resterai son dévoué serviteur. Monarchie constitutionnelle ou République libérale, c'est par la probité politique, la patience, l'esprit
de concorde, l'abnégation que l'on peut sauver, reconstituer, régé-
nérer la France. Ce sont là les sentiments qui m'animent. »

Comme ils désiraient ardemment l'abrogation de ces lois d'exil dont le gouvernement s'armait contre eux, comme il leur tardait de remplir leurs mandats de représentants, on jugea l'occasion favorable pour les enrégimenter parmi les fusionnistes. Les princes reçurent coup sur coup la visite du général Ducrot, puis celle de MM. le comte de Maillé, de Cumont et de Meaux, ces trois derniers officiellement délégués par les Droites. Sa surdité rendant le prince de Joinville impropre aux discussions, ce fut au duc d'Aumale que s'adressèrent ces ambassadeurs. Il se déroba : « L'important, dit-il, est non point d'obtenir notre adhésion, mais de s'assurer le concours de notre parti; sans quoi, rien ne serait changé en France, il y aurait seulement quelques légitimistes de plus. Enfin, cette couronne qu'on semble nous demander, nous n'en disposons pas. » Le résultat le plus clair de cette entrevue, et même le seul, fut d'amener la Droite à poursuivre plus vigoureusement l'abrogation des lois d'exil. On la réclamait jusque dans l'entourage de M. Thiers; mais celui-ci se montrait intraitable. A M. le duc Decazes, il déclarait : « Je ne peux pas, je ne veux pas faire en leur faveur une telle exception. Cela m'est pénible, douloureux même; mais ni les rois ni les princes ne sauraient se réclamer du droit commun. L'os-

tracisme est une des formes de la grandeur souveraine. » Au comte d'Haussonville, il répondait :
« Mes sentiments personnels sont favorables; la
raison d'État s'y oppose. » Et à M. de Larcy :
« Le gouvernement n'a qu'un parti à prendre si
les princes viennent : les faire reconduire à la
frontière. Eux présents, je ne pourrais pas gouverner. » Et lorsqu'on insistait, il s'emportait :
« C'est toujours la même chose; ils viennent ra-
masser une couronne dans les malheurs et les
ruines de leur pays, comme leur père. »

Quand il avait affaire aux légitimistes, M. Thiers
ne se bornait plus à invoquer la raison d'État; il
s'efforçait de leur rendre les princes suspects :
« Ils seront là, au sein même de l'Assemblée, et le
comte de Chambord sera absent et dépouillé. » Il
leur disait encore, en parlant du comte de Paris :
« Je le connais; c'est un rusé, un ambitieux et
celui de tous dont il faudra le plus se méfier (1). »
Ou encore : « Si nous n'ajournons pas la validation
des princes, vous êtes perdus. » Même jeu avec
les orléanistes : « Le duc de Glocester avait, lui
aussi, des neveux; cela ne l'a pas empêché de
devenir Richard III. » Ceci pour le duc d'Aumale;

(1) Avec ses intimes, M. Thiers exprimait une opinion plus inju-
rieuse et aussi plus injuste encore : « A dix pas, il a l'air d'un Alle-
mand; à trois, d'un imbécile ».

mais le comte de Chambord avait bientôt son tour :
« C'est un pleurnicheur. Il a épousé, en même
temps qu'une princesse de Modène, les idées de
dévotion outrée et de politique à outrance de cette
maison, une des plus arriérées de l'Europe (1). »
Cette astucieuse politique n'obtint aucun succès.
M. Peltereau de Villeneuve, M. Jean Brunet,
M. Alfred Giraud demandèrent successivement à
l'Assemblée nationale la vérification des pouvoirs
du duc d'Aumale et du prince de Joinville, l'abrogation des lois d'exil. On vota l'urgence et
M. Thiers, qui croyait la Chambre plus docile,
manifesta dans les couloirs une rage dispropor-
tionnée. Il eut d'abord, avec M. Bocher, une
explication des plus vives et comme il allait gesticulant, il se heurta à M. le duc Decazes et à M. le
marquis de Castellane. Avant même qu'ils eussent
ouvert la bouche, il les accusa de « vouloir lui
arracher son autorité ». On s'attroupa autour
d'eux et, les uns épousant sa querelle, les autres
soutenant la cause des princes, il s'éleva un petit
tumulte. Tandis que MM. Ricard et Albert Grévy
échangeaient des paroles amères avec MM. Lam-

(1) Après l'abrogation des lois d'exil, un orléaniste mal inspiré
crut devoir aviser M. Thiers qu'on regardait comme certaine l'élection en Normandie du duc de Nemours ou du duc de Chartres ; il
répondit, fort en colère : « Me prenez-vous pour le courtier électoral
de vos princes ? »

bert de Sainte-Croix et Audren de Kerdrel, le chef du Pouvoir exécutif, de plus en plus surexcité, perdit toute possession de soi-même : – Oui, cria-t-il à M. Bocher, vous êtes des fous qui voulez la guerre civile et les princes d'Orléans veulent jouer le rôle de Louis Bonaparte en 1849. — Avec cette différence, riposta M. Bocher très calme, que ce sont d'honnêtes gens. » Aux murmures qui accueillirent ses paroles, aux bruyantes approbations qui soulignèrent la réplique de M. Bocher, M. Thiers comprenant qu'il était allé trop loin, craignant des représailles, répondit d'un ton plus doux : – Certainement, ce sont d'honnêtes gens. »

Le soir, les députés vinrent en foule à la préfecture et y trouvèrent M. Thiers très abattu, mais toujours amer : « Les princes d'Orléans, répétait-il, sont de mauvais citoyens. J'ai servi leur père et, s'il m'avait écouté, il ne serait pas mort en exil. Ils vont perdre la France en même temps qu'ils se perdront eux-mêmes. » Là-dessus, survinrent MM. Victor Lefranc, Ricard, Cochery, Léon de Maleville qui sortaient de la réunion du Centre gauche et lui laissèrent entendre que ce groupe se montrait fort hésitant ; mais les commissaires qui examinaient le projet d'abrogation des lois d'exil se montraient fort résolus. M. Thiers leur reprochait en vain de conduire à la guerre civile le pays qu'il avait sauvé; ils ne se laissèrent pas émouvoir un seul instant. Alors, il tira de son portefeuille un nouveau texte qui l'armait du droit de faire reconduire à la frontière les princes d'Orléans ou de les contraindre à changer de résidence si l'un d'eux ou l'un de leurs partisans lui inspirait, par des paroles ou par des actes, quelque inquiétude ou seulement quelques soupçons. « Vous assimilez les princes, s'écria M. le duc Decazes, à des forçats placés sous la surveillance de la haute police! » M. le duc d'Audiffret-Pasquier protesta en des termes moins mesurés; le président de la République s'emballa sous l'aiguillon, si bien que l'autre finit par lui crier : « Je vous parle poliment; tâchez de faire de même! »

En séance publique, la discussion fut moins orageuse. M. Thiers défendit les lois de proscription que, par euphémisme, il appelait « lois de précaution; » fit, en passant, l'éloge du Quatre Septembre, « cette révolution qui vous a délivrés de l'Empire; » compara les princes à Louis-Napoléon, si modeste quand il frappait à la porte d'une Chambre qu'il devait bientôt faire balayer par sa police, et termina par ce conseil : « Leur dignité c'est de ne pas abdiquer, Dieu les a faits princes, ils doivent rester princes pour conserver l'autorité morale dont ils ont besoin. » Puis, voyant qu'il n'aurait pas raison de la majorité, il se désintéressa du vote. Les lois d'exil furent abrogées par 472 voix contre 97 et le Centre gauche se divisa profondément. Après quoi, 148 députés, contre 113, validèrent les pouvoirs du duc d'Aumale et du prince de Joinville.

Tous les deux arrivèrent bientôt à Versailles, firent une visite à M. Jules Grévy, une autre à M. Thiers, puis reçurent chez M. Bocher les royalistes accourus en foule. Il y eut en leur honneur, à la préfecture, un grand diner suivi d'une réception; le duc et la duchesse de Chartres furent parmi les invités et le président de la République mit une véritable coquetterie à prouver, ce dont quelques-uns doutaient un peu, qu'il acceptait galamment sa défaite.

Jusque-là, il n'avait pas eu le beau rôle; le duc d'Aumale et le prince de Joinville commirent la maladresse de lui donner barre sur eux. Ils avaient formellement promis de ne pas venir siéger; ils équivoquèrent et, sans nier cet engagement, soutinrent qu'ils n'avaient pas entendu s'exclure pour toujours de l'Assemblée, que le chef du Pouvoir exécutif, en publiant leur promesse qu'il devait tenir secrète, les rendait libres de s'en affranchir, que le vote de la proposition Rivet, en donnant à la République un caractère définitif, modifiait sensiblement la situation ; bref, ils firent saisir la Chambre de ce différend, l'invitèrent à leur rendre toute leur liberté. La Chambre, voulant marquer son peu de goût pour ces subtilités chicanières, se désintéressa, les laissant seuls juges, et ils vinrent, le 19 décembre 1871, s'asseoir au Centre droit, non loin du général de Chabaud-Latour. Leur rôle, à l'Assemblée nationale, fut à peu près nul. Ils s'abstinrent presque toujours, le prince de Joinville ne parla jamais, le duc d'Aumale ne monta que deux fois à la tribune.

Aussitôt que l'abrogation des lois d'exil lui parut inévitable, M. Thiers prépara sa revanche et résolut de se faire donner une arme contre la fusion. Son ami, M. Rivet, la forgea.

D'abord, il fut vaguement question d'une présidence quinquennale et le principal intéressé feignit de n'en pas vouloir : « Je ne serai plus libre, disait-il, d'offrir ma démission et c'est par là seulement que je tiens l'Assemblée. » Bientôt, la présidence quinquennale devint triennale et le Centre gauche en délibéra, sans enthousiasme. M. Gaulthier de Rumilly, M. Delacour, notamment, s'y montrèrent hostiles et quand on en vint au vote, la proposition de M. Rivet obtint tout juste 27 voix sur 80 membres présents. Mais elle finit par faire son chemin, et, le 12 août 1871, la Chambre en fut saisie. M. Adnet en déposa immédiatement une autre qui, sans avoir tout à fait le même but, avouait-il, tendait cependant à faire accorder, au nom du pays, « un témoignage de gratitude à l'homme éminent qui dirige ses destinées ». Lorsqu'il en eut donné lecture, quelqu'un s'écria : « Mais c'est un simple ordre du jour de confiance! » Ce n'était pas autre chose, en effet; seulement, c'était autre chose que voulait M. Thiers.

La Droite trouvait fort suffisants les pouvoirs qu'elle lui avait conférés : la Gauche était hostile, car elle voyait, dans cette proposition, la reconnaissance du droit constituant ; il en résulta que, sur quinze bureaux, neuf se prononcèrent pour le rejet. Alors, on négocia et, pendant dix-neuf jours, les groupes se réunirent, leurs délégués se donnèrent beaucoup de mal et M. Ricard déploya, dans le rôle de négociateur, une activité dévorante. Enfin, on crut toucher au but; le rapporteur M. Vitet faillit tout compromettre. M. Thiers déclara que son rapport était inacceptable et il fallut que M. Dufaure s'entremît pour en faire adoucir les termes. L'Assemblée en discuta et adopta les conclusions dans les séances des 30 et 31 août 1871. Le chef du Pouvoir exécutif devenait le président de la République. Il continuait d'exercer les fonctions qui lui avaient été déléguées aussi longtemps que l'Assemblée nationale n'aurait pas terminé ses travaux; toutefois, déclarait le rapporteur, « sa responsabilité subsistait. Un divorce restait toujours possible ». Mais M. Ricard, volontiers optimiste, s'inquiétait peu de cette restriction : « Le titre de président de la République, disait-il, importe seul. » — « Sans doute, répondait M. Léonce de Lavergne, la République est faite; les républicains pourront la défaire, eux et non pas d'autres. »

*
* *

Tandis que M. Thiers et la Gauche s'assuraient ainsi la proie, les fusionnistes s'acharnaient à la poursuite de l'ombre et devaient y perdre leur temps.

A vrai dire, les pourparlers en vue de la fusion, entamés à Bordeaux, ne furent jamais interrompus. Mgr Dupanloup les dirigeait, le général Ducrot s'y associait avec des allures mystérieuses de conspirateur.

Il avait son plan qu'il soumit, à Anvers, au comte de Chambord et qui consistait à faire élire le duc d'Aumale président de la République; le prétendant le découragea aussitôt : « Je n'admets pas qu'un prince du sang soit en dehors de l'entourage du roi. »

MM. Baragnon, Ernoul, Depeyre, de Meaux, de Cumont pensèrent faire merveille en rédigeant un programme transactionnel et les groupes de Droite s'acheminaient vers une entente. Il ne restait plus qu'à obtenir l'adhésion du roi; elle ne faisait aucun doute. Cette illusion dura peu; un manifeste du comte de Chambord la dissipa : « Je n'abdiquerai jamais... Rien n'ébranlera ma résolution, rien ne lassera ma patience et personne, sous aucun prétexte, n'obtiendra de moi que je consente à devenir le roi légitime de la Révolution. »

D'autres illusions devaient être également dissipées et jamais le parti royaliste ne mérita mieux qu'alors d'être appelé « le parti aux longues espérances ». Même lorsqu'il désespérait, et avait cent bonnes raisons pour cela, il espérait toujours. Même après l'échec d'une démarche faite par MM. Ernoul et Baragnon auprès du prétendant, après le découragement que le premier ne dissimula point, après la résolution affirmée par le Centre droit d'opposer, sur la question du drapeau, intransigeance à intransigeance, il s'obstinait encore à de vaines tentatives, et multipliait d'inutiles efforts.

Mgr Dupanloup renoua vingt fois les fils brisés, multiplia les démarches pour amener les princes d'Orléans à effacer, à atténuer tout au moins, par une soumission absolue, les souvenirs de 1830 et de Blaye. Il triompha des hésitations, il finit par avoir raison des répugnances et, au mois de juin 1872, il arracha au duc d'Aumale cette déclaration : « Il n'y a qu'une famille, qu'il n'y ait qu'une seule Monarchie. Le comte de Paris va faire demander le jour, le lieu et l'heure qui conviendront au comte de Chambord ». Il y eut quelques négociations préliminaires, assez vivement conduites par MM. de Jarnac et de Lutteroth, pour le comte de Paris, M. de la Ferté, pour le comte de Chambord. Après quoi, le 30 juin, le comte de Paris envoya sa lettre ; elle exprimait respectueusement le désir de se rendre auprès du chef de sa maison. Le comte de Chambord quitta Bruges aussitôt pour venir en France et sa réponse partit de Blois le 2 juillet. Elle témoignait de la satisfaction que lui causait ce désir, car l'heure était venue de s'expliquer sur certaines questions réservées. Il espérait que rien, dans son langage, ne retarderait cette union de la maison de Bourbon impatiemment attendue et son vœu le plus cher. Seulement, il avait, avant cette entrevue, un acte à accomplir et il priait son cousin d'ajourner sa visite jusqu'au moment très prochain où il aurait fait connaitre, sans restriction, sa pensée à la France.

Pendant que Mgr Dupanloup obtenait des princes d'Orléans cette décisive démarche, MM. de Maillé, de Cumont, de Meaux sollicitaient du comte de Chambord une audience avec l'espoir de l'amener à faire des concessions que certains chevau-légers eux-mêmes tenaient pour nécessaires. M. Lucien Brun, rencontré par hasard, reçut leurs confidences, loua leur zèle et approuva leur projet. Il offrit spontanément de se joindre à eux pour renforcer leur ambassade; ils acceptèrent avec reconnaissance et l'on prit jour. L'heure venue, ils l'attendirent en vain, allèrent aux informations et apprirent, avec une surprise bien explicable, qu'il était parti en négligeant de prévenir ses compagnons de voyage. Cette hâte et cet oubli leur causèrent quelques inquiétudes; le peu d'empressement que mettait le roi à leur répondre les accrut encore. Ils attendaient toujours sa réponse lorsqu'ils apprirent que M. Lucien Brun était revenu. Le trio sollicita de cet homme pressé et distrait un bout d'explications et n'en tira que peu de chose. Ces négociateurs en étaient réduits aux conjectures. La lettre impatiemment attendue arriva enfin. Elle n'était pas des plus satisfaisantes : Monseigneur serait heureux de les recevoir, mais il ajournait ce plaisir jusqu'après son entrevue avec ses cousins. Dès lors, leur ambassade devenait sans objet. Ils y renoncèrent, non sans un vague soupçon d'avoir été éconduits et joués.

La lumière leur vint du Centre droit, d'où ils ne l'attendaient guère. M. d'Audiffret-Pasquier leur communiqua la lettre du comte de Chambord au comte de Paris; ils en conçurent de vives craintes. Ce fut de la consternation lorsque, quelques jours plus tard, M. de Maillé obtint, sur cet acte qu'ils redoutaient sans le connaître, des renseignements précis : Henri V déclarait à la France, par un manifeste, qu'il ne renoncerait jamais au drapeau blanc. On jugea que tout était perdu; ce n'était pas un jugement téméraire.

Les royalistes se ressaisirent très vite et résolurent de dépêcher au roi MM. de Cumont, de Meaux et de Maillé; puis, réflexion faite, substituèrent aux deux premiers MM. le duc de la Rochefoucauld-Bisaccia et de Gontaut-Biron, auxquels, sur le conseil de M. de Falloux, ils adjoignirent l'évêque d'Orléans. Les délégués de la noblesse partirent le soir même; le délégué du clergé ne se mit en route que le lendemain.

A leur retour, MM. de Maillé, de Gontaut-Biron et le duc de la Rochefoucauld-Bisaccia rédigèrent un procès-verbal de leur entrevue avec le prince. Ils lui avaient dit : « La France est unanime à vouloir le drapeau tricolore ». Il parut en douter et donna ses raisons, qui n'étaient pas irréfutables : Paris avait bien arboré le drapeau rouge de la Commune; pourquoi n'accepterait-il pas le drapeau blanc qui, entre autres mérites, avait celui de ne pas être accroché, symbole de nos défaites, dans les arsenaux allemands? Ils ne se rendirent pas; ils maintinrent que la France tenait aux trois couleurs, qu'elle ne céderait pas, et ils s'attirèrent cette réponse : « Cela prouve que les idées révolutionnaires ont de plus profondes racines que je ne le croyais ». Sur quoi, le comte de Chambord les congédia avec cordialité.

Le lendemain, Mgr Dupanloup fut reçu avec la même cordialité; seulement, l'entretien fut infiniment plus bref. Dès les premiers mots, Henri V l'arrêta, en le priant de ne pas insister; après quoi, il évoqua ses souvenirs de jeunesse et lui toucha quelques mots de la décentralisation. En regagnant la gare, l'évêque d'Orléans répétait coup sur coup : « Quel phénomène psychologique! »

Alors, il résolut d'en appeler au pape, écrivit deux lettres, en envoya une à Rome et l'autre à Frohsdorff. Aucune réponse ne vint de Rome; mais, de Frohsdorff, il en reçut une dont il se serait bien passé. Elle écartait dédaigneusement les conseils de l'évêque et se terminait par cette déclaration : « Je n'ai ni sacrifice à faire, ni condition à recevoir. » — « Pauvre France! Tout est perdu! » s'écria Mgr Dupanloup.

L'évêque d'Orléans était un des hommes les plus considérables, les plus éminents, du parti conservateur et même de l'Assemblée nationale. Il s'imposait par la parole, par l'action, par l'autorité. C'était un militant, et il ne s'en cachait pas. Ses adversaires lui reprochaient son humeur trop belliqueuse, son tempérament trop batailleur. Il figurait au premier rang parmi ces rares et privilégiés mortels qui semblent avoir été créés pour prendre d'assaut le ciel et la terre, parmi ces ardents auxquels un invincible besoin de propagande et de conquête arrache le cri de saint Paul : « Je voudrais que le monde entier pensât comme moi! » On n'avait pas besoin d'être terrassé par ses arguments pour deviner, à l'éclair de ses yeux, à l'énergie de son geste, que c'était un lutteur. On le calomniait en le représentant comme un de ces emportés qui n'endurent ni frein ni bride; toutefois, il faut bien reconnaître qu'il y avait en lui une sorte de Jules II entrant dans la politique la croix d'une main et l'épée de l'autre. Sa passion, sa colère éclataient facilement à l'extérieur; il ne savait pas, il ne pouvait pas toujours contenir et refouler son indignation. Ce prélat vif, habitué à parler et à commander du haut de la chaire, se maîtrisait difficilement à la tribune.

J'ai souvent entendu dire, à Versailles, que Mgr Dupanloup était très éloquent. Ce n'est pas tout à fait le mot. Entre l'éloquence sacrée, même noble, même puissante, et l'éloquence parlementaire, il y a un abîme qu'on ne franchit guère d'un seul bond. L'évêque d'Orléans possédait la plupart des dons de l'orateur; mais ce n'était pas Berryer. Il composait ses discours avec un grand art et les apprenait avec un grand soin; comme sa mémoire devenait de jour en jour plus sujette aux défaillances, il étalait devant lui de petits feuillets qu'il consultait fréquemment. Il improvisait aussi, perdait alors de vue l'objectif et ne revenait que par un long détour au chemin qu'il s'était tracé d'avance, qu'il avait imprudemment abandonné. D'une main impatiente, il remuait les bouts de papier épars sur la tribune, les brouillait et s'il tardait à découvrir celui-là même dont il avait précisément besoin, il piétinait sur place, reprenait, délayait son argumentation, jusqu'au moment où il ressaisissait enfin le fil conducteur. Vers la fin de l'Assemblée nationale, les mots nécessaires ne lui venaient plus que malaisément; il y avait là, sans

doute, un peu de fatigue cérébrale déterminée par
l'âge et surtout par la multiplicité de ses travaux,
par un impérieux besoin d'activité qui touchait à
tout, par des tentations de croisades incessantes :
« Notre grand évêque, disait un de ses amis, fait et
entreprend trop de choses pour pouvoir les appro-
fondir. »

En séance, à peine assis sur cette première banquette du pourtour de droite qu'on appelait « le
banc des marguilliers », Mgr Dupanloup semblait
ne pas pouvoir tenir en place. Il allait, revenait,
puis partait de nouveau pour suggérer quelque
argument à un orateur, donner un mot d'ordre à
ses amis, faire la leçon à un ministre.

L'évêque d'Orléans, avec sa haute taille, son
visage empourpré, son nez en bec d'aigle, ses yeux
pleins de flammes, avait fort grand air. La tête
était belle et l'allure pleine de noblesse.

La restauration du pouvoir temporel lui tenait
plus encore au cœur que la restauration de la
Monarchie. Il se refusait à reconnaître les droits
sur Rome d'un souverain qu'il traitait d'usurpateur
et jamais il ne mit plus de force, plus d'accent,
plus de colère concentrée que dans cette phrase :
« Non, ce roi ne fera pas son lit là ! »

Le manifeste du comte de Chambord parut dans
l'*Union* et, au milieu du désarroi qui s'ensuivit, on

ne voyait que gens empressés à retirer du jeu leurs
épingles. La Droite se réunit le soir même chez M. le
duc de la Rochefoucauld-Bisaccia, à l'hôtel des Réservoirs. M. de Larcy, quoique ministre, était présent et M. de Falloux aussi, bien qu'il ne fût pas député. Tout le monde, à l'exception de M. Dahirel,
de M. Fresneau et de trois ou quatre autres, parut
d'accord pour reconnaître qu'il était indispensable d'affirmer le dissentiment des royalistes avec
le roi. Les difficultés commencèrent quand il fallut
choisir entre une déclaration au pays ou une lettre
au prince. Ces difficultés, assurément, n'étaient
pas insurmontables; mais on ne les surmonta point.
On eut recours à l'expédient cher aux indécis de
tous les temps et de tous les partis : remettre au
lendemain ce qu'on pourrait, ce qu'on devrait faire
le jour même. Vingt-quatre heures plus tard, les
chevau-légers déclarèrent qu'ils s'interdisaient,
par respect pour le roi, toute protestation.

On ne fit rien, mais on s'agita beaucoup, on
rechercha les mobiles auxquels obéissait le comte
de Chambord. Mgr Dupanloup répétait : « Quel
phénomène psychologique! » Et cela n'expliquait
rien. Un membre de l'entourage, M. de la Ferté,
fournit son commentaire : « C'est du mysticisme. »
On a cru découvrir plus tard une interprétation
satisfaisante : convaincu que, pour échapper à la

Révolution, les conservateurs de toutes les nuances seraient contraints de recourir à lui, Henri V estimait qu'il les obligerait, en tenant ferme, à subir sa loi. Il fallut, pour dissiper cette illusion, tous les mécomptes de son voyage à Versailles; mais il était trop tard.

Après l'effarement des premières heures, le calme revint dans les esprits. On avait dit d'abord : « Il n'y a plus rien à tenter. » On dit ensuite : « Essayons quelque chose », et M. de Falloux fournit cet expédient, dans une réunion tenue chez M. de Meaux : « Faisons trancher par la nation elle-même, c'est-à-dire par ses représentants, la question du drapeau. » En attendant, on ferait du duc d'Aumale un président de la République, après en avoir obtenu l'engagement formel de se démettre aussitôt qu'une restauration serait possible. On ne décida rien, en présence des murmures, des protestations de l'extrême Droite, et cet expédient fut, sinon abandonné, du moins indéfiniment ajourné.

Il sembla plus que compromis lorsque, le 28 mai 1872, dans le débat sur la loi militaire, le duc d'Aumale affirma son inébranlable attachement au « drapeau chéri » (1) ; mais toujours ingé-

(1) Le duc d'Aumale disait : « Que l'honneur de rester sous les drapeaux ne devienne pas un châtiment. Ce n'est pas là le rôle du

nieux, MM. de Dampierre et de Kerdrel imagi-
nèrent de tirer quelque parti de cette déclaration.
S'étant adjoint MM. de Maillé, de Cumont et de
Meaux (1), ils se rendirent auprès du comte de

drapeau français, de ce drapeau chéri auquel les Français de tous
les partis se sont ralliés pendant la dernière guerre, de ce drapeau
dont les insurgés de la Commune ont pris un lambeau pour en faire
le sinistre étendard de la guerre civile, de ce drapeau qui doit
devenir un jour, pour notre patrie, l'emblème de l'union et de la
concorde. »

Les chevau-légers ne virent, dans cette noble et patriotique décla-
tion d'un soldat, qu'un désaveu du manifeste du comte de Chambord. M. de Franclieu écrivit dans l'*Univers* : « La France sera
la victime du reniement de son Altesse Royale » et M. Mayol de
Luppé, dans l'*Union* : « Prince, vous venez de rompre avec nous,
avec votre propre famille, avec le chef de votre race. » Le comte
de Chambord déclara, dans une lettre à M. de La Rochette : « Je
n'ai point à m'occuper de M. le duc d'Aumale. Celui-ci peut faire
tout ce qu'il voudra, accepter ou refuser une situation dans l'ordre
de choses actuel. »

(1) Ces trois députés jouèrent, dans la fusion, un rôle très actif.
M. de Meaux, souriant et aimable, était un laborieux qui ne manquait pas de talent. Gendre de Montalembert, il n'avait pas, comme
son illustre beau-père, « une incroyable audace de tout dire » et,
moins orateur que dialecticien, sa parole était plus réservée. Lorsqu'il adhéra aux conclusions de la première commission des Trente,
il devint suspect à l'extrême Droite. Elle l'exclut de ses conciliabules. Quand il accepta un portefeuille des mains de M. Buffet, ce
fut une indignation qui se soulagea, dans les couloirs, par des épigrammes le plus souvent injustes : « Ce n'est pas un aigle, de
Meaux », et dans les polémiques de la presse, l'*Univers* lui dédia
ce madrigal : « Il convient, dit-on, que la minorité soit représentée;
mais elle ne doit l'être qu'un peu. M. le vicomte de Meaux a paru
remplir cette condition. » Et l'*Union* lui décocha ce bouquet de
fleurs : « M. de Meaux ne représente que lui dans un cabinet qui a
pour mission d'appliquer une constitution que la Droite a unanimement repoussée. » Bref, il vit se dresser contre lui le passé, les anté-

Paris et lui tinrent ce langage : « Vous regardez comme également impossible d'accepter le drapeau blanc et de dire en face au comte de Chambord que vous le refusez; puisque le duc d'Aumale a formulé publiquement ce refus, rien ne vous empêche d'aller à Frohsdorff. » Le comte de Paris ne sembla pas absolument convaincu; mais il finit par céder, sous cette réserve qu'on n'entreprendrait rien avant la chute de M. Thiers.

Ce dernier suivait d'un œil attentif toutes ces marches et contre-marches. Voyant le désarroi des fusionnistes, il résolut d'en profiter et, le

cédents, les relations, les amitiés, tout ce qui se croit trahi quand un homme fait un acte simplement raisonnable. — M. de Cumont formulait avec une voix de ventriloque des axiomes déconcertants : « Une chose niée ne cesse pas pour cela d'être vraie... Je suis libéral, mais j'aime beaucoup l'autorité... Je ne veux pas de la liberté du fleuve qui franchit ses rives et ravage tout sur son passage. » Les légitimistes l'accusaient de pactiser avec les princes d'Orléans, et les orléanistes d'être inféodé au comte de Chambord; il se donnait pour un légitimiste fusionniste, ce qui expliquait tout. Quand il devint ministre de l'Instruction publique, on lui confectionna une biographie très corsée. Il avait, en plein Conseil supérieur, parlé de « la Faculté de l'Académie de médecine »; on prétendit que, visitant le collège de France, il s'était enquis des dortoirs. On lui prêta une circulaire annonçant un voyage d'exploration à travers les lycées avec l'espérance d'apprendre quelques petites choses en interrogeant les élèves. On lui contesta jusqu'à son titre de vidame et on l'appela Decumont, d'un seul tenant. Des journaux allèrent jusqu'à prétendre qu'il n'avait jamais pu obtenir le diplôme de bachelier. Moyennant quoi, c'est le seul nom qui soit resté célèbre. M. de Maillé ressemblait aux peuples heureux : il n'avait pas d'histoire.

13 novembre 1873, il déclara, dans son fameux
message : « Vouloir autre chose que la République
serait une nouvelle révolution et la plus redoutable
de toutes. » A ce coup droit, les royalistes répondirent par un autre : Sur la proposition de M. de
Kerdrel, l'Assemblée nomma une commission
chargée de rédiger une réponse au message et son
rapporteur, M. Batbie, reprocha au chef du Pouvoir exécutif de fausser tous les rouages de la machine parlementaire en abusant de son droit d'intervention dans les débats. M. Thiers se sentit
atteint, mais non si gravement qu'il dût désespérer.
Reprenant l'offensive, il opposa commission à commission et obtint, à une faible majorité de 17 voix,
qu'un grand comité de trente membres réglerait
les attributions des pouvoirs publics et les conditions de la responsabilité ministérielle. Ce fut la
première commission des Trente. Nettement hostile, elle ne désarma jamais complètement ; toutefois, un discours de M. Dufaure, répudiant et con-
damnant les doctrines radicales, la rendit un peu
moins intraitable.

Les commissaires avaient promis et juré de
tenir leurs délibérations secrètes ; naturellement,
on n'en ignora rien. M. Thiers, quand il avait con-
féré avec eux, s'empressait de tout dire à MM. Hector Pessard et de Blowitz ; même, pour éviter que

ces traducteurs de sa pensée ne la trahissent involontairement, il avait la précaution de leur dicter des notes fort détaillées, de les relire ensuite attentivement. A l'issue de chaque séance, M. Marcel Barthe emmenait chez lui un bataillon de reporters et leur confectionnait des comptes rendus qu'encombraient les observations judicieuses de M. Marcel Barthe, les éloquents discours de M. Marcel Barthe. Il se réservait trois colonnes de journal et octroyait généreusement dix lignes à ses vingt-neuf collègues. M. le duc d'Audiffret-Pasquier avait aussi ses clients.

Les travaux de la Commission durèrent deux mois et demi. M. Thiers ne répugnait point à une entente; mais il se refusait absolument à admettre qu'on dressât des obstacles entre la tribune et lui. Il s'emportait contre ces « chinoiseries »; il s'indignait qu'on voulût le transformer en « un combattant avec le sabre cloué au derrière; un porc à l'engrais dans la préfecture de Versailles; un mannequin politique. » Enfin, il céda et M. Ricard disait à haute voix dans les couloirs : « Tout se borne, en somme, à régler le cérémonial de l'entrée du président de la République à la Chambre et celui de sa sortie. » Trois mois plus tard, la bataille du 24 mai lui prouva que ce cérémonial avait bien son importance. M. Thiers lui-même

affectait de ne rien prendre au tragique et lorsqu'un
ami clairvoyant laissait entendre que l'Assemblée
nationale pourrait bien le renverser et lui survivre,
il haussait les épaules et répondait : « Ils n'ont
personne ».

La chute de M. Thiers, l'avènement du maréchal de Mac-Mahon et du duc de Broglie apparurent aux royalistes comme les signes avant-cou-
reurs d'une seconde Restauration.

M. le duc de Broglie en était partisan; mais,
s'il la croyait possible, il la regardait comme
douteuse et, tacticien prudent, préparait, en cas
d'échec, la retraite. Le maréchal de Mac-Mahon
passait pour favorable. Certains mots qui lui
échappaient donnaient cependant à réfléchir et
plus encore son persistant refus de s'entremettre.
Aux plus pressantes sollicitations, il répondait
invariablement : « Ce sont affaires de parlementaires. » Toutefois, dans les derniers jours du
mois de septembre 1873, il fit savoir au comte de
Chambord qu'il ne s'opposerait point au rétablissement de la Monarchie s'il recevait au préalable
l'assurance formelle que le drapeau tricolore serait
maintenu; il ajoutait que, cette assurance venant

à faire défaut, il refuserait son concours pour éviter une révolte militaire.

On a prétendu à tort que M. Buffet se montrait hostile; il n'était que clairvoyant. Lorsqu'on lui demandait une consultation, il ne dissimulait guère son peu de confiance dans le succès. Convaincu qu'il ne suffirait point, pour fonder un gouvernement durable, d'une majorité parlementaire, mais qu'il fallait surtout avoir pour soi et avec soi le pays, il montrait du doigt le péril que ferait courir à la Monarchie un prince dont quarante années d'exil avaient presque fait un étranger, qui connaissait imparfaitement, si même il ne les ignorait pas, les aspirations de la France et qu'un abîme séparait du parti libéral. Aussi, sans refuser positivement son concours, il avait soin de ne rien promettre. Quand on voulut le mettre au pied du mur, il se déroba.

Comme le maréchal de Mac-Mahon, comme M. le duc de Broglie, comme M. Buffet surtout, le Centre droit observait une significative réserve. Son ardeur des premiers jours s'étant un peu éteinte, il se montrait hésitant. Pour ranimer son zèle, la Droite modérée lui dépêcha quelques-uns de ses membres. Le général de Chabaud-Latour formula des objections que les autres réfutèrent, mais non point si victorieusement qu'ils l'auraient voulu. Les orléanistes montrèrent une confiance très limitée dans le résultat de nouvelles négociations. On se sépara plutôt découragé.

Brusquement, on apprit l'entrevue des princes. Le 5 août 1873, ils s'étaient enfin rencontrés, avec quelques précautions qui témoignaient d'une méfiance réciproque. Le comte de Chambord avait fait tenir à son cousin le texte du petit discours qu'il devait lui adresser ; le comte de Paris le récita sans y rien changer, puis ils s'embrassèrent. Les autres princes de la famille d'Orléans, à l'exception du duc d'Aumale, se rendirent à Frohsdorff. Le comte de Paris n'avait pas abordé la question du drapeau ; tous crurent devoir imiter sa réserve. Les ministres, voyant là l'écueil, auraient bien voulu savoir à quoi s'en tenir ; ils chargèrent officieusement MM. de Sugny et Merveilleux du Vignaux de se rendre auprès du comte de Chambord et de l'amener à comprendre que, s'il exigeait le drapeau blanc, il perdrait tout.

Pendant que M. le duc de Broglie et ses collègues s'inspiraient de la sage maxime : gouverner c'est prévoir, les royalistes ne voyaient plus d'obstacles depuis que les princes s'étaient publiquement réconciliés. Un premier pointage leur démontra qu'ils disposaient seulement de 320 voix dans l'Assemblée nationale, alors qu'il leur en fallait

360; mais ils ne doutèrent pas un seul instant qu'ils trouveraient ce faible appoint dans le Centre gauche. Peut-être auraient-ils pu l'obtenir pour cette Monarchie que La Fayette appelait la meilleure des Républiques; mais pour le continuateur de Charles X, c'était infiniment plus chanceux. D'ailleurs, ils surent bientôt qu'ils avaient mal calculé; le Centre gauche le leur signifia nettement. M. Léon Say, sur lequel on avait cru pouvoir compter, se rangea du côté des républicains. Dans la Droite même, on eut des déceptions. M. Raoul Duval se prononça contre la Monarchie. Une quinzaine de bonapartistes le suivirent; quinze autres ne promirent que l'abstention et le ministre des finances, M. Magne, un des leurs, déclara que, s'il devait être le sujet respectueux du roi, il ne serait jamais son serviteur. Le Centre droit faisait d'inquiétantes allusions à une charte imposée au roi et affirmait que, sur le drapeau, il ne céderait rien. Les habiles s'efforçaient de l'amener à une transaction et en proposaient plusieurs : le drapeau tricolore orné de fleurs de lis; le drapeau tricolore pour l'armée et le drapeau blanc pavillon du roi; un drapeau blanc sur l'une des ses faces et tricolore sur l'autre. Aucune de ces combinaisons, ingénieuses cependant, n'agréait aux orléanistes; on prévoyait qu'elles ne rencontreraient

pas une plus grande faveur auprès du comte de
Chambord.

Les ultras étaient fort d'avis que le roi se dimi-
nuerait par une concession et ne se gênaient pas
pour le proclamer. Les républicains l'encourageaient obligeamment à se montrer intraitable et
c'était un spectacle curieux de voir, à ce moment,
l'entente cordiale qui s'établissait entre les hommes
de la Gauche et les chevau-légers. Gaulier, du
Rappel, n'avait pas de meilleur ami que le rédacteur parlementaire de l'*Union*. Entre eux, régnait
l'accord parfait et le plus royaliste des deux n'était
pas celui qu'on aurait pu croire. Lorsque le bon
Gaulier ouvrait la bouche toute grande pour dire :
le roi! on sentait aussitôt que, dans sa pensée, il
l'écrivait avec un y.

Bien qu'en ce temps de vacances les membres de
l'Assemblée nationale fussent dispersés, le désir
de se renseigner en amenaient plusieurs à Paris et
ils poussaient jusqu'à Versailles lorsque la commission de permanence était convoquée. Ce fut là
qu'on résolut de réunir le 4 octobre les bureaux
de la Droite.

Au jour fixé, un mois avant la reprise de la session, il tinrent leur séance, 1. avenue d'Antin, chez
M. Aubry. Le début de la discussion inclina les
plus optimistes à croire que la discorde jailli-

rait seule du choc des idées. M. le duc d'Audiffret-Pasquier ayant dit : « La première question à résoudre est celle du drapeau et nous n'admettons que le tricolore », M. de Larcy s'emporta : « Vous voulez donc recommencer 1830! » Et M. de La Rochette, redoutant qu'on ne le recommençât en effet, proposa de tout ajourner. Alors M. Chesnelong s'entremit pour pacifier cette grande querelle et, avec le dévouement d'une Sabine, se jeta entre les combattants pour les séparer. Il finit par obtenir qu'on nommerait une commission qui rechercherait le meilleur moyen d'arriver à une entente, ce qui n'engageait personne à rien. La commission fut nommée, prit et garda le nom de comité des Neuf (1). Le général Changarnier le présida tout naturellement. Il se réunit pour la première fois le lundi 6 octobre chez son président qui déclara : « Je suis dévoué à M. le comte de Chambord jusqu'à me faire casser la tête pour lui; mais je ne le suis pas jusqu'à sacrifier le drapeau tricolore. » M. le comte Daru afficha un moindre héroïsme, mais conclut à peu près dans les mêmes termes. Quant à M. le duc d'Audiffret-Pasquier, il rapporta ce propos du maréchal de Mac-Mahon :

(1) Le comité des Neuf se composait de MM. le duc d'Audiffret-Pasquier, Callet, de Tarteron, Combier, de Larcy, Baragnon, général Changarnier, comte Daru et Chesnelong.

« Je ne crois pas pouvoir répondre de la paix publique si la question du drapeau n'est pas résolue d'avance en faveur du drapeau tricolore. Je retirerai mon concours, je donnerai ma démission pour dégager ma responsabilité. Si le drapeau blanc était déployé en face du drapeau tricolore, les chassepots partiraient tout seuls. » Et M. le duc d'Audiffret-Pasquier ajouta : « Il faut que l'acte même qui rétablira la Monarchie contienne cet engagement formel : le drapeau tricolore est maintenu. Il faut encore avoir la certitude absolue que cet engagement sera accepté et ratifié par le prince. » M. de Larcy se déclara « navré de douleur », mais hors d'état de donner cette assurance; tout au plus espérait-il qu'on obtiendrait de la bienveillance du roi quelque promesse. A ce moment, M. Chesnelong tira de sa poche cette formule rédigée la veille par M. de Falloux : « Le drapeau tricolore est maintenu. Il ne pourra être modifié que par l'accord du roi et de l'Assemblée nationale. » M. le duc d'Audiffret-Pasquier se tint pour satisfait; il fallait maintenant obtenir l'adhésion du comte de Chambord et M. Chesnelong se chargea de ce soin.

Ce fondé de pouvoirs des Droites joua, dans les pourparlers qui précédèrent l'échec définitif de la fusion, un rôle que rien n'a jamais pu éclaircir. Il était transporté d'un tel zèle et la majesté royale l'éblouissait à un tel point que, systématiquement, il supprimait, dans ses rapports au comité des Neuf, les déclarations essentielles du prince quand il les trouvait dangereuses ou simplement inoppor- portunes et omettait de faire connaitre au préten- dant les décisions prises par ses collégues lors- qu'elles lui semblaient attentatoires au respect que des sujets doivent à leur roi. Il en résulta l'équi- voque et le jour où l'équivoque fut dissipée, la façade fragile de la fusion s'écroula.

M. Chesnelong, avant de se révéler légitimiste, avait eu plusieurs phases et comme qui dirait plu- sieurs manières. Il s'était endormi républicain le 1ᵉʳ décembre 1851 et réveillé bonapartiste; il s'était endormi bonapartiste le 3 septembre 1870 et réveillé républicain. Jamais homme ne prouva mieux, par son propre exemple, que la nuit porte conseil. Mais, républicain, bonapartiste ou légiti- miste, il fut toujours, il fut surtout un catholique intransigeant et prompt à compromettre l'Église dans les querelles des partis. Par là, il mit un semblant d'unité dans son existence politique. Sa conversion au royalisme se marqua par une petite phrase où il appelait « gardien des tombeaux de nos rois » ces chanoines de Saint-Denis qu'il traitait auparavant de « gardiens des tombeaux de nos empereurs. » Après l'échec de la fusion, auquel il contribua innocemment, il découvrit quelques beautés à l'orléanisme.

Sans être précisément un orateur, M. Chesnelong prenait souvent la parole pour réciter de longs discours qu'il savait par cœur. Sa mémoire était excellente: elle ne faiblit qu'une seule fois : il était à la tribune du Corps législatif et parlait de la morale, de l'âme, lorsqu'il s'arrêta net au milieu d'une phrase qu'il ne termina jamais.

M. de Chesnelong partit pour Salzbourg, où se trouvait le comte de Chambord, le mardi 14 octobre. MM. Lucien Brun, de Cazenove de Pradines, de Carayon-Latour l'attendaient à la gare et le conduisirent chez le roi. Sur les questions constitutionnelles, l'entente s'établit tout de suite : « Son assentiment, raconta plus tard ce négociateur qui exagérait la réserve, bien que silencieux, me parut manifeste. » Mais son refus de transiger sur le drapeau dut lui paraître plus manifeste encore : « Jamais, déclara le comte de Chambord, je n'accepterai le drapeau tricolore. » Désespérant de faire fléchir cette résolution inébranlable, M. Chesnelong prit un parti bien surprenant : « Je n'ai pas entendu le mot que Monseigneur vient de prononcer. » Et comme il n'avait pas voulu entendre, il se crut en droit de ne rien répéter; de telle sorte qu'on demeura convaincu, à Versailles, que le comte de Chambord cédait, tandis que le comte de Chambord croyait, de la meilleure foi du monde, à la capitulation des orléanistes (1).

Dans une seconde entrevue, le prétendant se montra un peu moins intraitable; il laissa entendre que le roi de France « présenterait au pays, à l'heure qu'il jugerait convenable, une solution compatible avec son honneur et propre à satisfaire la nation, que tout serait résolu, par l'accord du monarque et du Parlement ». Mais, dans un troisième entretien, il reprit ce qu'il avait paru accorder : « Non, cela me mettrait trop à la disposition de l'Assemblée nationale : je vous prie de retirer cette déclaration ». M. Chesnelong en conclut qu'il ne demandait qu'à se faire forcer la main, car on croit aisément ce qu'on désire, et cette conviction s'ancra si fortement en lui que, dans son rapport au Comité des Neuf, il omit intentionnellement la seule déclaration du prince qui compta vraiment : « Jamais je n'accepterai le drapeau tricolore. » Plus tard, à l'heure des explications et des récriminations, quand ses amis l'ac-

(1) Plaidant des circonstances atténuantes, M. Chesnelong a dit un jour : « Le silence sur le mot jamais était pour moi un point d'honneur. »

cusèrent, les uns avec amertume, les autres avec
violence, d'avoir suscité, entretenu et prolongé de
faux espoirs par des réticences calculées, des
inexactitudes voulues, M. Chesnelong répondit
d'abord : « Relisez le procès-verbal des Neuf,
vous constaterez que je me suis borné à dire :
« Monseigneur accepte que rien ne soit changé
« au drapeau avant sa prise de possession du pou-
« voir; il se réserve de présenter alors au pays
« une solution compatible avec son honneur. »
— « Mais, répliquait-on, vous êtes allé plus loin,
vous avez rapporté de Salzbourg cette déclaration très nette : « le drapeau sera maintenu. »
— « Assurément, répliquait M. Chesnelong, mais
ce n'était pas une parole royale; c'était une affirmation de MM. Lucien Brun, de Cazenove de
Pradines et de Carayon-Latour. » Il disait vrai;
seulement, il avait si bien emmêlé tout cela qu'on
avait attribué au comte de Chambord ce qui n'était
qu'une hypothèse de son entourage et M. Chesnelong, qui n'aurait eu qu'un mot à dire pour dissiper
cette erreur, ne le dit pas.

Dès son arrivée à Paris, M. Chesnelong courut
chez le général Changarnier, chez M. Ernoul et
leur communiqua les plus rassurantes nouvelles.
Il se montra non moins optimiste avec le comité
des Neuf; toutefois, certaines réticences éveil-

lèrent les soupçons des représentants du Centre droit qui firent renvoyer au lendemain les décisions à prendre pour laisser à M. le duc d'Audiffret-Pasquier et au général Changarnier le temps de conférer avec le comte de Paris et le duc de Nemours. Les princes se montrèrent moins méfiants que leurs amis et le comité des Neuf adopta, à l'unanimité, un projet de résolution qu'il soumit vingt-quatre heures plus tard aux bureaux des quatre groupes de la Droite.

Ceux-ci se réunirent le 18 octobre, à une heure de l'après-midi, chez M. Anisson Duperron, rue Abbatucci. Tous les députés conservateurs présents à Paris s'étant joints aux membres des bureaux, près de quatre-vingts représentants prirent part à la délibération.

Sur le trottoir, les reporters attendaient, impatients d'apprendre ce qu'on avait résolu, et les discussions entre ces informateurs de nuances très diverses allaient leur train. L'opinion générale se résumait dans ces quatre mots : « La Monarchie est faite. » Enfin, la porte de l'hôtel s'ouvrit, M. le duc d'Audiffret-Pasquier parut, croisant d'un geste brusque son pardessus. Entouré, pressé de questions, il se borna à répondre : « Nous gardons le drapeau tricolore » et il s'éloigna sans rien dire de plus. « Oui, ricana quelqu'un, mais gare au prochain manifeste du comte de Chambord ! »

Comme les Droites, comme les reporters et le public, les républicains n'étaient pas fort éloignés de croire à une restauration ; ils prirent néanmoins leurs mesures pour lutter jusqu'au bout et affectèrent une confiance qu'ils ne ressentaient pas. M. Thiers, à son retour de Suisse, organisa et dirigea l'opposition contre « une monarchie menaçant tous les droits de la France, ses libertés civiles, politiques, religieuses, son drapeau, son état social, les principes de 1789 ». Le prince impérial revendiqua « le principe de la souveraineté nationale et le drapeau qui le consacre ». Le prince Napoléon prêcha « la sainte alliance des patriotes » et le groupe de l'Appel au peuple déclara qu'il « voterait contre toutes les propositions monarchiques, contre une révolution en arrière ». Gambetta prononça des discours en province et, dans les campagnes, on annonça partout le rétablissement de la dîme, la domination des curés. L'extrême Gauche et l'Union républicaine constituèrent des comités de vigilance ; les républicains conservateurs, réunis chez M. Casimir Perier où M. de Lasteyrie, paralysé depuis plus d'un an, se fit porter, décrétèrent le maintien de la République. La Gauche et le Centre gauche eurent leurs comités d'action et ce dernier groupe refusa de conférer avec le Centre droit, étant, disait-il, « convaincu que la République conservatrice était la plus sûre garantie de l'ordre comme de la liberté, que la restauration monarchique ne serait qu'une cause de nouvelle révolution ».

Malgré cette levée de boucliers, les royalistes ne doutèrent pas un seul instant du succès. Ils avaient leurs pointages, très rassurants, et faisaient le siège des douteux. M. Goulard, à cheval sur les deux Centres et qui disposait de quinze voix, vit soudain s'accroître singulièrement le nombre de ses amis.

Les Droites se réunirent le 22 octobre et, ce jour-là, les couloirs de l'Assemblée furent envahis de bonne heure par une foule pleine d'animation où les récents convertis se faisaient, comme toujours, remarquer par un zèle tapageur.

Le Centre doit ne montra qu'un enthousiasme tempéré ; il prit quelques précautions pour assurer le maintien du suffrage universel et la liberté de la presse. A la réunion des Réservoirs, M. Chesnelong réédita avec infiniment d'obligeance le récit de ses entrevues avec le comte de Chambord. Les conservateurs s'abordaient avec ces trois petits mots : « Tout va bien ! »

On en était là lorsque le bruit se répandit que le Centre droit avait rédigé et communiqué à la presse le procès-verbal de sa séance. Dans le train qui ramenait à Paris les députés, quelques reporters en donnèrent lecture. Les mieux renseignés tremblèrent, ceux qui soupçonnaient seulement une partie de la vérité pâlirent. Leur premier mouvement, le bon, fut d'empêcher coûte que coûte la publication de ce document qu'ils jugeaient, avec raison, dangereux; mais il était trop tard, les journaux du soir allaient paraître. M. Chesnelong avait forcé la note dans la réunion du Centre droit pour calmer les inquiétudes et les méfiances des orléanistes; le rédacteur du procès-verbal avait encore renchéri et donné aux équivoques un air de précision : « Les principes fondamentaux de notre droit public sont mis en dehors de toute contestation... Le comte de Chambord a dit : « Puisque le drapeau tricolore est le drapeau légal, je saluerai avec bonheur le drapeau teint du sang de nos soldats. »

« Maladresse », déclarèrent les uns; « hostilité perfide », s'écrièrent les autres. Quoi qu'il en soit, ce document produisit sur le comte de Chambord exactement l'effet qu'avaient prévu ceux qui le connaissaient bien. Si c'était un complot, il voulut le déjouer; si c'était un malentendu, il résolut de le dissiper. Le 27 octobre, il écrivit à M. Chesnelong une lettre que M. de Monti apporta le 29 à Paris, en invitant, de la part du prince, M. de Dreux-Brézé à la remettre au destinataire. Il en porta lui-même une copie à l'*Union* avec l'ordre formel de la publier le jour même. M. Chesnelong déjeunait avec M. de Mackau quand il reçut l'écrit royal et en demeura d'abord stupide; puis, s'étant un peu remis, son premier mot fut : « Il faut garder le secret. » — Impossible, déclara M. de Dreux-Brézé, l'*Union* l'insérera dans quelques heures. »

M. Chesnelong se précipita chez le général Changarnier où il trouva une nombreuse compagnie. On terminait à l'instant même un pointage qui donnait, pour le rétablissement de la monarchie, une majorité de vingt voix. Les visages étaient radieux; ils s'assombrirent lorsque le nouvel arrivant donna lecture de sa lettre. Il se fit un lugubre silence. Le général Changarnier pleura. Le duc Decazes s'étonna de constater « d'aussi notables différences » entre les déclarations du prince et les récentes affirmations de M. Chesnelong. Ce dernier déclara : « J'ai dit la vérité. Si elle était contestée, j'en appellerais au roi et si le roi me manquait, j'en appellerais du roi à Dieu. » On remit à plus tard le soin de démêler cette affaire embrouillée; d'ailleurs, à quoi bon? c'était l'effondrement de la fusion, la fin d'un rêve, la monarchie frappée au cœur par la main même du roi. « Tout cela pour une serviette! » dit le pape que l'obstination du comte de Chambord avait toujours déconcerté.

****

L'émotion fut vive, plus vive peut-être chez certains que la surprise. Les ministres dînaient, à Versailles, chez leur collègue M. Desseilligny; les membres de la Droite y coururent, impatients de connaître ce qu'ils comptaient faire. Il y eut un concert de lamentations, de récriminations, où les chevau-légers firent bien leur partie. M. le duc de Broglie écoutait, parlant peu; il avait déjà son idée de derrière la tête, qu'il exposa, chez M. Lambert de Sainte-Croix, à ses amis du Centre droit : c'était le décennat, qui devint le septennat (1). Ceux qui l'entendirent ce soir-là furent unanimes à dire qu'il prononça un de ses meilleurs discours. M. Laurier l'appuya, avec une éloquence plus familière : « Nous faisions un civet, voilà que le lièvre se sauve; il nous reste un lapin, faisons une gibelotte. »

(1) Les bonapartistes le voulurent ainsi et comme on ne pouvait rien sans eux, il fallut leur céder. Eux aussi avaient leur idée de derrière la tête; ils entendaient faire coïncider l'expiration des pouvoirs du maréchal de Mac-Mahon avec la majorité du prince impérial.

Les groupes délibérèrent un peu partout. Le Centre gauche se déclara en permanence et vota cet ordre du jour : « Le moment est venu de sortir du provisoire et d'organiser la République conservatrice. »

A la réunion des Réservoirs, il fallut bien reconnaitre qu'une restauration n'était plus possible et M. Maurice Aubry protesta seul : « Ce sera, pour l'Assemblée nationale, une honte historique ».

A l'hôtel Bagration, M. Thiers vit accourir de nombreux républicains et, chez M. Rouher, les bonapartistes manifestaient une joie d'autant plus grande qu'ils avaient craint davantage. M. Thiers disait : « Je voudrais voir la tête de Pasquier. » M. Rouher abondait en calembours.

Dans la matinée du 31 octobre, les Neuf démissionnèrent et, le lendemain, le Centre droit, la Droite modérée se réunirent. On proposa de rétablir la Monarchie avec la régence du comte de Paris ou la lieutenance générale du duc d'Aumale. L'extrême Droite, consultée, fit savoir qu'elle n'accepterait que le duc de Nemours. Les princes déclarèrent : « Nous sommes tous mac-mahoniens ». Alors, on se rabattit sur le maréchal et lorsque la Chambre se réunit le 5 novembre 1873, ce fut pour renvoyer à une commission spéciale ce projet de loi du général Changarnier : « Le Pouvoir exécutif est confié pour dix ans au maréchal de Mac-Mahon. »

La dislocation du parti conservateur avait fait de tels et de si rapides progrès que les républicains eurent la majorité dans cette commission : « Maintenant, je tiens le maréchal! » s'écria M. Thiers. Il lui échappa cependant, par la défection du Centre gauche qui préféra, aux représailles, l'assurance qu'on voterait avant peu les lois constitutionnelles.

Ce fut un bon moment pour les amateurs de discussions byzantines. On dissertait sur le septennat républicain et la République septennale, on subtilisait sur le personnel et l'impersonnel, le défini et le définitif, le gouvernement temporaire et le gouvernement sujet à revision.

Tandis qu'on s'attardait à ces querelles de mots et d'étiquettes, le comte de Chambord arrivait à Paris, dans la nuit du 8 au 9 novembre, accompagné de MM. de Blacas, de Chévigné, de Monti, et, quelques heures plus tard, se rendait à Versailles où M. le comte de Blacas eut une entrevue d'abord avec Mme la duchesse de Magenta, puis avec le maréchal de Mac-Mahon. Il en emporta cette double réponse : le président de la République refuse également de se rendre auprès du roi et de le recevoir. Une pareille rencontre, au moment même où l'Assemblée nationale est saisie de la proposition Changarnier, pourrait être interprétée comme une intrigue dont la seule apparence répugne à la dignité de son caractère et à sa loyauté. Sur un mot de M. le comte de Blacas laissant entrevoir que le prince pourrait bien se présenter devant les troupes et s'en faire acclamer, le maréchal répondit vivement : « Surtout, pas avec le drapeau blanc ! »

Le comte de Chambord ne courut pas cette aventure. Enfermé, rue Saint-Louis, chez M. de Vanssay, n'y recevant que M. Lucien Brun, le général Ducrot et deux autres de ses fidèles, il attendit le vote de l'Assemblée sur le septennat, espérant jusqu'au bout, contre toute apparence, que la Chambre, impuissante à instituer un gouvernement durable et fort, se résignerait enfin à accepter le drapeau blanc. Lorsque tout espoir fut perdu, il s'éloigna. Comme on dramatise tout, on a prétendu que, pendant le débat et le vote, il se tenait debout, sur la place d'armes, au pied de la statue de Louis XIV.

Le 20 novembre, l'Assemblée nationale constitua le Pouvoir exécutif (1) ; restaient les lois

______

(1) Le septennat fut voté par 378 voix contre 310. Huit députés de l'extrême Droite s'abstinrent, « convaincus que la monarchie nationale et chrétienne est le seul moyen de salut pour le pays et

constitutionnelles. Du 26 novembre au 4 décembre, on nomma une nouvelle commission des Trente pour les examiner. Il fallut dix tours de scrutin et jamais élection ne fut à ce point cahotée. Le Centre gauche y fit entrer cinq de ses membres; l'extrême Droite n'y était presque pas représentée. La majorité du 24 mai, où, depuis quelque temps, on apercevait des fissures, des crevasses, se disloqua.

La commission se hâta lentement. « C'est, disait-on, Pénélope qui fait, défait et refait son éternelle tapisserie en attendant le retour du lis ». Elle chargea MM. Waddington et Laboulaye d'étudier les constitutions des deux mondes; puis, après d'interminables discussions, elle demanda au président du Conseil un projet sur l'organisation de la Chambre haute. Il le déposa le 15 mai 1874 et en donna lecture au milieu d'un silence glacial. L'extrême Droite y vit un commencement d'organisation du septennat, ce qui était l'évidence même, et une intrigue orléaniste, qui n'existait que dans son imagination.

Ce qui se dégageait surtout des débats de la commission des Trente, c'était une grande défiance

qu'on pourrait la faire si on voulait. » On répandit des cartes photographiques où les portraits de ces représentants entouraient celui du roi et on les surnomma « les huit apôtres du comte de Chambord ».

du suffrage universel. Ne pouvant le supprimer, on voulut du moins le diriger. Ce qu'on trouva de mieux, ce fut de substituer l'arrondissement à la liste, le scrutin uninominal paraissant se prêter mieux que l'autre à la candidature officielle. On y ajouta le contrepoids d'une Chambre haute et les radicaux prétendirent que ces malicieux fabricants de constitution se proposaient pour but, en créant cette assemblée, d'en faire un foyer de conspiration contre la Chambre des députés et de semer la discorde dans la République. C'était une interprétation excessive. Selon M. le duc de Broglie, ce Sénat et cette Chambre figureraient deux horloges qui n'avaient pas besoin, pour marcher régulièrement, de subir les mêmes oscillations et de marquer la même heure. Au surplus, le mot Sénat sonnait mal aux oreilles en évoquant les souvenirs de l'Empire; comme Chambre des pairs n'était plus de mise, M. de Larcy proposa : « Le grand Conseil ». Sa proposition fut écartée; Gambetta s'en empara plus tard et, en allongeant un peu cette étiquette, en fit le « Grand Conseil des Communes ». Aux deux horloges de M. le duc de Broglie, M. Thiers opposait la cloison : « Coupez en deux une Assemblée, disait-il, élevez entre les deux moitiés une cloison et vous aurez deux Chambres qui se contrediront, se contrôleront et se feront équilibre. » Il concluait pour l'élection des sénateurs par le suffrage universel. M. Laboulaye disait, de son côté, qu'il suffirait de prendre un député et de le transporter au Sénat pour lui donner un autre esprit et lui imprimer une autre allure.

M. le duc de Broglie voulait mettre, dans cette Chambre haute, des membres inamovibles nommés par le maréchal de Mac-Mahon; on fit bien des inamovibles, mais l'Assemblée nationale se réserva le soin de les désigner. Comme les Droites avaient la majorité, elles pensèrent faire merveille en substituant à des hommes choisis parmi les illustrations de la science et des arts, les représentants de la grande industrie, du grand commerce, de la haute banque, ceux de ses membres qui n'avaient aucune chance d'être réélus. C'était une assurance contre ce que, parmi les intéressés, les uns appelaient l'aveuglement et les autres l'ingratitude du suffrage universel. Ils crurent bien calculer et calculèrent mal; l'événement le démontra.

L'extrême Droite, qui ne voulait organiser ni une Chambre haute ni rien, s'entendit avec les bonapartistes animés du même esprit et les républicains toujours disposés à mettre en échec le Gouvernement. La coalition triompha. C'était, sinon la fin de l'Union conservatrice, du moins le commencement de la fin; c'était, dans tous les cas, une crise ministérielle. Une heure et un semblant de débat y suffirent. La question, en apparence, était de savoir si l'on donnerait la priorité à la loi électorale ou à la loi municipale; on vota uniquement pour le maintien ou le renvoi du Cabinet. Le président du Conseil dédaigna de se défendre. Sachant sa chute inévitable et prochaine, il préféra tomber sur une fixation d'ordre du jour.

*
* *

La commission des Trente eut, pour premier rapporteur, M. Casimir de Ventavon. Ce petit homme, noueux, contrefait, qui se traînait en boitant sur des jambes torses, avait inventé le septennat personnel qu'on appelait couramment le « Ventavonnat ». Ce n'était ni la République, ni la Monarchie, encore moins l'Empire. Quand il défendit cette singulière combinaison, en l'opposant au projet de M. Casimir Perier qui instituait la République définitive, on crut voir Quasimodo défendant sa cathédrale. Battu, il démissionna de dépit et on lui donna M. Paris pour successeur.

La proposition Casimir Perier alla rejoindre le Ventavonnat; mais, reprise par M. Laboulaye le 28 janvier 1875, elle parut un instant devoir triompher. Cet orateur du Centre gauche sut persuader, convaincre et comme qui dirait convertir les hommes du Centre droit qui, loin de partager l'admiration des chevau-légers pour l'absolu, le regardaient comme le contraire de la politique.

Avec ses joues soigneusement rasées, ses yeux à demi clos, ses longs cheveux qui retombaient sur un faux col mou, sa redingote hermétiquement boutonnée, on eût pris cet Américain de Seine-et-Oise — le mot est de Gambetta — pour un quaker; mais la bouche, aisément ironique, avertissait de ne pas trop se fier à la bonhomie apparente de celui que, parfois, on appelait irrespectueusement le Purgon de la République conservatrice. Tout son esprit semblait s'être réfugié sur ses lèvres; on insinuait que tout son libéralisme s'y était réfugié aussi. Très fin, très subtil, il prononçait des discours qui étaient des conférences et, à la tribune où il parlait à voix basse, d'un ton pleurard, il se croyait toujours dans sa chaire du Collège de France.

En délicatesse, pendant de longues années, avec le suffrage universel qui opposa cinq refus bien secs à ses sollicitations, il finit par vaincre cette antipathie et quand il frappa pour la sixième fois, on lui ouvrit. Pendant cette longue faction, il changea quelque peu son fusil d'épaule et agrémenta son nom de panaches divers. On vit d'abord le Laboulaye-Parisien du *Paris en Amérique;* puis, le Laboulaye-fondeur de l'*Histoire de la propriété foncière en Europe.* Son libéralisme oscilla et, à chacune de ses oscillations, il reçut un encrier, tantôt dans les mains et tantôt sur la tête. En 1866, les habitants de Strasbourg se cotisèrent pour offrir à ce champion des doctrines libérales un encrier superbe en argent ciselé. En 1870, lorsqu'il écrivit : « La meilleure des constitutions est celle qu'on a, pourvu qu'on s'en serve » et se rallia inopinément à l'Empire libéral, ce fut encore avec cet encrier que ses admirateurs de la veille le lapidèrent. On s'en arma de nouveau contre lui, en 1872, quand il s'avisa de dire : « La forme du Gouvernement m'est indifférente, pourvu que le Gouvernement ne soit pas despotique. » Ceux qui ne partageaient pas cette manière de voir le sommèrent de rendre l'encrier et, suprême outrage, lui crièrent : « Au Sénat! » En homme avisé, il garda l'encrier et se fit élire un peu plus tard sénateur inamovible.

M. Laboulaye, dans cette séance du 28 janvier 1875, était redevenu, non seulement l'homme des libéraux, mais aussi l'homme des républicains. Les uns et les autres étaient convaincus ce jour-là qu'il les menait à la victoire et cette impression se fortifia lorsqu'ils virent M. le duc d'Audiffret-Pasquier sortir brusquement de la salle des séances à la tête d'une petite troupe, en s'écriant : « Puisqu'il n'y a pas moyen d'y échapper, faites-la vite votre République pendant que nous ne sommes pas là ! » Mais M. Louis Blanc avait préparé un discours et son intervention intempestive, en retardant le vote, affaiblit l'impression produite par M. Laboulaye, laissa aux royalistes désemparés le temps de se concerter, de faire aboutir l'expédient du renvoi au lendemain.

Le lendemain, on vota, au scrutin public à la tribune, sur l'amendement Laboulaye : « Le Gouvernement de la République se compose de deux Chambres et d'un président. » Les spectateurs, entassés dans les galeries, suivaient avec une attention qui se soutint jusqu'au bout les péripéties de cette interminable opération. A l'appel de leurs noms, M. Buisson (de la Seine-Inférieure), M. de Kergariou traversèrent péniblement l'hémicycle, soutenus, presque portés (1) ; M. Léonce de Lavergne, qui s'était fait traîner dans une petite voiture, envoya de la salle des Pas-Perdus son bulletin. On pointait, au fur et à mesure qu'ils défilaient, les votes de chaque

____

(1) M. Buisson vota pour et M. de Kergariou contre.

député et tantôt ces pointages assuraient à l'amendement une majorité de quelques voix, tantôt ils constataient que d'autres votes la lui faisaient perdre. On allait emporter les urnes, lorsqu'une vive agitation se manifesta sur les banquettes de la Gauche : il s'en fallait de cinq voix seulement, on le croyait du moins, que la République ne fût proclamée et cinq membres de l'extrême Gauche, MM. Louis Blanc, Madier de Montjau, Edgar Quinet, Peyrat, Marcou, avaient quitté la salle des séances en proclamant leur inébranlable résolution de s'abstenir. On se mit à leur recherche, on supplia ces hommes de bronze de ne pas s'attacher obstinément à l'inflexible rigueur des principes, de ne pas se faire une loi d'être impitoyables pour la République sous prétexte que la Chambre usurpait le pouvoir constituant. D'abord, ils restèrent sourds aux sollicitations et demeurèrent insensibles aux prières; puis, MM. Edgar Quinet, Peyrat, Madier de Montjau se départirent de leur intransigeance et ce dernier se précipita vers la Bibliothèque où ses collègues Louis Blanc et Marcou s'étaient retranchés : « Il ne s'en faut que de cinq voix, marchons! » Ils marchèrent et l'on vit apparaître au pied de la tribune les cinq escortés, poussés, un peu bousculés. Ils s'exécutèrent avec de grands gestes tragiques. On les acclamait à

Gauche; à Droite, on ricanait. Ce sacrifice ne servit de rien; l'amendement Laboulaye fut repoussé par 359 voix contre 336.

On s'en prit à M. Louis Blanc et ce fut une clameur de haro. On l'accusa d'avoir, en s'obstinant à parler quand tout lui ordonnait de se taire, transformé en défaite une victoire certaine. Il n'était pas seul coupable. Peu de jours auparavant, M. Jules Favre avait, par une maladresse qui ressemblait à une provocation, déchaîné les colères du Centre droit. Au moment même où une fraction du parti orléaniste s'apprêtait à faire vers la République un pas décisif, il prononça contre la monarchie, et incidemment contre Louis XVI, un inutile réquisitoire dont quelques mots malheureux provoquèrent cette protestation : « C'était hier le 21 janvier! » M. Bocher, qui devait précisément prendre la parole pour préparer l'évolution de ses amis vers le Centre gauche, se précipita vers la tribune, et, pâle, frémissant, débuta ainsi : « Trois fois, dans des circonstances et dans des temps différents, la République s'est établie en France; trois fois, elle a été fille de la violence et de la sédition; trois fois, elle est née dans le désordre et dans le sang, en 1792, en 1849, en 1870. » M. le duc d'Audiffret-Pasquier, très nerveux lui-même, insistait le lendemain, en laissant entendre que M. Bocher aurait dû faire preuve d'une moindre irritabilité, sur les inconvénients que peut engendrer, chez un homme politique, la prédominance du système nerveux.

Cependant, le maréchal de Mac-Mahon avait envoyé message sur message à l'Assemblée nationale pour la mettre en demeure de donner promptement une constitution à la France. Une partie du Centre droit jugeait, comme lui, nécessaire d'accorder au chef du pouvoir exécutif les moyens de gouverner, de mettre un terme à ce paradoxe d'un président de la République inamovible sans droit ni pouvoir de dissoudre une assemblée souveraine, d'une assemblée souveraine sans pouvoir ni droit de renverser un président inamovible. Comme, d'autre part, les chevau-légers refusaient systématiquement de collaborer aux lois constitutionnelles, les libéraux se tournèrent vers les républicains conservateurs et le groupe Lavergne servit de trait d'union entre les deux Centres.

Cette évolution fut surtout déterminée par la crainte que causait aux orléanistes un retour de l'île d'Elbe. On voulut opposer à l'Empire un gouvernement définitif. Le duc d'Aumale y poussait, M. le duc d'Audiffret-Pasquier s'y employait avec beaucoup de zèle. Quelques heures avant le vote de l'amendement Wallon, avisant un de ses jeunes amis dans le hall de la gare Saint-Lazare, il s'approcha de lui et, prenant un air courroucé, dit à haute voix : « Vous en faites de belles! On m'assure que vous allez fonder la République. » Puis, baissant le ton, il ajouta : « C'est malheureusement le seul parti à prendre; surtout, soyez ferme comme un roc! » Mais s'il engageait les orléanistes à couper les ponts derrière eux, M. le duc d'Audiffret-Pasquier demeurait sur l'autre rive, avec cette Droite qu'il déclarait aveugle, dont il déplorait l'obstination, et ce fut seulement après la victoire qu'il vola au secours des vainqueurs. On le vit alors voter les lois constitutionnelles, mais en compagnie de MM. le duc de Broglie, Bocher, Anisson-Duperron, le général de Chabaud-Latour, de Cumont, le duc Decazes, Desjardins, Lambert de Sainte-Croix, Cornélis de Witt qui avaient repoussé l'amendement Wallon. Toutefois, ni cet amendement, ni l'ensemble des lois constitutionnelles n'auraient jamais pu être votés si M. Buffet s'était montré hostile ou simplement indifférent. Ce fut un acharné et interminable duel entre M. Raoul Duval et lui. Le premier, bien qu'effroyablement enrhumé, enroué, grippé, revenait sans cesse à l'assaut et l'autre lui opposait les infinies et inépuisables ressources d'un règlement artistement manié. M. Raoul Duval succomba.

Grand, bien découplé, la moustache forte, la figure énergique, la parole ardente, M. Raoul Duval était un irrégulier. Plein d'entrain, il mettait dix fois par jour le feu aux poudres et, les journées ne suffisant point à épuiser son ardeur, il réclamait des séances de nuit. Les hommes du quatre septembre n'eurent pas d'adversaire plus implacable ni M. Challemel-Lacour d'ennemi plus acharné (1). Aussitôt qu'il avait entendu le sifflement des balles, ses mains s'agitaient, impatientes d'en venir aux coups, il se ruait, impétueux, toujours très brave et parfois téméraire. Tout en admirant cette animation et ce courage, ses collègues du Centre droit n'étaient pas sans inquiétude. Ils l'applaudissaient, mais ils sentaient bien que cet emballement était dangereux, que ces pointes hardies compromettaient les plans des généraux et ils auraient voulu, avec un peu moins de fougue, un peu plus de discipline.

La rupture se produisit plus tôt qu'on ne l'avait craint ou prévu. Mécontent de ses amis, croyant

(1) Orateur passionné, mais surtout homme d'action, trempé pour la lutte et y prenant un vif plaisir, il combattit M. Thiers et M. le duc de Broglie avec le même acharnement. Il exigea la mise en accusation de M. Ranc. Il demanda la révocation des magistrats municipaux présents à ce banquet du Havre où Gambetta se prononça pour la dissolution, ce qui, du reste, ne l'empêcha point, un peu plus tard, de la déclarer nécessaire.

avoir à s'en plaindre ou jugeant leur politique mauvaise, il alla siéger sur les banquettes de l'appel au peuple et, ne voulant ni relever le trône (1), ni fonder la République, il réclama le plébiscite (2).

Il lutta jusqu'au bout contre les lois constitutionnelles, improvisa des amendements innombrables, multiplia les discours; renversé, il se relevait aussitôt pour un suprême corps-à-corps. Le président n'eut raison de cette obstination qu'en couvrant du bruit de sa sonnette le dernier râle de M. Raoul Duval.

L'amendement Wallon (3) fut voté le samedi 30 janvier 1875 à une voix de majorité (4).

(1) Il écrivit au président du comité des Neuf : «Je reste à l'écart, laissant agir ceux qui, plus heureux que moi, ont, avec la foi, l'espérance de réussir. »

(2) En réponse au discours prononcé à Belleville par Gambetta, il fit, à Ménilmontant, l'éloge de l'Empire, ce qui lui valut une lettre de félicitation du prince impérial.

(3) En voici le texte : « Le Président de la République est élu à la majorité absolue des suffrages par le Sénat et la Chambre des députés réunis en Assemblée nationale.

« Il est nommé pour sept ans; il est rééligible ».

M. Wallon avait d'abord proposé de le faire élire « à la pluralité des suffrages ».

(4) 353 voix contre 352. On s'est demandé souvent quel était le député dont le bulletin fit pencher la balance en faveur de la République. On a prétendu que le maréchal de Mac-Mahon, parcourant à l'*Officiel* la liste des votants et arrivé au dernier nom, s'écria : « C'est Wolowski! » On a affirmé que le général de Chabron, après avoir résolu de s'abstenir, vota pour l'amendement lorsqu'on vint

Le lendemain, à la suite de rectifications au procès-verbal, l'unique voix de majorité disparut et M. Raoul Duval en prit texte pour contester la validité du scrutin; mais M. Buffet l'arrêta net et, scandant tous ses mots pour leur donner plus de force : « Le vote, dit-il, est acquis; je ne le laisserai pas discuter. »

M. Wallon, ce grand vainqueur, était un député modeste et timide qui se plaisait dans l'ombre. L'air perpétuellement effaré, il hésita pendant de longs mois entre les deux Centres, comme Hercule entre le vice et la vertu, sans réussir à se fixer. Il finit par camper dans l'entre-deux, au groupe Lavergne. C'était le plus honnête homme du monde et il portait, jusque dans les choses de la politique, une probité scrupuleuse.

Sa parole terne et froide, sa diction hésitante, ses gestes de paralytique lui interdisaient de prétendre aux grands succès de la tribune; aussi ne les ambitionna-t-il jamais (1). Il se bornait à dire

lui dire que, le nombre des voix se balançant, il allait être procédé au pointage. Toutefois, sa brusque évolution n'aurait pas suffi pour assurer la victoire des républicains si M. Mallevergne n'était pas arrivé en retard. Il aurait repoussé l'amendement Wallon. M. Charreyron, qui votait habituellement pour lui en cas d'absence, n'ayant pas reçu ce jour-là d'indication précise, le fit s'abstenir bien que lui-même eût voté contre l'amendement.

(1) Lorsqu'il défendit son fameux amendement, on l'écouta à peine. Tout au plus saisissait-on çà et là, au milieu du bruit des

simplement ce qu'il croyait juste et nécessaire,
encore le disait-il assez mal, car il trouvait difficilement les mots pour traduire sa pensée.

La subite célébrité que lui valut son amendement le gênait beaucoup et, pour se donner une
contenance, il passait son temps, à l'Assemblée,
le nez sur des épreuves d'imprimerie.

Tout le monde tombait d'accord que le père de
la Constitution avait sa place retenue d'avance
dans le ministère Buffet. Il faillit néanmoins ne
rien être. Pendant toute une semaine, on lui préféra M. de Meaux comme grand-maître de l'Université. Enfin, celui-ci se contentant du commerce, M. Wallon reçut le portefeuille de
l'instruction publique et se montra confus de cet
honneur inespéré.

*
* *

La République était faite; la loi sur l'organisation du Sénat faillit la défaire. Les Gauches deman-

conversations, quelque lambeau de phrase qui mettait l'Assemblée
en belle humeur, celui-ci par exemple : « Si la République ne convient pas à la France, la plus sûre manière d'en finir avec elle est
de la faire ». Ces rires, dont il ne s'expliquait point la cause, cette
inattention désobligeante, ce bruit persistant troublaient à un tel
point l'excellent M. Wallon qu'il se perdait au milieu de ses
périodes, ne parvenait plus à ressaisir le fil de son argumentation
et, pour tout dire, pataugeait lamentablement.

daient que les sénateurs fussent élus par le suffrage universel; le Centre droit et le groupe Lavergne préconisaient l'élection par les Conseils généraux; le Centre gauche ne savait auquel de ces deux systèmes il accorderait, en fin de compte, la préférence. On proposa cette transaction : deux tiers des sénateurs seraient nommés par le suffrage universel; l'Assemblée nationale désignerait le reste. On discutait, sans parvenir à s'entendre, lorsque, le jeudi 11 février, la Chambre, en votant un amendement à M. Pascal Duprat, trancha la question en faveur du suffrage universel. Ce coup de théâtre fut provoqué par l'abstention de l'extrême Droite et du groupe de Larcy, par la coalition des bonapartistes avec les trois Gauches : « Il ne reste que peu de chose du projet de la commission », constata mélancoliquement M. Batbie et, sur sa demande, l'Assemblée s'ajourna au lendemain.

Le désarroi était partout. La commission, le Gouvernement (1) refusèrent d'intervenir dans la suite du débat. M. Brisson demanda la dissolution; M. Méplain conseilla au maréchal de Mac-Mahon de gouverner avec la majorité du 24 mai

(1) « Ce ministère six fois battu et toujours présent », disait Gambetta dans sa réponse à M. le duc Decazes qui venait de combattre la demande de dissolution.

et les bonapartistes; une importante fraction du Centre droit repoussa toute alliance avec l'Appel au peuple; M. Buffet, M. le duc de Broglie se désignaient mutuellement pour la présidence du Conseil dont ni l'un ni l'autre ne voulait; enfin, brochant sur le tout, on parlait à voix basse d'un complot militaire, on en désignait même les chefs, le général Abbatucci et le général d'Espeuilles, on murmurait le nom du village où le prince impérial devait être acclamé empereur.

Le Centre gauche, mesurant après coup les conséquences de son vote, se déclara prêt aux concessions; mais le Centre droit et le groupe Lavergne décidèrent qu'il n'y avait pas lieu de passer à la troisième lecture. Parmi les républicains, la plupart se montraient inquiets de leur victoire et quelques-uns avouaient sans fausse honte qu'ils avaient cru faire une manifestation purement platonique.

La Chambre refusant de passer à une troisième délibération, ce que la République avait gagné se trouva en grand péril d'être perdu et aurait pu l'être si M. Buffet n'avait découvert un artifice de procédure : « Le règlement, dit-il, autorise le dépôt de nouvelles propositions. » Elles se mirent à pleuvoir en averses. Chacune d'elles provoquant des critiques, on s'en remit au groupe

Lavergne du difficile soin de contenter tout le monde et il s'en déchargea sur M. Wallon. Ce dernier s'adjoignit comme collaborateurs MM. le vicomte d'Haussonville et Amédée Beau, après avoir demandé une consultation à MM. Ricard et Bocher. Les deux Centres, le groupe Lavergne désignèrent des délégués qui se réunirent, le mercredi 17 et le jeudi 18 février 1875, tantôt chez M. le duc d'Audiffret-Pasquier, tantôt chez M. Casimir Perier dont les hôtels étaient séparés par un bout de jardin qu'une grille coupait en deux dans le sens de la longueur.

Lorsque les nobles passions que la politique déchaîne rendaient ces deux beaux-frères ennemis, la grille demeurait obstinément fermée; elle se rouvrait aussitôt que cette même politique les réconciliait. Le duc d'Audiffret-Pasquier en voulut pendant de longs mois à M. Casimir Perier de son adhésion à la République; il s'en rapprochait depuis que son horreur du bonapartisme l'inclinait lui-même vers la République (1).

Les délégués eurent une première conférence

---

(1) L'hôtel de M. le duc d'Audiffret-Pasquier avait son entrée dans la rue Bassano; celui de M. Casimir Perier, dans la rue Galilée. L'un et l'autre figuraient deux énormes cubes de pierres et de briques, trapus, lourds. Ils se dressaient en bordure des Champs-Élysées, à l'endroit même où s'étale aujourd'hui un immense caravansérail.

dans la soirée du mercredi 17 février et M. de Ségur, gendre de M. Casimir Perier, fit connaître les propositions du groupe Lavergne. Il n'y eut, à vrai dire, de discussion sérieuse que sur un seul point : à qui confierait-on le soin de désigner les 75 sénateurs inamovibles? Au maréchal de Mac-Mahon? comme le demandait le Centre droit. A l'Assemblée nationale? comme l'exigeait le Centre gauche. Sur tout le reste, on s'était mis rapidement d'accord. Le Centre droit finit par céder et le général de Chabaud-Latour, M. le duc Decazes s'offrirent pour obtenir l'adhésion du président de la République. Celui-ci formula à peine quelques objections et tandis que M. Wallon se rendait à Versailles pour porter à l'imprimerie le texte définitivement adopté, le Centre droit se réunissait chez son président, M. Bocher, le Centre gauche, salle Nadar. Ici et là, on ratifia presque sans discussion l'accord conclu par les délégués, on adopta le projet auquel MM. Wallon et Ricard avaient collaboré.

Le lendemain vendredi, tous les groupes siégèrent en permanence à Versailles. Les députés de la Droite siégeaient surtout dans les couloirs où ils fulminaient des imprécations contre le Centre droit et le maréchal; ils prédisaient à celui-ci le sort de Louis XVI : « Le voilà sur la route de

Varennes; l'échafaud est au bout. » Il y eut une réunion plénière des Gauches où l'on ne décida rien; vingt-quatre heures plus tard, on y accepta tout, malgré l'opposition de M. Jules Grévy et des intransigeants. Le lundi 22 février, la discussion s'ouvrit en séance publique. Elle fut menée rondement: ce défilé franchi, on en termina très vite avec l'organisation des pouvoirs publics et l'ensemble des lois constitutionnelles. On votait à la vapeur et, à chacun des scrutins qui se succédaient sans relâche, les royalistes criaient ironiquement : « Sans phrases! Sans phrases! » Les conservateurs protestaient encore, mais ne discutaient plus. Seul, M. Raoul Duval multipliait d'inutiles efforts pour retarder l'inévitable.

Quand on en vint au scrutin final, M. de Belcastel demanda la parole. C'était, de tous les ultras, le plus convaincu, le plus passionné, le plus intraitable. Son éloquence, amère et brutale, eut, à ce moment, quelque chose de tragique et son discours plana comme une lamentation sur l'Assemblée silencieuse. Il avait l'air et l'accent d'un prophète. Les sceptiques eux-mêmes ne purent se défendre d'une secrète émotion et l'on mesura ce que la foi vraiment sincère et forte donne d'accent à la parole d'un homme. La Chambre tout entière l'écouta avec une attention respectueuse : « Je vais, dit-il, apporter ici une protestation suprême... Sans réciter le credo républicain, vous vous ralliez à un principe dont vous serez les prêtres et jamais les croyants. Vous faites quelque chose que vous savez mauvais. Au nom des convictions que vous avez encore, arrêtez-vous! Ne consommez pas un tel acte! Ne commettez pas une infidélité au mandat que vous avez reçu de la Providence et de la patrie! »

Après la séance, soixante et dix députés royalistes, dont pas un seul n'avait voté les lois constitutionnelles, se rendirent auprès du maréchal de Mac-Mahon pour l'assurer de leur concours et protester de leur absolue confiance dans sa loyauté. Ni M. de Belcastel, ni aucun de ses amis ne s'associèrent à cette démonstration.

La nouvelle majorité ne survécut guère à son triomphe. Lorsqu'il fallut, au mois de mai 1875, élire en séance publique une commission des Trente pour examiner la loi organique sur les rapports des pouvoirs publics, la Gauche profita des divisions du parti conservateur, de l'esprit de représailles qui animait l'extrême Droite contre les orléanistes, pour faire passer presque tous ses candidats (1). Le Centre droit s'en trouva exclu et

(1) Elle les eût fait passer tous si, dans la réunion que tinrent les bureaux des Gauches entre le second et le troisième tour de scrutin,

il devint dès lors évident pour tout le monde que son règne parlementaire était fini. Il conservait seulement, par sa masse imposante, l'apparence de cette force que, trop divisé contre lui-même, il avait perdue. Ce scrutin présageait nettement ce que lui ménageait l'élection des sénateurs inamovibles.

X

LES SÉNATEURS INAMOVIBLES

Lorsque, le jeudi 4 novembre 1875, l'Assemblée nationale, ses vacances étant terminées, revint à Versailles, les malades manquèrent seuls au rendez-vous. Jamais on ne vit, un jour de rentrée, telle affluence de représentants.

Tout de suite, on s'occupa de dresser la liste des sénateurs inamovibles. Dès le premier jour, les candidats s'inscrivirent en grand nombre aux bureaux des diverses réunions et ce nombre grossissait sans cesse; à la veille du scrutin, on en comp-

Gambetta n'avait obtenu qu'on voterait pour quatre membres de la minorité, c'est-à-dire de la Droite. MM. Delsol, Adnet, Sacaze, du groupe de Clerq, et M. de Bugny, de la Réunion Colbert, furent, en conséquence, élus.

tait plus de 300. Les groupes désignèrent leurs délégués et l'on négocia (1).

La question qui se posait à ce moment était de savoir si les inamovibles seraient choisis dans la majorité du 24 mai, qui renversa M. Thiers, ou dans celle du 25 février, qui vota les lois constitutionnelles. Les 107 membres du Centre orléaniste, en se portant soit à droite, soit à gauche, devaient faire pencher la balance en faveur de l'une ou de l'autre de ces combinaisons. Bien que désemparé, ce groupe aurait pu rétablir ses affaires et reconquérir son ancienne influence s'il se fût affranchi de tout scrupule, s'il n'eût fait preuve que d'une relative loyauté.

Le parti républicain se résignait aux sacrifices pour ajouter à ses bataillons ce renfort du Centre droit. De là, les sollicitations, les avances qui lui furent prodiguées malgré l'opposition très vive de M. Thiers. Gambetta eut, dans un des bureaux de l'Assemblée, une longue conférence avec M. Bocher. Il lui offrit quarante, puis cinquante

(1) Ce même jour, un incident de séance, qui passa presque inaperçu, fit soupçonner à quelques-uns, plus attentifs ou plus clairvoyants, les surprises et les mécomptes que réservait aux conservateurs cette élection des inamovibles. M. Pascal Duprat obtint la mise à l'ordre du jour des propositions de loi relatives à la levée de l'état de siège et à la nomination des maires grâce à la défection des bonapartistes qui votèrent avec les républicains.

sièges dont il disposerait à sa guise, sous cette réserve qu'il n'inscrirait sur sa liste que des conservateurs ayant voté les lois constitutionnelles. Il devait, en outre, prendre, au nom de ses amis, l'engagement de voter pour 25 députés de la Gauche dont la réélection semblait pour le moins incertaine. M. Bocher refusa, ne voulant, disait-il, ni favoriser son parti aux dépens de la Droite, ni reprendre la parole donnée à tous les royalistes indistinctement de s'entendre avec eux pour la répartition des sièges. Cette attitude si loyale des orléanistes leur fit incontestablement beaucoup d'honneur; elle consomma leur ruine, car les chevau-légers ne montrèrent aucune répugnance à traiter avec les Gauches en même temps qu'avec les bonapartistes, et à traiter contre eux. L'extrême Droite retira de cette coalition un réel bénéfice; son bien premièrement, car elle fit passer plusieurs de ses candidats, et puis le mal d'autrui, car elle obtint, ce qu'elle désirait par-dessus tout, l'exclusion des hommes les plus éminents du Centre droit, MM. le duc de Broglie, Buffet, Batbie, le duc Decazes, le général de Chabaud-Latour, Cornélis de Witt entre autres. Ce qui, d'ailleurs, ne l'empêcha point d'accuser les orléanistes d'une duplicité carthaginoise. Toutefois, avant de conclure une alliance avec l'extrême Droite et le groupe de

l'Appel au peuple, les républicains firent de nouvelles tentatives pour conquérir les libéraux et la
conjonction des Centres apparut comme le seul pivot d'une combinaison solide.

On se demandait seulement si l'on irait jusqu'à
M. de Clercq, sur une des frontières, jusqu'à M. de
Pressensé, sur l'autre. Cela souffrit bien des difficultés, provoqua bien des hésitations, des répugnances, des querelles. On désespérait presque
de s'entendre; on en désespéra tout à fait lorsque,
le jeudi 11 novembre, le Centre droit se prononça
pour le scrutin d'arrondissement alors que les
Gauches réclamaient le scrutin de liste (1). Ce fut,
dans le parti républicain, un déchaînement de
fureurs. Pour la première fois, les députés de la
Gauche parlèrent d'une entente possible avec les

(1) A cette occasion, Gambetta prononça un de ses plus spirituels,
et aussi un de ses plus prophétiques discours : « Il y a, disait-il,
dans cette Assemblée et au dehors, un parti, un seul, qui a ou
semble croire qu'il a un intérêt prépondérant dans le scrutin d'arrondissement. Ce n'est pas le parti légitimiste, ce n'est pas le parti
bonapartiste, ce n'est pas le parti républicain, c'est... l'autre. Cet
autre, il est reconnaissable à ce caractère : il est constitutionnel le
23 février, mais non pas le 26. Et, après avoir été constitutionnel le
23 février, il voudrait être dynastique sous un régime républicain...
Ce corps qui a à sa tête des docteurs graves et des docteurs subtils,
sera écrasé au scrutin d'arrondissement comme au scrutin de liste,
parce qu'il se méfie du suffrage universel et que celui-ci le lui rend
bien... dans certains bourgs pourris, quelques-uns pourront encore
se faire élire, mais le flot aura passé sur le parti et il ne reviendra
pas. »

bonapartistes et les chevau-légers; ils firent même circuler un embryon de liste où figuraient six membres de l'Appel au peuple, quinze ultras, vingt-cinq républicains de diverses nuances, le surplus devant être pris en dehors du Parlement (1). La coalition paraissait faite; elle l'aurait été sur l'heure si le Centre gauche, qui ne voulait pas être prisonnier de Gambetta, n'avait hautement affirmé sa résolution de s'entendre avec le Centre droit et le groupe Lavergne.

Groupes, bureaux, délégués se réunissaient, délibéraient, négociaient aux quatre coins de Paris et de Versailles, le matin, le soir et même pendant la nuit (2). Dans le Centre droit, deux courants se dessinaient : certains de ses membres se mon-

(1) Ce projet, un peu vague encore, de choisir quelques sénateurs inamovibles en dehors de l'Assemblée se précisa lorsque le maréchal de Mac-Mahon fit connaître son désir de voir inscrire sur la liste des candidats une vingtaine de citoyens se recommandant soit par des services rendus au pays, soit par une célébrité ne devant rien à la politique. Ce projet rencontra d'abord quelque faveur; puis, on n'en parla plus et bientôt on décida que tous les inamovibles seraient pris dans l'Assemblée nationale.

(2) Les délégués de la Droite se rencontraient chez le général de Chabaud-Latour. Ceux du Centre gauche se donnaient rendez-vous chez M. Casimir Périer. Ceux de la Gauche et de l'Union républicaine allaient tantôt chez M. Jules Simon et tantôt à la *République française*. L'extrême Gauche conspirait presque toujours chez M. Louis Blanc. Quant au groupe Lavergne, il passait son temps à faire la navette entre les deux Centres, colportant ici et là les propositions, les objections, remplissait avec activité et conscience son métier d'honnête courtier.

traient résolus à exclure impitoyablement qui-
conque n'avait pas, le 24 mai, voté l'ordre du jour
Ernoul; certains autres admettaient au partage
tous les conservateurs, à l'exclusion des bonapartistes, les députés du groupe Lavergne, ceux du
Centre gauche et ne refusaient point d'accorder
quelques sièges à des républicains un peu plus
avancés. Au Centre gauche, les uns ne répugnaient
pas à une entente avec l'extrême Droite et prêtaient l'oreille aux ouvertures de M. Raoul Duval
qui offrait le concours des chevau-légers et des
bonapartistes en y mettant cette seule condition
qu'aucun orléaniste ne serait élu (1); les autres, de
beaucoup les plus nombreux, persistaient à poursuivre, par l'intermédiaire du groupe Lavergne,
les négociations ébauchées avec le Centre droit.
La tactique de ces derniers prévalut.

Repoussé par le Centre gauche, M. Raoul Duval
prodigua de significatives avances à M. Jules
Simon. Celui-ci conférait chaque soir, dans son
cabinet, avec MM. Bardoux, Chartron, Ricard,
Gambetta, Lepère et ce conseil des Six faisait de
louables efforts pour tirer à soi la couverture. Il

(1) Ce fut le 6 décembre que, pour la première fois, M. Raoul
Duval parla, comme d'une chose très possible, de cette coalition à
M. le comte d'Osmoy. Celui-ci s'en ouvrit à M. Testelin; M. Teste-
lin en toucha un mot à Gambetta qui, à son tour, en informa les
Gauches.

s'était adjoint M. Jules Ferry en qualité d'aide de camp. Ce dernier déployant un grand zèle, ses amis finirent par l'utiliser comme commissionnaire et il pensait à tout moment qu'il faisait aller la machine. Les Six ne décourageaient pas M. Raoul Duval, ils encourageaient M. de La Rochette; mais sans prendre, soit avec l'un, soit avec l'autre, d'engagement formel.

On négociait sans cesse; on pointait aussi et l'on ne pouvait plus s'entretenir avec quelqu'un sans s'exposer à le voir tirer de son portefeuille d'ingénieux calculs qui, d'ailleurs, ne concordaient pas, et c'était leur moindre défaut (1).

Dès le jeudi 18 novembre, Gambetta, convaincu qu'il en était de la conjonction des Centres comme de la quadrature du cercle et sans plus s'embarrasser de statistiques, donna ce conseil à ses amis : « Dressons une liste républicaine homogène. » Il fit valoir que le vote des lois constitutionnelles

(1) Voici, à titre de curiosité, un de ces pointages : Les Gauches comptent 315 membres et les Droites 352; mais il faut déduire de ces derniers une dizaine de chevau-légers et une trentaine de bonapartistes très peu sûrs. Donc 315 républicains se trouvent en face de 312 royalistes et le groupe Lavergne demeure maître du scrutin. Malheureusement, ce tiers-parti est divisé à ce point que ses résolutions les plus graves ne sont jamais prises qu'à une ou deux voix de majorité. Dans ces conditions, si les orléanistes demeurent unis aux Droites, si le Centre gauche vote avec les républicains, aucun des deux partis en présence ne l'emportera. Seule, la conjonction des Centres permettra d'aboutir. L'événement prouva le contraire.

avait brisé l'union conservatrice; que les ultras ne pardonneraient jamais aux orléanistes d'avoir empêché la Restauration en exigeant le drapeau tricolore; que MM. le duc de Broglie et Buffet, notamment, rencontreraient des oppositions irréductibles et que les Gauches, si elles étaient unies, profiteraient de ces divisions, de ces rancunes, de ces haines, et obtiendraient les voix de ceux qui votent toujours, non pour quelqu'un, mais contre quelqu'un. La liste fut arrêtée. Le Centre gauche se vit attribuer 30 sièges, la Gauche 30 également et l'Union républicaine 15. On en était là lorsque les chevau-légers et les bonapartistes offrirent de nouveau leur concours.

Ces offres furent favorablement accueillies. Cependant, le Centre gauche en revenait une fois encore à la conjonction, espoir suprême et suprême pensée. Le groupe Lavergne, bien que son président fût alité, s'entremit de nouveau et l'accord parut près de se faire sur ces bases : on s'entendrait sur 60 noms et l'on dresserait deux listes parallèles qui différeraient seulement pour 15 candidats, de façon à permettre au Centre droit de remplacer ceux des républicains qu'il n'agréerait pas par d'autres que le Centre gauche se réservait de ne pas accepter. On s'en remettrait, pour régler le sort de ces contestés, aux éternels hésitants qui, dans toute assemblée, votent un jour avec un parti et le lendemain avec un autre. Cette combinaison légèrement compliquée n'avait d'autre but que de permettre aux libéraux de prendre à leur compte la candidature de M. Buffet. Les républicains conservateurs se montraient résolus à ne l'accepter ni à le subir sous aucun prétexte; mais ils comprenaient que le parti orléaniste refusât de s'associer à leur ostracisme. Enfin, le Centre gauche n'admettait au bénéfice de la liste commune que les partisans des lois constitutionnelles; le Centre droit en excluait l'Union républicaine. Lorsqu'on en vint aux questions de personnes, les antipathies eurent beau jeu. De part et d'autre, on effaçait si bien que, des soixante noms primitivement inscrits, une demi-douzaine tout au plus trouva grâce devant ces féroces proscripteurs. Cette leçon de choses porta ses fruits. Les républicains modérés se replièrent sur les Gauches et les orléanistes libéraux opérèrent un demi-tour à droite (1).

Dans la soirée du 8 décembre, les diverses fractions du parti conservateur se réunirent séparé-

(1) On appelait orléanistes libéraux les membres du Centre droit qui votaient le plus habituellement avec M. Léonce de Lavergne et ses amis; plusieurs furent les précurseurs des ralliés. Ils nouèrent et poursuivirent ces négociations avec le Centre gauche, mais le Centre droit ne fut jamais officiellement engagé.

ment à Versailles pour désigner leurs candidats et ces petites séances furent marquées par quatre incidents : M. de La Rochette et ses amis assistèrent aux délibérations de l'extrême Droite, mais s'abstinrent quand on ouvrit le scrutin. Par un scrupule de conscience, M. Bocher refusa de se laisser porter par ses amis en raison de la part qu'il avait prise aux négociations comme président de son groupe. M. Sacaze, qui présidait la réunion de Clercq, offrit cinq sièges aux bonapartistes en échange de leur concours et fut très mal reçu par M. Rouher qui le prit de haut : « Nous ne saurions, lui dit-il, pour obtenir quelques sièges au Sénat, accepter les suffrages de ceux qui ont voté la déchéance de l'Empire et consolidé la République. » Enfin, au groupe Lavergne, M. Wallon ne passa qu'au troisième tour de scrutin, à une voix de majorité seulement, tandis que, moins favorisé encore, M. Léonce de Lavergne fut exclu (1).

Les royalistes tenaient essentiellement à s'assu-

(1) Voici comment s'opéra cette répartition des sièges : Groupe Lavergne, 7 sièges; Centre droit, 17; groupe de Clercq, 5; groupe Pradié, 6; Droite modérée, 12; extrême Droite, 13; Gauches, 15 et, sur ces 15, on prélevait deux sièges pour MM. Hamille et Vente, bonapartistes, qui furent spontanément désignés sur le refus de leurs amis de prendre part à ces choix. Aucun groupe ne portait M. Buffet; tous se réservaient, — ils le prétendaient du moins, — de voter pour lui.

rer le concours de ce tiers-parti dont les quarante-cinq membres, s'ils venaient grossir leurs effectifs, assureraient 360 voix à la liste des conservateurs ; c'était la victoire assurée. Mais le groupe Lavergne avait sa droite et sa gauche ; quand il fallut prendre une résolution, elles ne parvinrent point à s'entendre : vingt députés se prononcèrent en faveur de l'alliance, vingt-cinq s'abstinrent et les abstentions n'entrant pas en ligne de compte, l'alliance fut décidée. Bien qu'elle ne parût pas très solide, les conservateurs pensèrent avoir ville gagnée. Les Gauches s'émurent ; Gambetta entreprit de les rassurer : « Jamais, dit-il, le succès ne sembla plus probable. L'extrême Droite et l'Appel au peuple se rapprochent de nous ; dans tous les cas, ils s'éloignent de leurs anciens alliés. Le premier tour de scrutin, loin de donner un résultat défi-nitif, ne tranchera rien et ceux-là seuls seront élus qui comptent des amis un peu partout. Quelques noms seulement, et en bien petit nombre, sorti-ront des urnes ; aucun parti, dans cette rencontre, ne sera ni vainqueur, ni vaincu. »

*
* *

Le jeudi 9 décembre, la salle des séances se transforma en bureau de vote. De 1 heure et demie à 3 heures et demie, les députés défilèrent à la tribune en laissant tomber dans l'urne leurs bulletins.

Cette élection fut une des comédies politiques les plus curieuses de notre temps. Une coalition d'où sont sortis, dans l'espace de treize jours, des hommes de tous les partis et de tous les bords, MM. de Lorgeril et Testelin, Wallon et Carnot, Jules Simon et de La Rochette, Corbon et Kolb-Bernard, d'Audiffret-Pasquier et Schœlcher, Hervé de Saisy et Le Royer, restera toujours une énigme pour les historiens de l'avenir. Quelles anomalies et quels contrastes! Le tour de roue des majorités ressembla en cette occasion à un tour de force, à une espèce de gageure contre le bon sens (1).

Pendant toute la durée du scrutin, la salle des séances offrit une grande animation; elle se vida instantanément aussitôt que le dernier électeur descendit de la tribune et les orateurs bénévoles qui voulurent bien se prêter à un semblant de débat sur le recrutement ne parlèrent que pour les sténographes. Les rares auditeurs épars sur les

---

(1) La même bizarrerie se retrouve dans la succession des inamovibles nommés ensuite par le Sénat : MM. Buffet et Farre, Chesnelong et John Lemoine, Lucien Brun et Deschanel, Oscar de Vallée et Berthelot, de Carayon-Latour et Albert Grévy, Baragnon et Tirard.

banquettes ne leur prêtaient aucune attention et menaient un tel tapage que le président dut réclamer le silence. Quelqu'un lui répondit : « La séance est ailleurs ». Elle était autour des tables où s'opérait le dépouillement du scrutin. Les candidats allaient de l'une à l'autre, anxieux, posant des questions et redoutant les réponses, l'oreille tendue pour saisir au vol un nom ou un chiffre; tous avaient la fièvre et ceux-là mêmes qui affectaient l'indifférence trahissaient cependant leurs inquiétudes secrètes ou leurs espérances inavouées par la pâleur du visage, un petit tremblement des mains, une agitation nerveuse des jambes qui ne pouvaient tenir en place, quelque hochement de tête. Ceux qui, n'étant point candidats, ne partageaient pas cette émotion, cette angoisse, attendaient, commodément assis à leurs places, les nouvelles que des collègues complaisants leur apportaient du dehors. Ils finirent pourtant par se départir de leur indifférence et allèrent à leur tour aux renseignements. Dès lors, ceux qui s'escrimaient à la tribune parlèrent dans le désert.

Cette solitude se peupla lorsque, à 9 heures du soir, M. Ricard, qui présidait, annonça la double élection de M. le duc d'Audiffret-Pasquier et de M. Martel. Le premier, inscrit sur toutes les listes, obtenait 551 suffrages; le second, porté par les Gauches, le suivait d'assez loin avec 344, tout juste le nombre de voix indispensable pour ne pas être ballotté. Sur les 31 candidats qui arrivaient en tête, les républicains en comptaient 24 et les conservateurs 7 (1).

A l'issue de la séance, on vit Gambetta s'entretenir longuement avec M. Raoul Duval, M. Jules Ferry conférer, dans l'embrasure d'une fenêtre, avec MM. de La Rochette et de Gouvello. Un peu plus tard, vers 11 heures, ce même M. Jules Ferry arriva tout essoufflé chez M. Jules Simon, précédant les délégués des Gauches que MM. de La Rochette et de Gouvello escortaient. Ces derniers, munis de pleins pouvoirs par les dissidents de l'extrême Droite et les bonapartistes, soit une quarantaine de députés environ, posèrent leurs conditions : Ils demandaient dix-huit sièges pour leurs amis, l'exclusion rigoureuse du Centre droit et de deux membres de la Gauche, MM. Limpérani (2) et de Pressensé. Ils se réservaient, en

(1) Les membres du bureau de l'Assemblée nationale et quarante députés du Centre gauche dinaient à la présidence ce soir-là. Lorsqu'on apprit le résultat du scrutin, l'amiral Pothuau porta ce toast : « Je bois au premier sénateur élu. » M. le duc d'Audiffret-Pasquier répondit : « Je vous remercie; je considère ce vote comme le complément et la consécration de celui du 25 février. »

(2) Ce furent les bonapartistes qui exigèrent le sacrifice de M. Limpérani, uniquement coupable d'être le seul député républicain de la Corse.

outre, le droit d'effacer le nom de M. Baze (1).

La conférence se prolongea jusqu'à 3 heures et demie du matin. Lorsqu'on se sépara, la liste des candidats était dressée; M. Jules Ferry se hâta de la faire imprimer.

Le lendemain, le bruit se répandit très vite qu'un pacte venait d'être conclu entre un certain nombre de conservateurs et les républicains 'droite, ce fut d'abord de la stupeur, puis de '' colère. Quelques-uns cependant refusaient de croire qu'une telle défection fût possible; mais il leur fallut bien reconnaître que tout arrive lorsqu'on mit devant leurs yeux la liste des Gauches où figuraient les noms de MM. Paulin Gillon, Bourgeois, de Boisboissel, de Gouvello, de La Rochejacquelein, de Plœuc, de Vinols, de Cornulier-Lucinière, de Douhet, Dumon, de Franclieu, de La Rochette, de Lorgeril, Pajot, Théry, de Tréville, Hervé de Saisy. (2) On se passait de

(1) MM. de la Rochette et de Gouvello se vantaient: ils n'avaient avec eux et derrière eux ni toute l'extrême Droite, ni tout le groupe de l'Appel au peuple. A l'instant même où ils traitaient en leur nom, M. Sacaze déclarait aux délégués des Droites réunis chez le général de Chabaud-Latour que les bonapartistes voteraient pour la liste conservatrice si l'on adjoignait, à MM. Hamille et Vente, le maréchal Canrobert. M. de Fourtou fit repousser cette proposition.

(2) M. le baron de Chaurand se joignit à eux le surlendemain, mais ne fut pas élu. Pour inscrire sur leurs listes ces alliés de la dernière heure, les délégués des Gauches sacrifièrent MM. Arago, Jules Favre, Taxile Delord, Limperani, Beau, Magnin, Marc

main en main un exemplaire de cette liste qui
déchaîna une tempête d'indignation. Dans les couloirs, on traitait de déserteurs ces dissidents, on
les prenait vivement à partie. M. le duc de La
Rochefoucauld-Bisaccia eut, avec MM. Tirard et
Lacascade, une altercation des plus vives; MM. de
Cumont et de La Serve, après s'être invectivés
comme les héros d'Homère, faillirent en venir aux
coups. Les épithètes désobligeantes, les apostrophes sans courtoisie se croisaient, se heur-
taient; on échangeait de groupe à groupe, et parfois dans le même groupe, les plus aigres propos.
C'était, d'un bout à l'autre de la galerie des tombeaux, une clameur furieuse. On ne voyait que
visages empourprés, gestes menaçants, regards
de défi, bouches convulsées. Le tapage devint si
grand qu'on l'entendit du dehors et le spectacle
que donnait cette Chambre en proie à une attaque
de nerfs contrastait si fâcheusement avec l'idée
qu'on se faisait alors de la dignité, de la décence
parlementaires, qu'on ferma toutes les portes, en
refoulant le plus loin possible les journalistes toujours si indiscrets.

Quelques-uns de ces déserteurs s'émurent,
MM. de Boisboissel, de La Rochejacquelein, Pau-

Dufraisse, du Chaffault, de Pressensé, Max Richard, comte Rampont,
Robert de Massy, Charles Rolland, Sénard, Testelin, Mestreau.

lin Gillon, Bourgeois, de Vinols (1) protestèrent au pied de la tribune : « Nous avons été inscrits sur la liste à notre insu! Nous déclinons toute espèce de candidature! » Le règlement en main, le président voulut leur interdire de prendre la parole : « Il n'y a pas de règlement quand il s'agit d'une question d'honneur », lui cria-t-on à Droite. M. de Gouvello fit effacer son nom. M. de Plœuc exprima de vagues regrets : « On m'a prévenu, j'ai consenti tacitement, mais je ne me sépare point pour cela de mes amis politiques (2). » Les autres tinrent ferme et, apostrophé avec violence au moment où il montait à la tribune pour voter, M. de La Rochette dit, en se tournant vers la Droite : « Je vous connais. Vous ne m'intimiderez

(1) Dans une lettre au *Journal des débats*, M. le baron de Vinols déclarait : « Ma conscience est indignée de ce que, sans aucune participation de ma part, on ait engagé et compromis mon nom dans une alliance que mes principes politiques réprouvent et repoussent absolument. » M. de Vinols et les autres qui protestèrent comme lui furent remplacés sur la liste des Gauches par MM. Magnin, de Pressensé, comte Rampont, Testelin et le général Letellier-Valazé. Celui-ci dut son inscription aux instances de M. Thiers.

(2) Cette déclaration fut si mal accueillie que, le samedi 11 décembre, M. de Plœuc adressa au président une lettre dans laquelle il déclarait que, l'incident de la veille ayant pu faire naître des doutes sur son attitude politique, il donnait sa démission de membre de l'Assemblée nationale. Il avait, avant de formuler sa protestation, demandé à M. Buffet : « Que pensez-vous de ma conduite? » L'autre lui répondit de son air le moins gracieux : « Ce que vous en pensez vous-même. »

pas, moi (1)! » Et il laissa tomber son bulletin au milieu des acclamations de la Gauche auxquelles répondirent les huées de la D. .... Il dut donner sa démission de président des chevau-légers, soixante-quatre membres de cette réunion l'ayant formellement désavoué.

Les bonapartistes se divisèrent; les uns s'abstinrent, les autres votèrent avec les républicains.

Le résultat du scrutin fut proclamé à 9 heures 45; 19 candidats étaient élus, dont 17 de la Gauche. MM. Buffet et de Meaux retirèrent leurs candidatures. Lorsque le président arriva au nom de M. de La Rochette qui restait en ballottage, comme d'ailleurs tous les autres dissidents, la Droite se livra aux plus désobligeantes manifestations et, la Gauche ayant cru devoir protester par ses applaudissements, M. Fournier s'écria : « Il ne lui manquait plus que cela ! »

La coalition n'avait pas tenu tout ce qu'elle semblait promettre. Sans doute, les républicains avaient réussi à faire passer un certain nombre de leurs candidats; mais les partis extrêmes, Union républicaine et chevau-légers, n'avaient encore que des promesses et des espérances. Évidemment, le Centre gauche et la Gauche républicaine

---

(1) Il fut élu, mais n'entra pas dans la terre promise. Il mourut avant la première séance du Sénat.

ne mettaient aucun empressement à voter pour des adversaires de la veille métamorphosés en alliés. Dans la matinée du samedi 11 décembre, les délégués se réunirent de nouveau et décidèrent que les membres de l'extrême Droite seraient élus les premiers. On en nomma sept, en compagnie de MM. Kolb-Bernard de la Droite, Baze, du groupe Lavergne, le colonel de Chadois, du Centre gauche, et M. Humbert, de la Gauche (1).

Le lundi 13 décembre, on déserta la galerie des tombeaux, jusqu'alors si animée et souvent si tumultueuse, pour la salle des séances que l'on traversait seulement pour prendre part aux scrutins. MM. Buisson et Gérard, très souffrants, se firent porter à la tribune, M. Brice, qu'un deuil récent éloignait de l'Assemblée, revint de la Meurthe, car on battait le rappel. Les coalisés se regardaient en chiens de faïence : l'Union républicaine parlait de représailles ; M. de La Rochette et ses amis laissaient entendre qu'ils ne voulaient pas être dupes. Il n'y eut ce jour-là que neuf élus, tous de la Gauche républicaine. On trouva que c'était peu ; mais le lendemain, ce fut moins encore : les neuf tombèrent à un. Cependant, trois

(1) C'est le même qui devint plus tard ministre de la Justice. Une affaire dont le souvenir est encore présent à toutes les mémoires valut à son nom une célébrité qu'il n'eût pas ambitionnée.

autres candidats, auxquels il ne manquait qu'une
voix pour obtenir la majorité absolue, l'auraient
emporté si M. Crémieux n'avait fait l'école buis-
sonnière. Faute de cette unique voix, la sienne,
leur sort demeura pendant plusieurs jours incer-
tain. M. Crémieux le regretta assurément, car il
était l'un de ces trois, puis se consola lorsque, un
peu plus tard, de bonnes âmes le repêchèrent.

Après chaque scrutin, le nombre des sièges à
pourvoir diminuant, il fallait bien raccourcir les
listes et l'on en faisait disparaître les noms des moins
favorisés. Quelques-uns supportaient stoïquement
cette disgrâce; la plupart s'en montraient affectés.
Sombres, abattus, ils promenaient dans les couloirs leur grande tristesse et semblaient suivre leur
propre enterrement. Les infortunés qui se trouvaient sur la limite fatale, dont les chances dimi-
nuaient de minute en minute, qui voyaient venir le
moment où sombreraient leurs suprêmes espoirs,
erraient lamentablement, penauds, déconfits, parfois livides d'ambition déçue; mais ils ne voulaient
pas se décourager encore et revenaient à la charge,
plus âpres. C'était, pour presque tous, une question de vie ou de mort; ils ne pouvaient pas se dis-
simuler, en effet, que la fin de l'Assemblée nationale serait aussi leur fin. Le spectacle n'était point
beau, et cette mendicité électorale, si elle fai-

sait sourire les indifférents, affligeait leurs meilleurs amis.

Les affaires de la Droite semblaient de plus en plus compromises; celles de la coalition n'étaient guère mieux en point. L'Union républicaine, qui n'avait pas réussi à faire passer un seul de ses candidats, exigeait formellement que deux des siens fussent élus sur l'heure; en attendant, elle effaçait sur les listes les noms de ses alliés, ceux du Centre gauche de préférence. Le Centre gauche criait à la trahison et, de son côté, biffait les candidats de l'Union républicaine. Cette machine, mal agencée, cahotante, se serait complètement disloquée si M. Thiers ne s'était entremis pour en réparer les rouages. Il rencontra, auprès de ses partisans, une certaine résistance. A la fin cependant, M. de Lasteyrie déclara d'un ton de mauvaise humeur : « Eh! bien, oui, nous voterons pour ces messieurs de l'Union républicaine; mais ce sera par pure politesse. » M. Raoul Duval eut une explication avec Gambetta et lui mit le marché en main : « Nous marcherons avec vous; mais à la condition que sept des nôtres seront élus. » Le mercredi 15 décembre, les deux groupes jusqu'alors sacrifiés reçurent une satisfaction relative; ils se partagèrent six siéges de sénateurs inamovibles. La Gauche républicaine en eut six, le Centre gauche cinq et la réunion Lavergne un. Mais, pour obtenir ce résultat, il fallut employer les grands moyens. MM. Gent, Danelle-Bernardin et Bethmont s'installèrent, dès le début de la séance, au pied de la tribune où ils distribuaient des listes sous enveloppe en prenant la précaution, qui n'était sans doute pas inutile, de les suivre du regard jusqu'au moment où on les mettait dans l'urne. D'abord, des protestations isolées se firent entendre contre cette atteinte au secret et à la liberté du vote; bientôt, une formidable clameur obligea le président à intervenir pour éloigner ces distributeurs de la salle des séances (1). M. Paris demanda l'annulation du scrutin et ne l'obtint pas (2). Cet incident en provoqua un autre très vif entre M. Buffet et Gambetta. Interrompu par le président du conseil, celui-ci le traita de « ministre de l'interruption à perpétuité » et cette riposte, qualifiée par M. le duc d'Audiffret-Pasquier, avec une indulgence qui surprit les uns, indigna les autres, de « vivacité de parole », déchaîna un effroyable tumulte. Enfin, toute cette émotion s'apaisa et le vote put s'achever dans un calme relatif.

(1) On ne protestait pas seulement à droite. A gauche, plusieurs qualifièrent sévèrement cette manœuvre et M. Madier de Montjau s'éleva contre « un procédé peu digne de son parti. »

(2) Sa proposition fut repoussée par 334 voix contre 321.

Découragés, abattus par tant de défaites successives, les conservateurs désertèrent le combat. Le jeudi 16 décembre, ils s'abstinrent de présenter des candidats et beaucoup d'entre eux se dispensèrent de venir à Versailles. Parmi les présents, les uns flânaient dans la galerie des tombeaux ou s'attardaient à la buvette; les autres déposaient dans l'urne des bulletins blancs, des listes manuscrites où leur fantaisie se donnait toute licence. Il y eut néanmoins 10 élus, dont le général Billot, qui arriva péniblement le dixième, et M. Jules Simon, que ses amis désespéraient presque de voir entrer au Sénat. Ce dernier apprit, en arrivant à Versailles, qu'il était académicien et, en débarquant à Paris, qu'il était sénateur inamovible. Sa double immortalité inspira ce quatrain à une muse parlementaire :

> Simon, le plus adroit des hommes,
> A surpassé Guillaume Tell;
> D'un seul coup, il abat deux pommes,
> Et devient deux fois immortel!

Le vendredi 17 décembre, les Droites esquissèrent, sans beaucoup d'entrain, un retour offensif. Elles présentèrent une liste composée d'un seul nom, celui du général de Cissey. Leur modestie reçut sa récompense, le général fut élu. Il est juste de reconnaître qu'il était également porté sur la liste du Centre gauche; mais il ne l'était pas sur celle de la coalition qui n'obtint aucun succès, car la discorde se glissait dans le camp des vainqueurs. Ils ne s'entendaient plus.

La veille, à la réunion des délégués dans les bureaux de la *République française*, M. Ricard avait exigé l'élimination de MM. Peyrat et Brelay, tandis que M. Thiers faisait une vigoureuse campagne pour M. le marquis de Maleville. Gambetta s'emporta et il se produisit, entre M. Ricard et lui, une altercation des plus violentes qui se termina par sa démission et celle de M. Lepère. Elles furent promptement retirées et ils se montrèrent moins intraitables le lendemain. Pour apaiser leur grande colère, on maintint M. Peyrat. Ce fut alors M. Ricard qui se démit et Gambetta chercha quelque expédient pour le retenir. Il en découvrit un qui consistait à remplacer M. Peyrat par M. Jules Grévy; mais ce dernier se déroba et ce fut la rupture définitive.

Dès lors, on vota en débandade. Le samedi 18 décembre, M. Wallon (1) et Mgr Dupanloup furent élus; le lundi 20, aucun résultat. Enfin, le mardi 21, les deux derniers sénateurs inamovibles furent désignés : l'amiral de Montaignac et M. de

---

(1) M. Wallon s'était désisté le 12 décembre; mais, porté sur la liste du Centre droit, il fut élu le 18.

Maleville que son protecteur, M. Thiers, réussit à imposer (1).

————

Il ne restait plus à l'Assemblée nationale qu'à mourir, dure extrémité à laquelle se résignent malaisément les Chambres et les humains. Elle s'y résigna cependant malgré ceux de ses membres qui auraient bien voulu ne pas mourir encore, malgré M. Méplain, qui proposa le renouvellement

(1) Nous croyons devoir reproduire, à titre de document, la liste des sénateurs inamovibles en suivant l'ordre des élections :

MM. le duc d'Audiffret-Pasquier, Martel, général Frébault, Krantz, Ducler, général Changarnier, Jules de Lasteyrie, vice-amiral Pothuau, Corne, Laboulaye, Foubert, comte Roger (du Nord), Léon de Maleville, Barthélemy Saint-Hilaire, Wolowski, Ernest Picard, Casimir Perier, général d'Aurelle de Paladines, vice-amiral Fourichon, général Chanzy, Cordier, baron de La Rochette, marquis de Franclieu, comte de Cornulier-Lucinière, Dumon, Théry, colonel de Chadois, Pajot, comte de Tréville, Kolb-Bernard, Baze, Humbert, Léonce de Lavergne, Le Royer, vice-amiral Jaurès, Bertauld, Calmon, Oscar de Lafayette, Gaulthier de Rumilly, Luro, Tribert, Foucaud, général de Chabron, Corbon, Lanfrey, Hervé de Saisy, général Letellier-Valazé, Carnot, comte de Douhet, Gouin, Lepetit, Littré, Scherer, Adolphe Crémieux, Scheurer-Kestner, vicomte de Lorgeril, Rampont-Lechin, comte de Tocqueville, Morin, Testelin, général Charreton, Bérenger, Magnin, Denormandie, Jules Simon, Edmond Adam, Laurent Pichat, Schœlcher, Jules Cazot, général Billot, général de Cissey, Wallon, Mgr Dupanloup, contre-amiral de Montaignac, marquis de Maleville.

MM. Gouin, Bérenger, Magnin et Jules Cazot sont les seuls qui survivent. .

partiel, malgré M. Malartre, qui réclamait un court sursis.

L'Assemblée nationale tint ses deux dernières séances le 30 et le 31 décembre 1875.

Dans celle du 30, qui se prolongea jusqu'à minuit, elle vota à la vapeur et discuta dans le vide des projets purement électoraux. Jamais, depuis qu'il existe des Parlements, on ne décréta avec une telle promptitude la création de tant de lignes ferrées, d'embranchements, de tronçons. A partir de 7 heures du soir, il n'y avait presque plus de députés sur les banquettes et, sur les couloirs déserts, planait un lugubre silence que troublait seulement le tonnerre de Gambetta : « Germain Casse, viens prendre un bock. »

Le 31, lorsqu'on eut voté dans le désert le dernier projet de loi, M. le duc d'Audiffret-Pasquier prononça d'une voix émue, mais ferme et sonore, au milieu d'un profond silence, l'oraison funèbre de l'Assemblée nationale (1). On l'applaudit, on

(1) Dans le train qui, pour la dernière fois, ramenait à Paris les membres de l'Assemblée nationale, M. Laurier prononçait à son tour, mais en style plus lâché, l'oraison funèbre de cette majorité qui « ne put remplir son mérite », mais dont l'œuvre ne manqua ni de patriotisme ni de grandeur : « Nous sommes flambés! Ces gredins de républicains prendront nos sièges. Voilà ce que c'est que de s'être toujours demandé au moment de prendre une décision : « Qu'en dira la duchesse...? Et nous faisions une sottise. Il aurait fallu répondre : Zut! à la duchesse et faire de la bonne politique.

l'acclama et, debout entre leurs banquettes, les députés se livrèrent à des manifestations diverses. La Gauche criait : « Vive la République! » et la Droite : « Vive la France! » Des hommes conciliants reprenaient alors en chœur : « Vive la France et vive la République! » Puis, la plupart de ces voix discordantes s'unirent dans un retentissant : « Vive Mac-Mahon! »

Nous n'en serions pas où nous en sommes si nous nous étions moins préoccupés de l'opinion des salons. »

FIN

TABLE DES MATIÈRES

BIBLIOTHÈQUE NATIONALE
R.F.
IMPRIMÉS

PARIS

TYPOGRAPHIE PLON-NOURRIT ET Cⁱᵉ

Rue Garancière, 8

BIBLIOTHEQUE NATIONALE
Désinfection 1984
N° 8522

A LA MÊME LIBRAIRIE

L'Assemblée nationale de 1871. *Gouvernement de M. Thiers*, par M. DE MARCÈRE. Un vol. in-16 . . . . 3 fr. 50

DEUXIÈME PARTIE : *La Présidence du maréchal de Mac-Mahon.* Un vol. in-16 . . . . 3 fr. 50

Le Seize Mai et la fin du Septennat, par M. DE MARCÈRE. Un vol. in-18 . . . . 3 fr. 50

Histoire de la République (1876-1879). *Septennat du maréchal de Mac-Mahon*, par M. DE MARCÈRE. Un vol. in-16 . . 3 fr. 50

Un Témoignage sur un point d'histoire. **La Campagne monarchique d'octobre 1873**, par Ch. CHESNELONG. Un vol. in-8°. . . . . 7 fr. 50

Cent jours du siège à la préfecture de police (8 novembre 1870-14 février 1871), par E. CRESSON. Un vol. in-8°. 7 fr. 50

La France à la suite de la guerre de 1870-1871. *La France à l'intérieur. — La France à l'extérieur*, par le comte DE CHAUDORDY. 2e édition. Un volume in-8°. . . . . 3 fr.

La Grande Nation (1870-1871), par E. HOSS. Préface de Jules SIMON, de l'Académie française. Un vol. in-18 . . . . 3 fr. 50

Essais diplomatiques. *L'Empereur Guillaume et le prince de Bismarck. — La Triple Alliance. — La Paix armée et ses conséquences. — Ma mission à Ems*, par le comte BENEDETTI. Un vol. in-8°. . . . . 7 fr. 50

Essais diplomatiques (nouvelle série). *précédés d'une Introduction sur la question d'Orient*, par le comte BENEDETTI. Un vol. in-8°. Prix . . . . 7 fr. 50

Souvenirs politiques (1871-1877), par le vicomte DE MEAUX. Un vol. in-8°. . . . . 7 fr. 50

Souvenirs diplomatiques de Russie et d'Allemagne (1870-1873), par le marquis DE GABRIAC, ancien ambassadeur. Un vol. in-8°. . . . . 7 fr. 50

Mon ambassade en Allemagne (1872-1873), par le vicomte DE GONTAUT-BIRON. Un vol. in-8° avec un portrait. . . . . . . 7 fr. 50

Dernières Années de l'ambassade en Allemagne de M. de Gontaut-Biron (1874-1877), d'après ses notes et papiers diplomatiques, par André DREUX. 3e édition. Un vol. in-8° . . . . 7 fr. 50

Histoire contemporaine. *La Chute de l'Empire. — Le Gouvernement de la Défense nationale. — L'Assemblée nationale*, par Samuel DENIS.

    Tome Ier. Un volume in-8° . . . . 8 fr.
    Tome II. Un volume in-8° . . . . 8 fr.
    Tome III. Un volume in-8° . . . . 8 fr.
    Tome IV. Un volume in-8° . . . . 8 fr.

PARIS. TYP. PLON-NOURRIT ET Cie, 8, RUE GARANCIÈRE. — 11227.

À LA MÊME LIBRAIRIE

L'Assemblée nationale de 1871. *Gouvernement de M. Thiers,* par M. DE MARCÈRE. Un vol. in-16 . . . . 3 fr. 50

DEUXIÈME PARTIE : *La Présidence du maréchal de Mac-Mahon.* Un vol. in-16 . . . . 3 fr. 50

Le Seize Mai et la fin du Septennat, par M. DE MARCÈRE. Un vol. in-18 . . . . 3 fr. 50

Histoire de la République (1876-1879). *Septennat du maréchal de Mac-Mahon,* par M. DE MARCÈRE. Un vol. in-16 . . . . . . 3 fr. 50

Un Témoignage sur un point d'histoire. **La Campagne monarchique d'octobre 1873,** par Ch. CHESNELONG. Un vol. in-8° . . . . 7 fr. 50

Cent jours du siège à la préfecture de police (2 novembre 1870-11 février 1871), par E. CRESSON. Un vol. in-8° . . . . 7 fr. 50

La France à la suite de la guerre de 1870-1871. *La France à l'intérieur. — La France à l'extérieur,* par le comte DE CHAUDORDY. 2e édition. Un volume in-8° . . . . 3 fr.

La Grande Nation (1870-1871), par E. HOSS. Préface de Jules SIMON, de l'Académie française. Un vol. in-18 . . . . 3 fr. 50

Essais diplomatiques. *L'Empereur Guillaume et le prince de Bismarck. — La Triple Alliance. — La Paix armée et ses conséquences. — Ma mission à Ems,* par le comte BENEDETTI. Un vol. in-8° . . . . 7 fr. 50

Essais diplomatiques (nouvelle série), précédés d'une Introduction sur la question d'Orient, par le comte BENEDETTI. Un vol. in-8°. Prix . . . . 7 fr. 50

Souvenirs politiques (1871-1877), par le vicomte DE MEAUX. Un vol. in-8° . . . . 7 fr. 50

Souvenirs diplomatiques de Russie et d'Allemagne (1870-1872), par le marquis DE GABRIAC, ancien ambassadeur. Un vol. in-8° . . . . 7 fr. 50

Mon ambassade en Allemagne (1872-1873), par le vicomte DE GONTAUT-BIRON. Un vol. in-8° avec un portrait . . . . . . 7 fr. 50

Dernières Années de l'ambassade en Allemagne de M. de Gontaut-Biron (1874-1877), d'après ses notes et papiers diplomatiques, par André DREUX. 3e édition. Un vol. in-8° . . . . 7 fr. 50

Histoire contemporaine. *La Chute de l'Empire. — Le Gouvernement de la Défense nationale. — L'Assemblée nationale,* par Samuel DENIS.

    Tome Ier. Un volume in-8° . . . . 8 fr.
    Tome II. Un volume in-8° . . . . 8 fr.
    Tome III. Un volume in-8° . . . . 8 fr.
    Tome IV. Un volume in-8° . . . . 8 fr.

PARIS. TYP. PLON-NOURRIT ET Cie, 8, RUE GARANCIÈRE. — 11227.

www.ingramcontent.com/pod-product-compliance
Lightning Source LLC
LaVergne TN
LVHW010858060726
842526LV00002B/511